2013

„Der Euro, Aladin & die Wunderbank"

Christian Seegert

Phantastisches Tagebuch - Band 7.2

Vorwort

Dem Entschluß, den Währungsraum zusammenzuhalten, folgt die Unterwerfung: MARIO DRAGHI und seine Entourage steuern mit den gewagtesten Fiskal-Pirouetten durch Sturm und Wind, und bauen ein System von Geleitschutz für die großen Investoren sowie für den Staats- und Bankenschutz, die EU- und Euro-Reglements unter die Räder nehmend, die finanziellen Rahmenbedingungen für ‚Brot und Butter‘ ebenso.

Für dieses Ziel ist dem wahren Souverän wie den Kommissaren nichts zu schade, der Kanzlerin und dem Finanzminister aber auch nicht – vom Parlament nicht zu reden, das, überwiegend schweigend, folgt.

Das Fluten des Euroraumes beflügelt Korruption, Lug und Trug, die Mafia und der Don Bankomat des Vatikan haben dagegen Biederes. Alle rücken verdammt eng zusammen. Und es hält ja bekanntlich bis zur Stunde (April 2020), als PETER GRAF KIELMANSEGG den ‚letzten Aufruf‘ macht umzudenken. Den machte die 2013 gegründete AfD auch, guckt euch ein paar panische Reaktionen an!

Wie sich das alles Bahn bricht, nachdem sich vielleicht Hunderttausend in der Vollversorgung eingerichtet haben (PEP©!), das treibt in jedem Land andere Blüten – daher gibt es amüsante Ausflüge nach Spanien, Italien, ja auch Rumänien, insbesondere Griechenland mit seinem Zypern-Eiland – weiterhin das Notwendigste aus XI's Imperium, wo ebenfalls Einige und einiges im Geld schwimmt, mit den Kollateralschäden eigener Art.

Auch ich bin ein Erlebnis der besonderen Art, was sich in bisweilen ambitioniertem Formulieren spiegelt, vulgo Ausbrüchen der strapaziösen Art, da bitte ich um Nachsicht. – Dabei arbeite ich in jenem Jahr (68) wie Tier, das macht Spaß ohne Ende, bringt was ein – und kostet. – Schließlich drei Reiseberichte zu Land, Saas Fee, die die *côte atlantique* und Galizien und zur See vor die Amalfiküste. Das farbenreiche Leben hält an!

Ritterhude, im April 2020

3

2013

2.1. Das ‚*aquis communautaire*‘, Brüssels Schwarzbuch, muß wieder auf die Waage. ENZENSBERGERS Gewichtsangabe (junges Nilpferd) ist PETER GRAF KIELMANSEGG zufolge überholt. Das Gesetz des selbstreferentiellen Monsters: eine unkontrollierte, sklerotische Apparatur unterwirft Länder, Leute und Ressourcen krebsartigem Wachstum, bei fürstlichen Einkommen und risikofreien Arbeits-, besser Beschäftigungsbedingungen. Der Titel „Mehr Europa" verhüllt das Geschäftsmodell nicht länger. Das ist Pfadabhängigkeit, Säulengang der Unbelehrbarkeit, Ignoranz gegen Rat und Erfahrung, Isolation gegen Einsicht schon lange, eben Politbüro in großem Format. Und jenes Schwarze Loch der Macht, der „Dark Pool" des großen Geldes, ist jedem Rechtssatz übergeordnet, welcher westeuropäischer Zivilisationsstandard war. – Dagegen: die Währung soll halten.

LESER:
Sie behaupten einen staatsfreien Raum.

SCHREIBER:
Genau das. Die Retter aus der Finanzkrise schützen die Verursacher, bis diese die Regeln diktieren.

LESER:
Sie gehen ihren Geschäften nach.

SCHREIBER:
… befreit von substantieller Regulierung ihres Gefährdungspotenzials, befreit vom Risiko des Untergangs durch staatsvermittelte Gewährleistungshaftung!

LESER:
… bei jederzeitiger Eingriffsmöglichkeit!

SCHREIBER:
… die mit ihrem wachsenden Einfluß gegen Null geht. Der Staat ist angewiesen auf *deals*, auf Vergleiche, die sie bereit sind einzugehen. Damit verliert der Gesellschaftsvertrag seine Letztinstanzlichkeit: die Geltung des Gesetzes für alle Teilnehmer zerfällt. „*too big to jail*", heißt dieses Geschäftsmodell. Variantenreiche Vorbilder sind zahlreich.

Zwei Werke über die Versicherungswirtschaft eint die Kritik an der Nähe zur Politik, resümiert der Rezensent. Themenbezogen schießen die Parteispenden aus diesen Kreisen fontänenartig hoch. Regulierungen erfolgen nach intimster Absprache. Sie sind wie die Banken Teil des Fiskal- bzw. Fiasko-Komplexes.

Die Rendite aus der Solarstromförderung übersteigt die der Staatsanleihen um ein Vielfaches. Daher übersteigt auch der Ausbau alle Ziele. Die Subvention nährt die Subvention. Da sie notorisch staatlichen Zugriff hat über die Staats-Gemeinschaften (vulgo: Parteien), macht sie daraus ein Gesetz. Ist die Idee Gesetz, wird kassiert, abkassiert. – Gezahlt wird vom solarfreien Stromkunden, solidarisch sind vorwiegend niedrige Einkommen, deren Armut die Tagesschau hofiert.

52 Millionen besuchten NY, Grund genug für Sehnsucht.

3.1.   Rioja, Azabache, Reserva 2001. Der Gaumen kann nicht gewinnen.

„Weine Indien! Deine Hände sind mit dem Blut Deiner Töchter getränkt. – Schließt alle Eure Tempel, in denen ihr vorgebt, den weiblichen Formen zu huldigen." – Die Zeitung meldet kurze Zeit später die 185. Vergewaltigung seit Jahresbeginn. Gelegenheit für erste Hochrechnung.

DON DE LILLOS Unterwelt, also das dauert zu lange. Ich bin in der Mitte und immer noch in Queens oder wo! Die Story kommt nicht in Fahrt oder ich suche etwas, das ich nicht weiß. Oder verstehe es nicht.

4.1.   Parlament: verfassungsgerichtliche Aufträge an den Gesetzgeber werden oft zögerlich umgesetzt. Nicht so, wenns um die Nutzungsfläche des parlamentarischen Betriebs geht, genauer um den Ausbau der Sitzfläche. Einem *dictum* aus 2012 folgend, wird für 2013 das drittgrößte Parlament des Planeten angepeilt. Das werden so an die siebenhundert Mann, Frauen natürlich auch, wenn sie durchkommen. Nur China und Nordkorea sind noch größer. Solche Nähe, wenn auch nur tabellarisch, mag einen Wink enthalten, vielleicht nur der Art: macht das Sinn! Doch die Fraktionen ficht nichts an, das zeigt schon ihr Einfallsreichtum bei der Geldbeschaffung. Sie verkaufen ihren sattelfesten Vorschlag mit Bürgernähe. Befragte legen darauf nur noch wenig Wert. Nähe ist nicht Vertrauen, eine beliebte Verwechslung. Mehr und laut reden übrigens auch nicht.

Die Mandatsarithmetik sei noch im Fluß, heißt es. Zuvörderst geht es um Rückstellungen und die Bestuhlung. Das ruft den mobilen Holzbau auf den Plan. Gleich nach der Feststellung des Wahlergebnisses steht er bereit, *„wemmer weiß, wieviele komme. Die Loid müsse ja sitze, wennse exdra anreise!"* – Dann geht das Drama los: da sitzt ein freudig erregter Wahlkreisvertreter, womöglich noch Direktkandidat, in seiner Hundertschaft, 5. Reihe

– und soll mal eben über den ESM-Vertrag, oder die Ausführungsbestimmungen, 40 Seiten, Schriftgrad 1, abstimmen. – *Der is froh, wenns klingelt!*

Pikant bleibt, daß solche Parlamentsausdehnung mit gleichzeitig prozessierender Beschneidung, Verletzung und Ignoranz seiner Kernkompetenzen einhergeht. *Wofür reist mer eijendlisch an!*, fragt sich der geneigte Neuling aus Offe'bach. Da brauchts eher zwei als einen Asbach-Uralt, kommts vom Nachbargestühl. Verständlich auch, daß manchen eher die feine Versorgung, gerade auch über den Tag hinaus, am Platz hält. *Dann machd mers schon vier Jahr' mit, gell. Nutzdjanix.*

Der EZB-manipulierte Zinssatz ist tatsächlich die umfassendste Finanzierung des Bankensektors zulasten der Kunden, stelle ich bei Durchsicht meines defizitären Portfolios fest: ein Dutzend meiner Immobilienkredite sind mit 3,5 bis 4 Prozent unterwegs, wogegen die Refinanzierung so bei bummeligen ein Prozent liegt. Und immer schön festgeschrieben auf Jahre. Ich fühle mich echt fehlfinanziert. – In summa heißt das: Goldfingers Niedrigzins und das geschenkte Zentralbankgeld grundieren milliardenschweres Extrageld der Branche (auf die war schon KARL MARX extra sauer, ich jetzt auch), für die das ganze Desaster jetzt durchgestanden wird. Diese Sondereinkünfte belaufen sich allein für Goldman Sachs und JP Morgan Chase auf 30 fürs abgelaufene Geschäftsjahr!

SAHRA WAGENKNECHTS Disziplin ist bewundernswert. Immerhin: die US-Kreditaufsicht meint, es sei „… richtig, daß die Leute, die den Schaden verursacht haben, für die Aufräumarbeiten herangezogen werden." Rauskommen dann diese überraschenden Vergleiche in Milliardenumfang, die den kleinen Mann trösten – und dem weiteren Rechtsfrieden zuträglich sind. – Und Goldfinger weiß, warum er SILVIOS Avance ablehnt, doch italienischer Staatspräsident zu werden. Er sitzt, so wie er sitzt, einfach am längeren Hebel und will bis Vertragsende im Amt bleiben. Das wäre Oktober 2019. Solch Pflichtgefühl muß Gründe haben. Die liegen nicht zuletzt in seiner Heimat.

CHRISTIAN SCHRÖDER, ‚Europa in der Finanzfalle‘, vergleicht das ESM-Regime mit „Bemächtigungslagen“, in denen sich Geiseln erfahrungsgemäß mit Vehemenz den Forderungen von Erpressern anschließen. Er notiert die „sprachliche Anämie ... unverständlich, verschachtelt und trostlos“. Der Regulierungswahn sei wesentliche ‚Mitursache‘ der aktuellen Desaster, so der Rezensent, das ‚Eigeninteresse Brüssels‘ treibe in Machtakkumulation über die Regulierungskatarakte. – Die Worte des Fachmanns bestätigen, daß vor diesem turmhohen Apparat traditionelle Formen des organisierten Verbrechens wie auch des Politbürosystems aus dem vergangenen Jahrhundert verblassen. Höchste Zeit für den Anschlußband von HANS-PETER SCHWARZ: Das Gesicht des 21. Jahrhunderts, dessen Ruinierer bereits im Zenit ihrer Fähigkeiten stehen.

Mit welcher Geschwindigkeit sich hier ein Kontinent einem parasitären Befall ausliefert, kaum daß er von einem anderen freikam, entzieht sich meinem Begreifen. – Und selbst an diese weichen Regeln halten sie sich nicht, betont DIETRICH MURSWIEK, Rechtsbeistand des PETER GAUWEILER vor dem deutschen Verfassungsgericht: statt die ‚Systemrelevanz‘ Zyperns zu belegen, Voraussetzung für Geld, ‚ziehen sich Kommission und

Finden Sie Zypern ... kann sowas relevant sein? Ich bitt’ Sie!

EZB auf psychologische Erwägungen zurück'. Ebenso werde das Parlament unter massivem Einsatz des WOLFGANG SCHÄUBLE ohne Debatte vor vollendete Tatsachen, fixierte Auflagen für den Inselstaat, gestellt und in die Zustimmung gepreßt.

Europäischer Gerichtshof: ROLAND VAUBEL mit der nächsten Breitseite, denn das Institut läßt den Rechtsbruch haufenweise gewähren und fördert gegen vereinbarte Prinzipien wie die Subsidiarität des Brüsseler Götterhimmels die Zentralisierung von Zuständigkeiten – dabei greift der Gerichtshof, wie die Mitgliedstaaten im Rat, wahlweise auf ‚unzuständige' Regelungen zu, um gewünschte Ergebnisse zu unterlegen. Diese Falschanwendung von Recht und Gesetz ist im Rechtsstaat absoluter Revisionsgrund. Es klagt jedoch niemand, weil es ein System von ‚Euromantikern' ist, selbstselektierend. Es ist ein Scheingerichtshof im babylonischen Euroregime. – Oder mißversteht Deutschland den Sinn der Einrichtung noch immer!

Packen wir zusammen, was die Summe der Details gebietet zu begreifen: da wurde der Primat der Politik ausgerufen, die Energiewende losgetreten, die Klimarettung ist aus keinem Pamphlet mehr wegzudenken … und im Kernbereich dessen, was den bürgerlichen Staat ausmacht – um den geht's doch wohl noch, oder sind wir schon eins weiter?, da wird es wüst und leer: das Monopol der Rechtsetzung und der Durchsetzung des Rechts ohne Ansehen der Person verschwindet vor denen, welche über das Potenzial der Ruinierung von Allem gebieten. Das Finanzkapital residiert längst in der Umlaufbahn, freigesprochen vom Risiko des Untergangs, von nachhaltiger Rechtsetzung, die sein Treiben regulieren könnte – und von strafrechtlicher Verfolgung nunmehr auch: *„too big to jail"*, kams ja vom US-Justizminister.

Das ist die Rückkehr des Ausnahmezustands in die Permanenz, 80 Jahre nach seiner letzten Exekution. Aber dieses Mal ohne Braunhemden, Brandschatzung, Mord und Totschlag, sondern mit demokratischem Theater auf kleiner Bühne, mit Chargen und Adepten – und wenigen gut Maskierten. – Wo liegen meine Aussichten bei solch Urteil ohne Ausweg? – Marion fragt: was schreibst Du denn da wieder (Liebling), das will doch keiner lesen! Ich entnehme der Schokobox ein Leckerli. Meine Auswege sind beschränkt.

Die szenische und originale Dokumentation des politischen Lebens KONRAD ADENAUERS zwischen 1945 und 1963 rafft Ereignisse und Entscheidungen zu fast übermenschlicher Dichte zusammen, insbesondere in den Themen Aufrüstung, Mauerbau und Kubakrise. Er hat jedes Jahr seines Lebens, seiner Amtszeit ausgeweidet, schließlich zur Gegenüberstellung mit DE GAULLE gebracht. Eine mir sehr veränderte, nein erstmalige Wahrnehmung.

Ein regelrechter Schrecken vor der Dichte der Ereignisse dieser Zeit durchfährt mich. Noch heute bietet jede gute Darstellung eine Fülle nie gesehener oder übersehener Brocken, die diese Ereignisse gestalteten. Noch heute also dieses Sammeln, sortieren, zusammenfügen, betrachten, bewerten, verstehen. Und es ging ums Handeln, schwerwiegendstes. Also um kürzeste Wege unter höchster Ungewißheit, um Entscheidungen ohne Gewißheit. Da passiert es schnell, daß das Leben nicht reicht.

Vladi hat die Computer wieder flott gemacht. Jetzt ist er bei Birgit, drei Häuser weiter. Meine liebe Frau meint: der paßt in ihr Beuteschema, der riecht nach Motorenöl.

Kurze Erholung im Kulturellen: Peter de Rome (88) in ‚Arte‘, 1971, *Stonewall rebels* – entschuldige, ich habe da etwas zwischen Deinen Beinen entdeckt, und – wir drehen morgen einen Film, hast Du Interesse? 150 Dollar und im Fahrstuhl war der *deal* perfekt.

Simon Reynolds in der stillgelegten Brauerei, Prenzlauer Berg, hat eine Sackkarre zum Soundtank umgebaut – Akupunktur fürs Trommelfell, oberhalb 20.000 und unterhalb 40 Herz! Mobile Booster und Sound-Panzer aus einem alten japanischen Bauschuttkipper geschweißt, über *e-bay* beschafft. – Khalif Geff, das Geilste überhaupt, sagen die schwarzen

Mädels – nur Gotteslästerung, der Vater aus Senegal: was habe ich falsch gemacht – *I go for the history of Rap* – Kohle, Karre, Schlangen, das greife ich auf – *Blind Mind Body, Mind Bloody Bloody Bloody Mind Bloody.* – Ich habs verstanden, kanns aber nicht wiedergeben. Den Eindruck überlasse ich dem Leser.

5.1.   Wieder diese Koinzidenz der Ereignisse, die das Erkennen und Verstehen treibt, heute das Adenauer-Portrait und HENNECKES „Vermessene Wissenschaft". Zusammen mit den Ausführungen von KIELMANSEGG und FRANK WESTERMANN zum jüngsten Schuldenrückkauf geben sie ein Bild, das Absturz zeichnet. – Was für ADENAUER direkte Schlußfolgerung aus den erlebten Katastrophen des Jahrhunderts war, ist den Epigonen nurmehr Phrase. Dahinter hat sich der Apparat etabliert, dessen Ziel eigene Steuerhoheit bleibt. Dann muß er mit seinen historischen Auftraggebern nicht mehr übers Geld streiten. Er holt es sich. Ich sollte den Text malen, damit er leserlich wird.

Achthundertsiebzig Milliarden Dollar sollen die 500 US-Größten in 2012 gemacht haben, 2013 verspricht eine Billion.

6.1.   SONNTAG
Das Sortieren der Trainingsunterlagen fördert Unmengen zutage. Der Tag geht darüber hin.

Dem „Tal der Könige" muß ein Berliner Kapitel folgen, oder vorangehen – wer lernt hier eigentlich von wem! – oder ist das politisch-genetisch. Ich meine so einen Streifzug durch die Ministerburgen. Das Unfaßbare bleibt sonst unvollständig. Vielleicht reicht ja schon ein Resümée nach allgemein zugänglichen Quellen.

China: dabei treibt es etwa WANG LIJUN auf eine Art, die in der Summation mitteleuropäische Vorkommnisse in den Schatten stellt. Der Polizeichef von Chonquing empfing soeben ein Urteil namens 15 Jahre Knast und sitzt. Das muß noch nichts heißen, doch die kontinuierliche Berichterstattung indiziert Nachvollziehbarkeit. Er hat das volle Sortiment denkbarer Taten und Untaten geliefert – in feinster Polizeiuniform (nach seinem Entwurf!): inszenierte Mafia-Aktionen – erfolterte Geständnisse – Gefangenenmißhandlung jeglicher Art – 20 Hofberichterstatter im Stab (blaue Uniform wie er), Kosename „Schlümpfe", versessen auf gute Aufnahmen von sich – 60 Paar Schuhe im Büro, für jeden Anlaß – Abhörung aller Mitarbeiter – Annahme jeglicher Bestechungsgeschenke – starkes sexuelles Verlangen und darauf etabliertes Beziehungsnetzwerk, Motto: was nicht auf die Bäume kam – Aufbau illegaler Waffenproduktion mit anschließendem „Sieg über das Verbrechen" nach medienbegleiteter Razzia – Berufung in den Volkskongreß (mit Audi, versteht sich) und schließlich Flucht in die amerikanische Botschaft.

7.1.   Mittags raus (mit *Audo*), Sport, Sparkasse: Absprache, Mietenkonto an Verwalter, Autobahn nach Hamburg, herrlich so viel Platz! – Check in bei Nic, wir setzen uns zum Italiener. „Weißt Du was, zuletzt hast Du Dich geweigert zu teilen", erwidert er auf meinen Vorschlag – Wieso!? – „Du sagtest, Du hattest weniger!" – Danke, schnellschämen, Scheiße! Immer noch nicht frei, denke ich, sage ich. – „Dachte, das kann ich Dir sagen." – Danke. Der schöne Abend bleibt so, laß uns nochmal an die Elbe in den 20. Stock gehen, 20 Up. – Das ist Zustand, reiner Zustand, *Karl Piranja*, 60 Minuten endloser Blick, über Tische und Stühle und die Stadt. Sollen wir noch, nein, könnte aber, wir nehmen den Fahrstuhl. – Bei ihm dann Udo Lindenberg, irgendwie live, er singt nicht dauernd, es geht. Mach Dein Ding, ist bleibend im Hotel Atlantic und mit Tante Kamikaze auf Kampnagel.

Nic erklärt seine Installation: weißt Du, was das ist, Eingang links und rechts und das Stromgerät, da hängt alles dran. – ? – Der generiert einen sauberen, konstanten Strom, wie in der Medizintechnik. Neulich war einer damit im Raumprozessor, mißt alles und stellt fest: irgendwas stimmt nicht, korrigiert das dann digital – und plötzlich stimmt das! Stephan Raab on drums, ich brauche wieder einen Abend ohne Alkohol. Die Zeiten sind allerdings schlecht.

8.1. Um 8 Uhr *Nic's fine marmelade toast, coffee* und rüber nach Eimsbüttel ins Chemie-Werk. Nach fünf Coaching-Stunden sind die Tränen verstanden. 45 Jahre lag der Schmerz im Sarkophag, waren Kindheit, Verletzung und Sehnsucht abgespalten (ARNO GRUEN). Heute zeigte er sich, frisch wie bei seiner Geburt, das tröstet. So meandert Leben zwischen der Angst demaskiert zu werden und der Sehnsucht erkannt zu werden. Ich gehe. Die Stadt ist im Regen, ich fahre zum Hafen. Die Ufer wachsen, zwölf Stock hoch, purer Granit auf den Stufen, im Stil-Werk beim Italiener Kuchen von Nuß-Schoko, *cold music*, die Leute zittern. Wozu das alles, beim Seemannsheim steigen die Frauen zügig ein und aus, fast sichtbar die Strapse, Geier. – Viele Türen hinter schönen Plakaten verschlossen.

Im Gleichstellungsdirigismus wird die Frauenkaskade verpflichtend. Sie führt, anders als in der Natur, bergan. Das Stereotyp hat den Wissenschaftsbetrieb erfaßt.

11.1. ANDRES VEIEL führt Regie in Stuttgart. ‚*You must be fuckable*‘, sagt die Frau zwischen den Bankern, bei fliegendem Wechsel zwischen Brandstifter und Feuerwehrmann. – Kein Banker spricht vor der Kamera über „Das Himbeerreich". – Gehalt, Wagen und Anhang sind Schweigegelübde. Shakespeare, diese Mischung aus Eitelkeit und Mord und Totschlag. Tatsachen schlagen Phantasie.

JÜRGEN TRITTIN: „Frau Merkel ist gegen Frauenquote, gegen allgemeine Mindestlöhne und die schnelle Energiewende. Das – wollen wir nicht länger dulden." – Was geht in dem Mann vor.

HILMAR COPPER wirft hin, Nordbank. Angela MERKEL fordert Reformen im freien Fall, in Limassol, Kunststück. OLLI REHN ist dabei, bedenklich. Moody's senkt die Aussichten, 17 Milliarden mögen knapp werden. – Daraufhin erklärt die EZB Zypern und seine Geldinstitute für „möglicherweise doch systemrelevant", Goldfingers feines Gespür für gefährdetes Gläubigergeld.

3sat: ‚Im Bett mit dem Feind‘, Frankreich. „Wir waren niemals so frei wie unter der deutschen Okkupation", JEAN-PAUL SARTRE.

Cab Galloway, Django Reinhardt, schon die SA hatte ein homosexuelles Bataillon. Die Organisation Todt rekrutierte Zehntausende von Frauen, was häufig zur ‚collaboration sentimentale‘ führte. – Das Verfügen über Menschen als Material, seine Reduktion auf Materie, aus der sich bediente, wer im Pool war, ein tiefes Anliegen der Herren. – Die Machtfrage drehte sich in der romantischen Beziehung um, HENRY DE MONTHERLANT. – Die nationale Identität beruht zumeist auf Leiden. ‚Mein Herz schlägt französisch, aber mein Hintern kennt keine Nationalität‘. – 200.000 Frauen werden öffentlich die Haare geschoren, danach im Stadtbrunnen untergetaucht und gebürstet. Sie waren befleckt, dazu zweitausend Gruppenexekutionen im befreiten Frankreich, in kleinen Städten der erste Akt nach der Befreiung durch den Maquis: die Rückeroberung der Frauen und die Klärung der Besitzrechte. – Ich kann Dich lieben, aber nicht heiraten, sagt sie dem GI. Und weiter: er hatte keine Kultur, war aber wunderbar, kannte weder Voltaire noch *Henri Quatorze*, einer aus Arizona, wie Gary Cooper.

Der Kandidat PEER STEINBRÜCK ebenfalls im freien Fall, 28 gegen 65 Prozente!

Marion erzählt aus der Schule: auf die Frage: was ist der Bundestag, kam die Antwort in der 9. Klasse: das ist der Tag, an dem gewählt wird. – Hoffentlich verpassen sie ihn. – PAUL PANZER: Wald? die wissen doch gar nicht mehr, was Wald ist. Wald ist Funkloch!

12.1. Die Ortszeitung fabuliert im Leitartikel: das Zustimmungstief der Politiker, ebenfalls im freien Fall, resultiert aus deren schwerer Aufgabe, die Euro-Krise zu bewältigen. Das versteht ANGELA MERKEL gar nicht und die Desastergespanne STEINBRÜCK & GABRIEL sowie WOWI & PLATZECK verdienen ihre Wertungen auf ganz eigenen Absturzplattformen. – *People Trust Greece* liegt bei 3, *Germany* bei 5 % – *if ya nou, whadei miehn*.

Das war gestern, heute kommts erneut knüppeldick: unter der reizvollen Überschrift „Profite (sic!) im Namen der Gleichstellung?“ leitartikeln zwei Damen: „Die sog. Unisextarife sollten zu mehr Gerechtigkeit führen. Tatsächlich wurden aber manche Versicherungen teurer." – Im Gender-Mainstream-Paradies lautete das vielleicht so:

,Gleichstellung erreicht, endlich kein Profit mehr. Neue Tarife versichern umfassend Gerechtigkeit. Versicherungen radikal verbilligt.'

Die Leute müssen unter Drogen stehen, Jahreskalender nach Bodo Bach: meine schlimmsten Erfolge, er meint Udo Jürgens, ich die Zeitung.

Nach Durchsetzung des Leuchtemittelprojektes möchte die EU-Kommission Vorgaben für den gemeinen Duschkopf machen, solche Erwägungen treiben sie seit Jahren um. Beseelt vom Ökodesign, ist es nicht ausgeschlossen, daß die Umsetzung mit Hausbesuchen vom Kommissar verbunden wird, nach Art etwa des Flankenschutzfahnders vom Amt.

Wir feiern Jonas Gewinn eines Studienplatzes zu fünft bei Anna, wie immer, danach zu Hause mit Sekt, später Schnaps. Ende.

Nach Jahren wieder „gefunden": JOHN MAYALL live: „White Room" (reg. 1968) Ich bin begeistert, Marion ist außer Haus, der Wintergarten ist voller CREAM.

1.
In my White Room with black curtain near the station
Blackroof country – no gold pavement – tired starlings,
Silver horses run down moonbeams in your dark eyes,
Dawnlight smile on your leaving my contentment.
I wait in this place – where the sun never shines,
wait in this place, where the shadows run from themselves.

2.
You said no strings could secure you at the station,
Platform ticket – restless diesel – goodbye windows
I walked into – such a sad time at the station,
As I walked out – felt my own need – just beginning.

I wait – in this cue – where the trains come back,
Lie with you – where the shadows run from themselves.

3. Guitar

4.
At the party – she was kindness – in the hard crowd,
Consolation – for the only – now forgotten,
Yellow tigers – crouched in jungles in your dark eyes,
She just dressing – goodbye windows – tired starlings.
I sleep in this place – with a lonely crowd,
Lie in the dark – where the shadows run from themselves.

5. Instrumental & finish

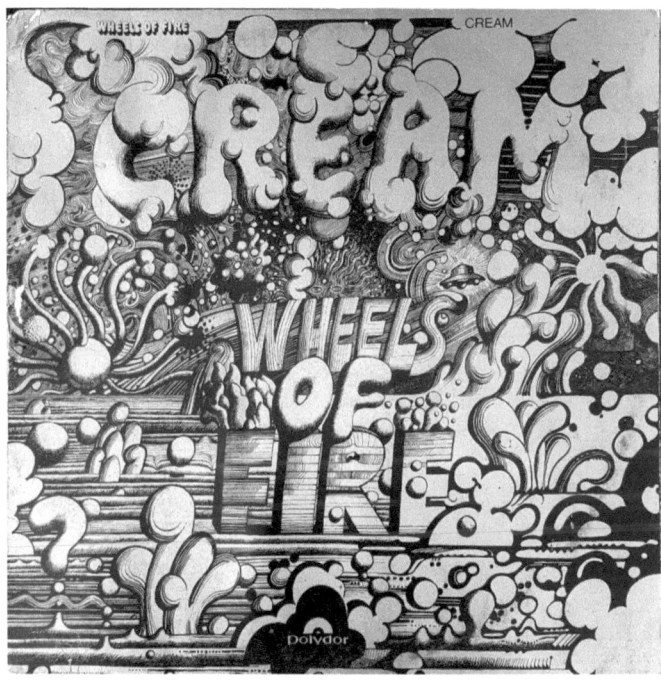

‚White Room'   *From: ‚Wheels of Fire' (1968)*
‚White Room' was originally supposed to be on Cream's second album,
‚Disraeli Gears', but record-company execs thought it sounded too much
like ‚Tales of Brave Ulysses' (see No. 6 on our list of the Top 10 Cream
Songs), so it was held over for the studio half of ‚Wheels of Fire'. It was
released as the album's lead single, reaching No. 6. Clapton's wah-wah
guitar once again delivers the knockout punch.

17

Der Text beeindruckt mich bis heute. – Ich hörte ihn vor 44 Jahren ganze Nächte durch auf neun Quadratmetern in der Wohngemeinschaft Am Plan 3½ in Marburg. – Die Zimmer mit Ausblick zur Universitätsstraße waren vergeben. Heizung hatte ich keine, der Nachbar hatte Kohleofen. Links stapelten sich Briketts, rechts die Asche. Sein großes Zimmer war ständig voller Leute und süßlicher Duft zog durch die Wohnung. Ich hatte Schiß und beneidete die Leute. Wochenlang stand „Cream" mit dieser LP auf Platz 1 seiner Sammlung. Der anfängliche Frust, das Zeug die ganze Nacht hören zu müssen, schlug um in Begeisterung. Das hält bis zur Stunde.

13.1. SONNTAG
GERALD HÜTHER begegne ich erneut in der Zeitung, diesem Mann der „Kohärenz" und des „Dilemmas". Sein Großvater, krisengeplagter protestantischer Atheist, war die wichtigste Bezugsperson. Später floh er aus dem „Schafstall, (diesen) Bretterwänden in alle Richtungen". – Der Systemwechsel hat Blick und Reflexion geweitet, besser als ein Leben ‚in keinem anderen Land'. Schafsmentalität?, kein schlechter Gedanke. „Wer in hohem Alter japanisch lernen will, muß sich in eine Japanerin verlieben. Dann klappt es." So faßt er Forschung und Erfahrung ums Gehirn zusammen.

Der Tag vergeht mit Sortieren und Packen, zwischendurch die Betten, ich liebe Dich. Um sieben Uhr auf die Autobahn nach Visbek, HÜTHERS Biologie der Angst geht mit.

14.1. Ein lebhafter Start in den Workshop ‚L.earn-2'. Abendfüllende Erzählungen über die Anfänge des Sparkassenbetriebs auf Spiekeroog. Die vom Fischgeruch getränkten Geldscheine verstopften den Automaten, Folge des engen Geldkreislaufs. Der Automat wurde mit den Einnahmen aus dem Fischhandel und Fischbrötchenverkauf bestückt. Die zogen die Touristen dann wieder raus. So roch Geld konstant nach Fisch.

15.1. Arte sendet einen Bericht über den Castroismus. Wir leben gerade so lange, daß wir die jugendliche Euphorie über dieses Regime mit seinem sklerotischen Alterszustand vergleichen, also die schönen Überzeugungen überprüfen können: das Scheitern einer juvenilen Sehnsucht im Elend eines überwachten und kommandierten Volkes, dem bei der Arbeit auch noch die „*Granma*" vorgelesen wird. Wenn sie zu Hause sind, übernimmt die Abschnittsparteisekretärin die Aufsicht. Ein Viertel des Volkes lebt in Spanien, Paris und Miami, während sich bei der Linkspartei die Plattform „Kuba Si!" zu Wort meldet.

16.1.   Schlußtag und Abreise, gassi! ich bin zu Hause. – Kann eine Gesellschaft an ihrem Streß zugrunde gehen? Mich beschleicht so ein Gefühl, wenn ich die Akteure höre, die qua Verfassungsmandat an der Rampe stehen.

Das Fernsehen zeigt die Arbeit eines Pädophilenrings in Berlin mit seinen Kunden in den höchsten Kreisen, wie es heißt. Ein Paar leerer Turnschuhe auf dem Spielplatz signalisiert die Käuflichkeit des Kindes. Laufen die Ermittlungen einmal nicht ins Leere, werden Beamte versetzt, „Anweisung von oben (sic!)". Kann eine Gesellschaft von innen her verfaulen?

Bremen hat den „Masterplan Fahrradverkehr". Da es ohnehin alles zu eng ist, bedeutet das flächendeckend stehenden Verkehr bzw. Hindernis-Parcours um Blumentöpfe mit max. Tempo 30, viel Zebra und breite Fahrradspuren. Eine Stadt im grünen Lebenswandel.

17.1.   Eine Gesellschaft mag an den Strapazen zerbrechen, in die ein multipler moralischer Rigorismus bei zugleich anwachsenden faktischen Anforderungen und Belastungen führt. Kommt ein hohes Maß an Inkompetenz hinsichtlich politischer und Systemführung dazu, können Abwendung, Verzweiflung oder Ignoranz die Gemüts- und Stimmungslage prägen.

18.1.   Um 8 Uhr auf die Straße, 9.30 bei Tesa-Hamburg. Das Coaching entwickelt. Um 17 Uhr bei 160 in Ruhe zurück.

Der Élysée-Vertrag und seine Epigonen, voller größter Aufmerksamkeit ist der 50. Jahrestag. Und niemand kommt auf den

Gedanken, daß damit das Maß an „Europa-Politik" und Integration solide gefüllt war: die Frage von Krieg und Frieden war – zumal unter der NATO-Integration – abschließend geklärt. Das Maß an wirtschaftlicher Kooperation über die Montan-Union hinaus in der EWG hinreichend auf Basis nationaler Eigenständigkeit umrissen, der Umgang als Spannungsfeld von Nationalem und Gemeinsamkeit verstanden. Es war aus deutscher Perspektive so ziemlich die Regierungszeit Konrad Adenauers.

Was seither geschieht, nenne ich überschießende und überwiegend destruktive Energie, von der Agrarpolitik über den phantastischen Apparat der 45 Tausend in Brüssel, den 29 Dependancen und Straßburg, seine ideologische Aufrüstung und die Übersetzung in einen Endlos-Themenspeicher bis zum Euro-Projekt, welches alles Negative der Vergangenheit wieder nach oben bringt bzw. verstärkt: unsolide Wirtschaftspolitik auf unsolider Finanzierung, *Fiat Money*, wirtschaftlicher Ruin und soziale Verelendung, Vergiftung der nationalen Beziehungen – und das große Geld sitzt an diesem Roulettetisch oder im *Dark Room* und sackt ein, sei es über manipulierten Zinssatz oder Schuldenrückkauf. – Derweil DRAGHI grinst, MR. GEITHNER *is calling*, SCHÄUBLE schweigt inzwischen, ist er noch im Amt? Schlechtes Kino aus den Vierzigern in Chicago?

Das zyprische Geschäftsmodell Schwarzgeld bedarf der Stütze. Am EZB-Mischpult wird der Regler ELA hochgefahren, Sie erinnern? „Emergency Liquid …??" – Schall und Rauch!

19.1.   Wir packen Bilder und fahren nach Oyten und hängen die Praxisräume eines Zahnarztes aus. – Die Öffentlichkeit wird eine kleine sein. – Ein süffiger Abend bei den Freunden in Achim schließt sich an. Susanne hat hervorragend gekocht.

20.1.   Marion sitzt im Rathaus, ich wähle gegen Überzeugung für eine Mehrheit, was mißlingt. – Protokoll Tesa, Leserbrief an die Zeitung (was mißlingt), packen für den Workshop.

Der Rundfunkbeitrag sei wie eine Kurtaxe, meint sein Konstrukteur. Das verschlägt den Atem. Wer fährt nicht gerne zur

Kur!, jedenfalls vermittelt der Begriff Heilsames. Kur macht gesund, heißt es. Na dann muß das Preis-Leistungs-Verhältnis ja stimmen. Die Stadt Köln zahlt aber nicht, da sie – wie viele – die Verzehnfachung des Obulus kalkulieren muß. Aktuell verzweifelt sie am „Betriebsstättenbegriff", wozu etwa die Liegenschaft Friedhof zählt. Dessen Einlieger immerhin befreit sind, nicht, daß hier überzogen wird, Herrschaften – etwa nach dem Motto: jedes Grab ein Haushalt, was der Chef wohl dazu sagte! Das Haushalts-Prinzip fürs Kassieren wird unterfüttert durch Mitarbeiterpakete. Wenn zu viele da sind: Aufschlag. Auch Fahrzeuge unterfüttern, wenn zahlreich, im Bestand.

Klingt wie ein neues Steuermodell, so ganz eigen und gegen die sonstige Beitreibung aus privaten Einkommen. – Für den Abgleich der 70 Millionen Personaldatensätze hat sich die Organisation eigene Datenschutzbeauftragte zugelegt, so werden Einwände im Haus abgefangen, interne Fangschaltung. – Den Umfang des Datensatzes begründet das sog. „Projektbüro für die Begleitkommunikation" mit dem gleichen Argument: Nachfragen zu vermeiden.

Mehr will das EU-Politbüro auch nicht. Der Kurtaxen-Autor avancierte zwischenzeitlich zum WDR-Chefredakteur und hat die Titulatur dieses staatstragenden Systems von Kurtaxe in „Demokratie-Abgabe" gewechselt. Das ist kurz vor der Heiligsprechung! – Davon gibt es einige, viel ist nicht mehr übrig. Den Löwenanteil geben wir an die Parteien, die sich ja auch die Chefsessel des Guxdu-Systems teilen. Es bleibt also alles bei der gleichen Klientel hängen, welch komplexe Selbstversorgung.

Diesen flotten Formwandel vom Verfassungsrichter zum Gutachter für seinen anschließenden Posten, geschätzt nicht unter einer Viertelmillion, kommentiert Marion, der will eben auch mal Geld verdienen. – Stimmt, Anstrengung muß sich lohnen. Gutachterliches zählt dazu. – Wieder hat der starke Staat das Volk vom Gläubiger- in den Schuldnerstatus versenkt, vom Gläubiger qualitativen Ton & Bildes zum Rundfunkbeitragsschuldner.

Packen, gassi, Rathaus, zurück, 20 Uhr Autobahn. Das Hotel in Bad Zwischenahn ist undurchschaubar gemütlich hinter der Fotostrecke der Bekannten, die hier nächtigten. Irgendwann bleibt nur ein Foto, denke ich mit Blick auf MÖLLEMANN. – Lothar arbeitet die Nacht durch, ein Kollege ging mit dreiundfünfzig Jahren. – Ich versuche Texteingabe. – Das Leben ist schön, überraschende Kürze gehört aber dazu.

21.1. Nach dem ersten Tag im Hotel entdecken wir oberhalb die Familie WULFF. „Er hat aber gezahlt", bemerkt eine Angestellte im Vorbeigehen. Fassungslos lese ich seine Gesichtszüge.

23.1. Georg BASELITZ (75) stellt aus. Der Kurator weicht von seinem Bild der Bilder ab. Das gibt Ärger, wie sein Leben lang. Der Vater war der lebenslang verbindliche Modus. – Marion hat Tinitus, wir sprechen leise.

24.1. Zwei Coachings unter schwersten Bedingungen, der Kandidat kommt nicht aus dem Sinnieren, sprich, ich erreiche ihn nicht. – Sport – Bankhaus, ich nehme 60 Seiten mit, abends erschöpft. Ich brauche kein Geld. – Auf dem Anrufbeantworter zwei Aufträge.

25.1. Von „offensichtlich behördlicher Duldung" spricht der Präsident des Verkehrsgerichtstages, wenn der Radler regelfrei durchs Stadtgebiet fegt. Der hart am ökologischen Habitat sedierende Kreisel in Bremen ist leuchtendes Beispiel. Die Stadt sei schließlich für die Menschen da, grenzte jüngst der Umweltkommissar gegen die Vierräderei ab.

Nichts ist das gegen den jüngsten „hochgradigen Nuklearversuch im Kampf gegen den Erzfeind", den der juvenile Nordkorea-Chef KIM demnächst vom Zaun zu brechen gedenkt, unter vorauseilendem Applaus – seine Disziplin. China mahnt zur Ruhe, schwer zu machen bei solch einem Bums.

Altkanzler SCHMIDT (94) rauchte in der Handelskammer. Das Hamburgische „Passivraucherschutzgesetz" sieht das nicht vor.

ANGELA MERKEL war vordem siegreich in einer sogenannten Russisch-Olympiade. Preise waren hingegen nur für Arbeiter & Bauern vorgesehen, ärgerlich.

GERHARD SCHICK, grün, sieht in der EZB einen „intransparenten Schuppen". Sympathisch, wenngleich unangemessen. „Stall" würde der Wucht gerechter, zwanglos begleitet vom Präfix „Augias" oder Ähnlichem.

Nokia (143) streicht die Dividende.
Die Bank Monte dei Paschi di Siena (Alter 541) liegt im Trend der Begünstigung. Eine ‚Bande der fünf Prozent' verpaßte sich einen nicht vorgesehenen Gebührenrausch, dazu ‚Amnestien für Auslandsanlagen', vulgo Geldwäsche.

Das Bild POLA KINSKIS neben ihrem Buchtitel vom Leben unter (sic!) ihrem Vater verstört völlig. Ich werde es nicht lesen, ich würde es nicht lesen können. Welche Kraft, welchen Widerstand erst braucht es das aufzuschreiben. Und das Bild klebt auf seinem, welches nicht mehr das ist, was es war. Seine Filme tragen jetzt Schatten.

Abends erwischen wir die *Määnzer* Fastnachtssitzung, da muß ich hin. Etliche agieren am Rande des Erträglichen.

Das 60-Seiten-Pamphlet der Bank befördert Wohlbefinden, wenngleich ich den Immobilien-Gutachter nicht empfehle, zu kleinkariert. Der fuhr *unsern Schubbe* doch glatt ins Minus!

„Die Rohstoffe" von GEORGE OPPEN schildern das 20. Jahrhundert mit Amerika, mit dem Verzweifeln daran, mit den Gräben in den Ardennen und der Flucht vor MC CARTHY. ROBERT OPPENHEIMERS Welt. – Ich bin besoffen nach Büchern, der Anteil der gelesenen schrumpft.

Film ab: MARCEL REICH-RANICKI (92), seit 1929 in Berlin, 1938 als unerwünschter Ausländer ausgewiesen. „Wir gehören nach Polen", sagt der Vater. – Dort nach dem Überfall Einfall in die Wohnung, Verwüstung, Prügel, Zusammentreiben – Boden schrubben – zieh dein Höschen aus, Schlag, los, putzen! – Tritt – warum machen die das – weil sie es können, niemandem rechenschaftspflichtig sind. – Umsiedlung. – RANICKI in der Zelle – … ein Buch für dich – der Vater erhängt sich in der Zelle. 1949 vor dem Geheimdienst in Warschau – „wir sind dazu da, das Leben nicht von uns zu werfen, sondern es zu bezwingen" (EMIL JANNINGS). – Die Volkszählung im Ghetto wurde an den Judenrat delegiert. Man mußte immer gepflegt sein, auch wenn man nichts zu essen hatte. – Ist hier ein Berliner?

Fichte-Gymnasium Wilmersdorf, Konzertgutschein. Dieses eine Mal hielt er sein Wort. – Typhus, Cholera, Abriegelung, Mauerbau, 3,5 Meter Höhe – Ghetto-Reglement. – Hausdurchsuchung – Verhaftung – HERMANN HÖFLE (! bei THOMAS HARLANS Heldenfriedhof) – Geiselnahme – Umsiedlung gegen Freilassung – „du mußt heute noch heiraten!", THEOFILA – der Rabbiner tuts, Urkunde vordatiert: „willst du … Gewehrfeuer … Hiermit erkläre ich … wollen Sie die Braut nicht küssen! … Nocturnes – 22. Juli Zug nach Treblinka – ein leeres Zyankali-Fläschchen auf dem Schreibtisch – ich bin machtlos – mir bricht das Herz vor Trauer und Mitleid – der Uniformierte läuft vor den Zusammengetriebenen hin und zurück – sein Stock dirigiert: links-rechts-… – MARCEL R. erzählt dem KGB-Mann – kann ich jetzt bitte in meine Zelle – 1943: Trupps im Häusersturm, Zug durch die Straßen – denk an die DOSTOJEWSKI-Anekdote! – Kontaktperson – Geldübergabe – gab es einen polnischen Nichtjuden, der euch geholfen hat? – ist das noch wichtig? – für mich ist das wichtig – was ist, wenn das hier vorbei ist – erzähl uns, wir drehen Zigaretten – das Wasser friert – das Eis taut – der russische Tank hält vor der Tür – Juden? … ein Schuß – Lublin.

Wir traten in die polnische Armee ein – Parteiausschluß wegen ideologischer Entfremdung – Schweigepflicht – 1952 Lektorat. – Man hat mich vor ihnen gewarnt. Jetzt sind wir gezeichnet. Und das wird bleiben. Bis zum Schluß. – Mein Ziel ist Westdeutschland – dort laufen die Täter doch frei rum! – HEINRICH BÖLL kommt, 1955 – kein Empfang von Leuten, die in der Wehrmacht gedient haben – fünf Anwesende klatschen dennoch. Das Klima soll milder werden, auf den Wetterbericht ist kein Verlaß. 1957 im Zug. Ankunft. Telefonat. Ich liebe dich. Alle Begegnungen im Ghetto wiederholen sich. Täter oder Opfer? Alles ist gezeichnet.

27.1. ANNETTE SCHAVAN soll 1980 Plagiat betrieben haben. Seit neun Monaten wird öffentlich diskutiert, wöchentlich mit neuen Protagonisten aus dem „Nutzfreundschaftsnetzwerk" der Ministerin, wie JÜRGEN KAUBE es nennt. Die hält es für geboten zu kämpfen. Das hält bis Anfang Februar, als einem ‚systematisch und vorsätzlich' die Aberkennung des Titels folgt.

‚Nicht alle waren Mörder', eher ein Arbeitstitel und erschütternd gut gespielt. – Du bist Jude – Du lügst – Du weißt, daß Hitler alle Juden umgebracht hat – Wo ist dein Vater – tot – Auf den Frieden! – Jetzt trink! – ich glaub, da wird mir schlecht von – Du bist ein Mann, sagt der Rotarmist zu dem 10-Jährigen – ich möchte nicht mehr auf die Welt kommen, sagt sie auf dem Totenbett, nicht mal als Käfer, KATHARINA THALBACH.

Erste Milliardärin Afrikas ist eine Dame bei EDUARDO DOS SANTOS. Das überrascht nicht bei Leuten, die Land und Leute unter sich aufteilen.

TOM WOLFE wird 80, er lebt aus der doppelten Verneinung, mindestens. Im Oktober 89 kaufte ich sein ‚Radical Chic', da war er wohl 55, ich 44, Marion 33. – ich werde es lesen.

28.1. „Du kannst die Katze behalten, doch die Stadt gehört mir", heißt es bei Radio FH Europa.

WOLFGANG SCHÄUBLE erklärt deutschen Zuhörern, Zypern sei nicht „systemrelevant". Goldfinger, assistiert von OLLI REHN, KLAUS REGLING, Chef dieser enormen Rettungsfazilität ESM, sowie JÖRG ASMUSSEN, von Person über die Maßen bekannt, tritt dem sofort entgegen. Ungeordnete Entwicklungen könnten den erreichten Fortschritt behindern, erläutert der. Was nur will er sagen? Es sei geordnet? Es sei Entwicklung? Es sei Fortschritt?

Das wäre vorsätzliche Falschaussage. Jedoch wünschen die Herren ja nicht beim Wort genommen zu werden. Sie verachten ihre Zuhörer. Und das Inselparadies mit gegen die Wirtschaftsleistung achtfacher Bankbilanz wird gefüttert, bis die Gläubiger rülpsen. – Es handele sich, so PHILIPP BAGUS, um einen „klassischen Fall der Tragödie der Allmende". Diese EZB-gesteuerte Schuldenfinanzierung mit abgesägter Schrotflinte, also LTRO und ELA, sei „weltweit einzigartig". Von Konstruktionsfehlern zu sprechen, zeuge von *understatement*. Es dürften so viele sein, wie der EZB-Rat Mitglieder habe.

Darüber treten Entscheidungen wie die in der EU-Verordnung Nr. 2396 aus 2001 glatt in den Hintergrund:

> „Bei Lauch und Porrée <von Ansehen bekannt> der Güteklasse 1 (muß) mindestens ein Drittel der Gesamtlänge oder die Hälfte des umhüllten Teils von weißer bis grünlich-weißer Färbung sein",

sogleich abgegrenzt vom Frühporrée und Frühlauch, wo die Farbanteile divergent sein dürfen. DAVID CAMERON findet das bürokratisch, stellt den ‚Brexit' in den Raum. – Dabei gibt es ein Bild erschütternder Deprivation verlorener Menschen in Großorganisationen im Großraum Brüssel, die verzweifelt ihrem hochdotierten Dasein einen Sinn geben wollen. Jedes Gemüse vermag da Halt zu geben.

Die politisch korrekte Fastnacht mit MARTIN SCHULZ an der Mundorgel feiert Grünen-Chef CEM ÖZDEMIR als Inkarnat von Integration. Am Ende seis ein ‚wirklich netter Kerl', salbaderts durchs Mikro. Der Mann tut mir leid. – Was sind Gemeinsamkeiten? Dieser Karneval ist wie das Lauch, ist wie ERICH HONECKER, hätte der je Gelegenheit gehabt, etwa Filmfestspiele zu eröffnen. Oder wie die Vorleserin in der kubanischen Fabrik, die aus der ‚Granma' vorträgt, zum Steinerweichen. Der Draht in der Mütze zerreißt das Konstrukt. – Ich kenne diese Art von Freude aus meiner Systemzeit, etwa, als EDUARDO DOS SANTOS als erster Chef eines Landes auf dem Weg zum Sozialismus in Afrika gefeiert wurde, frenetisch. So empfinde ich das beim Mann mit Mikro, auf dem MS herumtrommelt.

29.1.   Mediation in der Sparkasse, 9 – 16. Wenige Worte genügen, einer quält sich, eine atmet auf.

30.1.   8.00 Autobahn, nach 45 Minuten im Regen durch das Harburger Chemieviertel zu BSN. Ein Controller wünscht ein Teamtraining. – Auf der Rückfahrt ruft Norbert vom Anleger an, eine Beratungsfirma will einen Wochenendtörn, 40 Leute, klar doch!

1.2.   Wenn die Amis wollen, können sie es nicht nur, sie machen es. Der Gouverneur Kaliforniens (78) hat die Milliardenkrater seines Vorgängers, eines Herrn SCHWARZENEGGER (65), in kurzer Zeit verfüllt. Ich mag den trotzdem, so. – „The Last Stand" zeigt ARNIS Stärken unverblümt. Sein Gesicht, „brüchiges Leder, liefert grandiose Landschaftsaufnahmen", so der Rezensent, offensichtlicher Sympathisant. Das ist übertrieben, wie die Anschauung zeigt. Der Streifen hält der Besprechung nicht stand. – Er folgt also nicht CLINT EASTWOOD (82), der in „Back in The Game" mehr Landschaft zeigt.

Beim BER-Raubbau überholen die Planungs- die Baufehler. Da Eröffnung ohnehin nicht in Sicht ist, wird einfach weiter angebaut. Gegen Schimmelbefall werden jetzt leere S-Bahnzüge durch die Anlage gejagt. Auf dem Rollfeld ist die Luft noch frisch, sonst sind bald passagierfreie An- und Abflüge vorgesehen, zur Luftverwirbelung. Defekte Anzeigetafeln sind ja kein Hindernis beim Leergut-Flug. Und Stuttgart 21 geht inzwischen auf die 21 Milliarden zu, da kann man sich hier noch einiges leisten.

WOWI feixt, der Mißtrauensantrag perlt an ihm ab wie Wasser an der Ente. Er schlägt sich auf die Schenkel und übernimmt wahlweise die volle, ja die randvolle Verantwortung – und das im Amt! Der hat einfach irre Risikotragfähigkeit. Die Grünen-Chefin gratuliert auch noch, sehr opportun die Dame. – Dabei hat Flughäfenbauen Tradition im Land, dieses Hobby deutscher Landräte, wie das ‚HB briefing' meint: 39 gibt's davon, fast alle unrentabel, also Steuersenk-Modelle, aber immerhin fliegt dort was, gell!

2.2.   Wieder fader Beigeschmack mit dieser Staatsraison, wenn von Wiedergutmachung die Rede ist: zu Hauf liegen geraubte, zwangsverkaufte Bilder in staatlichen Sammlungen – und es geschieht nichts – nur Beschwörung der guten Absicht. Beispiel: der Bestand RUDOLF VON ALT aus dem Nachlaß des MARTIN BORMANN, vorgesehen einst für die Ausstellung auf dem Obersalzberg. Überhaupt steht das Nazisystem der Plünderung und Bereicherung seltsam im Halbschatten. Vielleicht liegts an den Profiteuren in zweiter Generation? Raub und Plünderung waren schließlich Basis des Nazi-Sozialstaats.

> Interview mit TOM WOLFE auf seinem Vanille-Sofa in Manhattan, der ist kreuz und quer zur Katalogisierung der Welt und im blauen Blazer viel draußen gewesen, bei den „Scharlatanen, Ferrari-Fahrern und den mickrigen Männchen in ihren emissionsfreien grünen Moralautos", wies in der Zeitung so schön heißt.

Den Genussdeckel legt KATJA KIPPING bei 40.000 fest. Ihr Modell der Deckelgesellschaft sollte auf die Bühne, um zu sehen, wie es endet. Vielleicht kann sie es ja bei der EU-Kommission unterbringen, da treffen sich doch alle Wege aus Berlin. Alle wollen nur das eine: an die Regler und Spender dieser Super-Gau-Organisation. Dabei hat das Projekt alle Facetten der Asozialität: im Norden werden die Millionen kleinen Vermögen abgeschmolzen, Südeuropa hängt bereits im fiskalischen Ruin und sozialen Desaster.

> Es gibt ein ‚droit morale' auf französischem Boden. Dieses übertrug Tochter JEANNE MODIGLIANI testamentarisch einem PARISOT. Der allein entschied damit über des Vaters Werk, auch über echt oder falsch. Mit diesem Geschäftsmodell avancierte P zum Herrn über jeglichen Nachlass der Familie – und er reüssierte prächtig, untermauert durch ein unter seiner Hand anschwellendes neuerliches Werkeverzeichnis. Jetzt geht's vor Gericht.

„Für uns (sic!) aber war es seit jeher (?) feststehender und unumstößlicher Grundsatz, daß das Wort (sic!) Kapitulation in unserem Sprachschatz nicht existiert!", so JOSEPH GOEBBELS zum

10. Jahrestag im Januar 1943 im Sportpalast. – Verständlich nach Stalingrad, daß er das Thema aufbrachte, aber – diesen Textbaustein zur Kriegswende hätte er mal früher aufsagen sollen, oder? – Der Ergebenheitsadresse des FRIEDRICH PAULUS aus dem Keller eines Stalingrader Kaufhauses folgte die Ernennung zum Generalfeldmarschall. Mit diesem Titel ließ er sich morgens drauf samt Stab von Rotarmisten abholen. Dieses Mißverständnis, Signatur der Niederlage, des nunmehr „charakterlosen Schwächlings" brachte den Führer zum Toben. RAINER BLASIUS berichtet aus den ‚Stalingrader Protokollen' von JOCHEN HELLBECK.

Zur ‚Yacht' in Vegesack zu köstlichem Essen beim Treffen der Kraft *direct reports*. – Um 2 Uhr verlassen wir das Sofa.

3.2. SONNTAG
Die *Banca Monte dei Paschi* (1472 resp. 1624) liegt noch mehr im Trend, von Korruption und Begünstigung.

Um 19 Uhr auf die Autobahn nach Bad Z. – Lothar halb tot, hat sich erholt. Wir stoßen an.

5.2. Zeitreise mit STEFAN AUST zum Opec-Überfall 1975. Klein erzählt in hessischem Dialekt, wie es im Frankfurter Stadtwald losging.

Einhundertundfünfundsechzig Testreihen ließ das ZK an Patienten durchführen, ohne sie in Kenntnis zu setzen. Das parzellierte Volk stand zur Verfügung. Bis zu 860.000 DM zahlten westdeutsche Pharmafirmen dafür. Zum Aufbau des Sozialismus gehörte zunehmend die Devisenbeschaffung. Die KoKo rechnete die Bestände ein.

FIDEL CASTRO (86) geht am Stock und wählt – sich. Ein anderer kandidiert nicht. Den Weg hätte er sich sparen können, aber er schont sich nicht.

7.2. … ich mich auch nicht, Planung L.earn-2, Coachings direkt im Anschluß. Ich bin erschöpft.

8.2. Der Russe sei in Kauflaune, heißt es. Ich warte.

Goldfingers Kreise sind zahlreich, einer ist die „*Group of Thirty*", eine Ausbuchtung von Goldman Sachs. – Der Ombudsman der EU hält auch das für unbedenklich. Er ist Grieche mit Namen NIKIFOROS DIAMANDOUROS, dem Chef dankbar. Wo alles glänzt, ist kein Platz für den Schatten, erst, *when glance itself turns into shadow.*

Spanien: handfester erscheint das dortige Geschäftsmodell, von dem Schatzmeister LUIS BÁRCENAS (55) ein, was sag' ich, zwei Liedchen singen kann. Er trug das Schmiergeld akurat ins schwarze Büchlein ein, kann beim Staatsanwalt aber die eigene Schrift nicht mehr lesen. MARIANO RAJOY verbreitet amtliches Schweigen, Kollegin ANA MATO, als Gesundheitsministerin mit jahrelanger Vollfinanzierung ihrer Familienangelegenheiten im Schwarzen Büchlein genannt, bemerkt, ihr Mann sei's gewesen. Sie bleibt daher im Amt. Genossen hat sie es, die „schwarze (Zweit-)Kreditkarte" ging auf seinen Namen, vorzugsweise eingesetzt in Bars, Diskotheken und „Clubs". Und für die Urlaubsreisen der Familie. Der Chef des Bankhauses Santander zeigt gleichwohl Verständnis. „*Cortar cobezas*" ist unüblich, die Opposition ausgebrannt. EMILIO BOTÍN ist Präses von Banco Santander und meint, kommt woanders auch vor!

Ein anderer Schmiergeldzirkel nennt sich bildhaft der „Gürtel", benannt nach dem Geschäftsfreund FRANCISCO CORREA, mit dem LUIS ein ‚authentisches und effizientes System institutioneller Korruption' errichtete. So das Ergebnis richterlicher Untersuchung fünf Jahre später (*guxdu Band 2018.1, Seite 211*), was 350 Jahre Haft zur Folge haben wird, davon 33 für Luis, weitere für seine Ehefrau und ein Dutzend weitere Gürtel-Fans, für Francisco satte 52. Anzumerken ist schon hier, daß jenes Urteil vom 24. Mai 2018 nur den Zeitraum 1999 bis 2005 betreffen wird – Fürs Zeitfenster bis 2009 sind bereits 27 weitere Gürtel-Freunde in Anklage gesetzt (Rößler 29.5.2018). Das Leben verläuft zwar in der tumben Gegenwart, erhält aber seinen Reiz durch Rückblick und Ausblick.

Aktuell sucht der Hüter des konservativen Parteischatzes nach Erklärung für zwanzig, nein vierzig Millionen auf Schweizer Konten, unmöglich anzusparen bei mäßigem Gehalt. Leo Wieland gibt einen faszinierenden Überblick zum Verhandlungsstand in den Gerichtssälen des Landes bis hin zur „Prinzessin von Mallorca", weiterhin zu versuchten Gegen- und Absetzbewegungen und diskreten Begegnungen in diversen Parteizentralen des „Spanischen Sumpflandes". Nur Chefe RAJOY bleibt unberührt, bis zur Stunde. An Untersuchungsausschüssen haben beide politischen Blocks kein Interesse. Das sozialdemokratische Geschäftsmodell der Frühpensionierung hat schließlich eine Milliarde Budget verbrannt. Olle JOSÉ ÁNGEL FERNÁNDEZ VILLA (71) war die Nabe dieses Geschäfts. Will sagen, daß die Kumpels ihren Dank in Form von Handsalben erwiesen, die sich auf schlappe 1,4 Millionen addierten. Das erfüllte gleich ein halbes Dutzend an Straftatbeständen, die der Gewerkschaftsboß und „Leuchtturm der Arbeiterbewegung" sodann im Amnestiewege durch kleine Teilzahlung reinwusch. Wie ihm nach einem Arbeiterleben ohne Arbeitsunfall eine Invalidenrente über 2600 zuteil wurde, gehört zu den Rätseln, die er gerne mit ins Grab nehmen möchte. Beim römischen Brunnen muß nehmen, was ankommt, sitzt man in der untersten Schale. Denn nur wenige finden Platz in den oberen. Das ist dieser erbaulichen Architektur eigen.

Solches aber können Freundschaften ausgleichen! Gute Freunde sind etwa MIGUEL BLESA (65) und GERARDO DÍAZ FERRÁN, kurzfristig sogar gemeinsam im Knast von Soto del Real. Ersteren trug ein Komplott namens Verwaltungsrat, darin Gewerkschaft, Vereinigte Linke, Sozialistische Partei und katholische Kirche, auf den Präsidentensitz der Caja Madrid. Betrügerischer Bankrott, Vetternwirtschaft, rechtswidrige Bereicherung – sein Entgelt erhöhte er sich ums Zwanzigfache – trieben ihn aus der Volks- in die Anklagebank. Der Kauf der *City National Bank of Florida* zum Doppelten ihres Wertes – obacht! – hier lugt das Geschäftsmodell des König MAPPUS durchs Tor – gab dem Institut den Rest.

Nordeuropas Steuermilliarden, an die 24, versenkten den Laden in der Verstaatlichung, diesem Euphemismus. Seither wird „gerettet", was eigentlich? Immerhin, die Kaution fürs Freikommen von U-Haft, allerdings ohne Reisepaß, beträgt exakt soviel, wie der Mann als „letzte Entschädigung" beim Verlassen der Bank erhielt: 2,5 Millionen. Paßt doch! Freund FERRÁN konnte er noch Kredit über 26 Millionen verschaffen – ohne Sicherheit, daher weg. Die Vorhänge der Korruption verstellen jede Sicht. Da sorgt das Zwischenschalten externer Organisationen wie z. B. der Mafia in Italien geradezu für Transparenz.

LUIS BÁRCENAS bildet den tiefsten Punkt seiner Volkspartei, quasi den Abwasserkanal aller Ein- und Ausgänge, die Nabe der Korruption. BALTHASAR GARZÓN, seit 2009 in Ermittlungen gegen LUIS aktiv (die sind von Ansehen einander bekannt, sehr bekannt), hat jetzt ein Berufsverbot als Richter kassiert. Der Nachfolger PABLO RUZ gab der ewig beantragten Untersuchungshaft statt. Auch ohne Paß war LUIS wohl allzeit auf dem Sprung, nachdem 38 seiner Millionen auf einem Schweizer Konto sichtbar wurden. Vor Prozeßeröffnung wegen Steuerhinterziehung, Geldwäsche, Bestechung und Dokumentenfälschung – das volle Sortiment – versichert Partei- und Regierungschef MARIANO RAJOY, daß bei den Parteifinanzen immer „auf strikteste Legalität" geachtet worden sei. Klingt wie ein Schuldeingeständnis, aber solch Beharren ist für Höheres vorgesehen! Der Mann weiß einfach, was er vom Euro und seinem Kommissariat hat.

Ein Ende ist selbstverständlich nicht in Sicht, denn der neue Boß Senor GIORGIO GOLZARRI läßt recherchieren – und fünfzehn Monate drauf ist es wieder soweit: was Haare hat, rauft sie. Dem Gürtel und dem schwarzen Schmiergeldbüchlein folgt das System „schwarzer Kreditkarten", unter dem es sich die Allparteien-Gewerkschafts-Kirchen-usw.-Allianz, genannt Verwaltungsrat, wohl sein ließ: jene 65 Kontrolleure in Räuberzivil und dazu 21 Direktoren führten über zehn Jahre neben der regulären A-eine weitere, eher diskrete B-Kreditkarte mit sich. Damit ging alles, Brasilien, Klamotten, Kasino und Puff, Chefchen BLESA zog 436 Mille, womit er auf Safari und einkaufen ging. – Darüber erwischts glatt das Königshaus: RAFAEL SPOTTORNO, erster Berater des neuen Königs, wirft hin, als seine Karte gezogen wird. Auf die zog er eine Viertel Million, für Massagen, Ikea und so. Er weist jeden Mißbrauch von sich, gibt aber den größten Teil zurück. Die Aufklärung verzögert sich, weil die geneigte Buchführung die schwarzen unter einem Packen gestohlener Karten versteckt hielt. Kommunist MORAL SANTÍN „schoss den Cash-Vogel ab", textet die Zeitung: von 456 Tausend hob der Mann 360.000 in Einzelarbeit am Schalter ab bzw. aus dem Automaten. Wacker. Viele, auf ihr Sondervermögen angesprochen, sind einfach beleidigt und setzen auf Verjährung.

Das geht ein paar Jahre gut, 2015 trifft der Milliardendeal „Bonus & Frühpensionierung" doch noch die Ikonen der Arbeit: MANUEL CHAVES, über Jahre Korruptionsankläger vom Balkon, bekommt Post vom Untersuchungsrichter, der „Rechtsbeugung" ausgemacht hat, Kollegen JOSÉ GRINÁN trifft's auch. – Sodann kehrt das Spiel „wer schießt den Vogel ab?" zurück auf Anfang: denn im April 2015 klingelt's bei RODRIGO RATO (66), und zwar überall. Weil er überall Chefe war, beim IWF, in der Regierung und bei der Sparkasse Madrid und bei Bankia, dem schiefen Turm des Imperiums. Die von Freunden durchgesetzte Steueramnestie nutzte er zur Flucht seiner Barschaft in diverse Steuerparadiese, bis Swaziland! Dort wurde im Namen der Kinder und näheren Verwandtschaft über jedem Geldhaufen eine Gesellschaft gegründet. – Jetzt wurde die Ablage aus dem Haus getragen, der Autor will „aktiv kooperieren". Das ist eventuell gar nicht mehr nötig. –
PS.: Im Februar 2017 ergeht das Urteil gegen den 67-Jährigen, viereinhalb Jahre.

Zurück ins große Verursacherzentrum: den Dissens um die EU-Etatperiode bis 2019 hat das Kommissariat fein gesteuert und bei marginaler Kürzung Zusage erhalten. Die Leute schwindelig reden, ist ja ergebnisorientierte Parole von JEAN CLAUDE JUNCKER. Agrarsubvention schlägt weiterhin alles, gegen eine Billion geht an die Latifundistas. Bezugsrahmen: Festung Europa und *profit shifting*, Frankreich und Spanien vorneweg, in

Holland gibt's immerhin 458 € pro Hektar, für Deutschland 319. Ökologischer Einwand wird an den Rand der Maisfeldmassen gedrängt. – Der Rest, bummlige 6 oder 700 Milliarden verschwindet in der Strukturförderung, klingt nach Lehmanns ,Strukturierten Anleihen', diesen rezeptpflichtigen Anlagegiganten unter dem Motto ,Heißes Wasser, Handtuch!' Beschauliche Vorbilder sind der spanische Autobahn- und der griechische Bahnstreckenbau. Den größten Widerstand gabs im Straßburger Haus, der Chef in heller Aufregung, doch substanzfrei. Daher verteidigt jeder seine Pfründe. Jetzt heißt es, mit dem Ergebnis in die Zukunft stolpern.

10.2. Beim ,Korridor-Swap' hat die Deutsche Bank verdient. Verlierer wollen das vom Teilnehmer der Libor-Manipulationen wiederhaben – *„Beggar thy Neighbour"* heißt ein Kinderspiel seit 1937. Danach ging die Bankenhorde vor, wenn der Zentralzins aufgemischt wurde. Beim *„low balling"* wurde abgesenkt, Ziel war „Schaufenster-Effekt", Botschaft: uns gehts gut, kommt her mit eurem Geld. Die Flure voll von Derivatehändlern, die darauf wetten, was sie zu hören bekommen. Das ist wie beim Profi-Radsport. Ein Hundertstel Prozent ist dabei gut für eine halbe Million, die Welt wird gehebelt, *capito?* Tom Hayes, ein UBS-*guy*, schmunzelt in Erinnerung an 2000 Übungen dieser Art.

Dabei half die *„French Connection"*, schon sprachlich abgeschirmt von den Suchmaschinen. CHRISTIAN BITTAR, ein London-*Rainmaker* der Deutschen Bank, hat so 500 Millionen abgeseiht. PHILLIPPE MARYOUSSEF, *call me* Maroc, koordinierte die Zinsmeldungen über *Chatrooms at Bloomberg*, eine *„ring connection"* wie der spanische „Gürtel" oder Goldfingers *„Group of Thirty"*, etwa so:

> „6m an 3m – halte noch ein wenig – bring ihm einmal jährlich Champagner – kleines Besäufnis und etwas Bonus",

lauten Empfehlungen. Die Bankenaufsicht bekommt ein Lächeln, wenns laut wird, heißt das Lachnummer, etwas für den politischen Balkon. Auf diesem profitablen Weg wurden so 500 Billionen $ behebelt.

Blackrock ist stark, verwaltet 3,8 Billionen $. Mr. Fink, alias Larry, ist gut vernetzt mit allem. Seine Risikosuchmaschine „Aladdin" schirmt ab. Heute, d. h. irgendwann, besucht er die EZB. Die Welt bekommt einen federnden Gang vor solcher Massivität. – Pimco hält 2, Templeton 0,7, die Deka 0,15 Billionen. Das sind hauchdünne Streifen der Satellitenbahnen, die das Volumen der Erde so aufblähen – scheinbar, denn es ist heiße Luft, welche die Masse konstant läßt. So bleibt sie auf ihrem Flug stabil.

Das ‚HB briefing' zeigt eine Kontakt-Grafik ‚Banker-Regierung' (in Worten: AM und WSCH), der Mann von Goldman Sachs hält den Besuchsrekord, weit vor JÜRGEN FITSCHEN und MARTIN BLESSING. – Derweil droht dem ex-VV jenes Institutes lebenslange Handelssperre, Geldstrafe und Bonuskassier' seitens der US-Börsenaufsicht – JON CORZINE (66) soll seinen Job schlecht gemacht haben … – Weiter soll Goldman Sachs auf dem Aluminiummarkt einen ‚Corner' gebildet haben, also, grob gesagt, Marktteilnehmer über die Kontrolle der Auslieferung in die Ecke gedrängt und sodann aus dem Monopolstatus heraus ausgenommen zu haben. Diesen Begriff fand ich in dem Klassiker von GUSTAVUS MYERS fein entwickelt, ‚Money' (1916). GARY COHNS beteuert: „wir fühlen uns schrecklich, wenn unsere Kunden ihr Metall nicht bekommen". Das verschlägt nicht, die Klage läuft, SEC und FED sind unterwegs.

Bei der Gelegenheit vorgreifend, der Deutschen Bank wird's auch schwindelig, wenn der Name ALEXANDER VIK fällt. Der schlägt auf ihre Margin-Klage über bummlige 225 mit einer 8-Milliarden-Klage zurück, in London und NY – sechs Jahre zurück gebar die Bank den TPF, ‚Target Profit Forward', wenn Sie bitte ahnen wollen. VIK adlatus SAID schaufelte das Zeug auf Kredit, (‚leverage', if ya nou …) in die heimischen Silos. Daraus wurde Kilotonnen unrealisierter Verluste, letzte Hoffnung im freien Fall. „Hier ist der perfekte Sturm und ich bin mitten drin", mailte SAID. Die Schriftsätze gehen in die Tausende. – Man kann das überleben.

Nach der Paarung tötet das außerirdische Wesen Sil (im Film ‚Species') … ihren netten Verfolger, per Zungenkuß. – So endet die Besprechung von GERTRUD HÖHLERS „System M." (Die Patin). Tatsächlich gehört mehr zu ihrem Erfolg als eine infernalische persönliche Ausstattung. Da mag der Verweis auf den Bonapartismus als gesellschaftliche Konstellation hilfreich sein. Er hat weite Flächen in Europa, von Spanien bis Rußland möchte ich das ziehen, und einige bedienen sich dabei schamlos, andere nutzen es mit Distanz.

Überall das Gleiche: keine Haltung zu Differenz, zu Ungleichheit. Als sei es Bedrohung, dabei fordert es nur Umgang. Alles soll gleichheits- und gleichschrittmäßig in einen breiten Strom geleitet werden, ohne Erhebung, ohne Tiefe. Irgendwann haben die Parteiprogramme in ihrer Prophylaxe: Herzschrittmacher ab Volljährigkeit (woran ja nur das Wahlrecht interessiert), Einstellung erfolgt durch zentrale Fürsorger. Dieser Hang zum Ausgleichen, mit Phrasen zur Exekution getrieben, hat den Länderfinanzausgleich in ein groteskes Mischfinanzsystem gebracht, hat den Euro-Komplex in den 1000-Milliarden-Schrottpapier-Turm der EZB geführt und treibt Länder wie Kroatien zum Aufnahmeantrag, in der Hoffnung auf Drittmittelfinanzierung.

Der englische Botschafter hat MARTIN SCHULZ geantwortet, der als Chef eines dieser EU-Zweckbauten das Beschaffungssystem verteidigte und dabei fürs Kollektiv posierte. In den Brüsseler Palästen liegt bereits AD 13 netto oberhalb des Nettos der Kanzlerin, und zwar für 4300 Teilnehmer, mit allerlei Unversteuertem angereichert, bei durchaus mäßiger Besteuerung. Das interessiert ANGELA MERKEL nicht, wie schon PS erfuhr. AD 16 übertrifft dann den englischen Premier, geht bis 16.500 netto, davon gibt's auch ein paar Tausend, die's genießen. Die Zahlen sind selbstredend fließend, das System autark. Soviel Sicherheit macht mutig, übermutig, nicht wahr. Erzählen Sie bloß noch mehr von Europa, Herr Schulz, es langweilt die Leute zu Tode, *total unsexy*, nich Wowi? Dann lieber Chauvi, naja, Spaß zur Seite, das kommt ohnehin. Wowi bleibt als *local hero* unterwegs und wird sich in seine Altersbezüge verflüchtigen.

Die „Rudolf-Vogel-Medaille" verleiht die Südosteuropa-Gesellschaft, SOG, alljährlich, seit ihrer Gründung 1952, maßgeblich gefördert vom Auswärtigen Amt. Ein Geehrter lehnte jetzt ab. Der Namensgeber war glühender Nazi und Kriegspropagandist. – Das verschlug bis jetzt nicht, weder beim AA noch beim Präsidenten der SOG, SPD-Genossen und langjährigem Fraktionschef GERNOT ERLER. So geht das Leben zwischen Staatsraison und Parolen. Man verliert einfach die Übersicht, so scheint es.

„Thundering news hits me like a snowball.
I'm 57 but I could be 7 years old.
'Cause I will never be able
To comprehend the expensiveness
of what I've just learned"
LUCINDA WILLIAMS + Guitarre zur Nachricht vom Tod …

Oft schneide ich die Zeitung nur aus, um die *Story*, den Lebenslauf, den folgerichtigen zu sistieren, Jahr für Jahr, weil ich es immer noch nicht glaube, da die meisten ja vorüber sind, und neidvoll lese – nein, ins Sinnieren komme, wie das woanders ging, zum Beispiel bei JEANNE MOREAU (85). Weil ich längst verstanden, aber immer noch nicht begriffen, Quatsch, wahrhaben will – daß es seine Zeit hat. Und daran hängt: vorbei, experiment-um. Ich bin meins. Dieser Fliederblütensatz, den ich beiläufig auf der Straße verliere, schon lächerlich, meinem Gefühl dabei zu folgen. Das verliere ich jeden Tag, etwas. Das ist es! – Das ist der doppelte Boden beim Dozieren, im Workshop, Coaching. Ich sage es, weil ich das kann, erlebt habe, aber nicht kann.

Vielleicht hilft ein Roman von WILHELM GENAZINO, der in Frankfurt in Hausschlappen am Büchertisch vorbeischlurft. Seine Verfügbarkeit über Google ist reine Illusion. Besser noch *Radical Chic* von TOM WOLFE, dieser kleine Rowohlt-Band, den ich staubbelegt hinterm Regal hervorholte – im Oktober 1989 am Büchertisch vor der Mensa in Hamburg gekauft. Mit dem Bücherkaufen ist es wie mit dem Ausschneiden. – Wenn ich sie alle zusammen habe, die Kommissare, dann lasse ich sie raus, aber so richtig.

12.2. Um fünf geht Jonas ab Hamburg nach Stuttgart auf den ersten Geschäftsflug nach Metzingen, die Outlet-Metropole. Unser Sohn ist so knallig drauf wie Vaddi. Und der is stolz, ne!

Zweihundert Regalkilometer sollen die noch gesperrten Akten der Treuhand messen. Zeit ‚kaufen‘ gehört zu den bevorzugten Übungen, Flucht vor der Abrechnung.

Der Papst erklärt den Abschied vom Amt. – Was hinter ‚heroischem Realismus‘ steckt, offenbart sich ebenfalls häufig in gesperrten Akten, spät.

13.2. Veranstaltung beim Auftraggeber. Der VV spricht gut, füllt die Grundformel des Wirtschaftens. Ich notiere für die nächsten Workshops.
Marion ist schulfrustriert, mehr Autonomie wirkt strukturlos.

15.2. Früher Haarschnitt, Kofferpacken, zur Sparkasse für zwei Gespräche, danach raus ins Gelände, Richtung Hamburg. Training mit einem Filialteam von 16 Uhr bis 16 Uhr des Folgetages. Das schließt einen schrillen Abend mit beißender Akustik ein. Auf dem Rückweg versuche ich Entspannung. Wir treffen die Frankreich-Freunde. Der Abend endet wüst in Liebe.

16.2. Asteroid 2012 DA 14 passiert die Erde in 27000 Kilometer Abstand – hallloooooh!, so zwischen zwei Satellitenbahnen – es zu denken, macht keinen Sinn. Kurz zuvor explodierte ein Meteorit, 72000 Stundenkilometer fix, in zwanzig Kilometer Höhe, das gewaltigste Ereignis seit 1908. – Das klingt nach Helmpflicht.

17.2. Die Präsidentin des Landesarbeitsgerichts ernennt mich für weitere fünf Jahre zum Ehrenamtlichen, also bis zum 72. Lebensjahr. Nachdenken macht melancholisch, las ich gestern. – Um 8 Uhr abends auf dem Weg zum Workshop. Der beginnt im Schüttelfrost. Ich betreibe Selbstheilung, die Frauen warnen.

Das Radar wurde 1904 im Kaiserreich patentiert und wendete sich entscheidend gegen die deutschen U-Boote des übernächsten Krieges. Konnte ja damals niemand wissen!

Chinas Politbüro rät zu Tocquevilles „Der alte Staat und die Revolution". Der rote Adel hat ein Bereicherungssystem installiert, welches hiesige Reichtumsquellen in den Schatten stellt. Die Verunsicherten transferieren ins Ausland und suchen eher Rat bei Buddha.

19.2. Energiewende: die Produktion von Solarstrom absorbiert 130 Milliarden über 20 Jahre. Das wachsende Überangebot führt zum Preisverfall, Börsenstrompreis 2012 bei 4,3 Cent/kWh. – Mangels Abnahme im Inland, es fehlt Speicherkapazität, wird die subventionierte Spannung exportiert (23 Terrawattstunden). Dort werden angesichts des Billigimports Kraftwerke abgeschaltet. So frißt sich das ökologische Vorbild ohne Grenzen durch und ruiniert Märkte.

Ergo: via EEG-Umlage, Finanzierung der Einspeisevergütung mit 18,4 Cent/kWh in 2012, subventionieren deutsche Stromrechnungen fallende Tarife im Ausland mit ca. 3.000.000.000 Euro, bezahlt von den einspeisungsvergütungsfreien (Fachausdruck aus der Administration) Haushalten. Im Sommer verschärft sich das, es werden Erhöhungen der Umlage um bis zu 20% angekündigt. Eine hochentwickelte Form, wie der Staatsapparat, von klientelhörigen Gruppen gesteuert, sein marktzerstörerisches Potenzial in die Fläche drückt. Zustimmung erheischt er über die „Demokratisierung der Subvention". Die Opposition wird gekauft, indem sie – wohlhabende Mittelschicht wie immer – wohlfeile Zinszusagen für ihre einschlägigen Investitionen kassiert. Bezahlen werden das alle nicht investierenden Stromabnehmer. Infames Spiel unter dem famosen Titel „ökologische Energiewende". – Die Klageschrift europäischer Solarfirmen nennt 42 Milliarden, womit China die Solarbauer subventioniert. So wird auch auf der Herstellerseite der Markt ruiniert und ausländische Produktion am Leben gehalten.

421 Mio kWh gingen mangels Leitungskapazität schlicht „verloren". Diese Ausfallarbeit hat sich seit 2010 verdreifacht. Die Stromproduzenten sind gleichwohl „für nicht eingespeisten Strom" mit festen Vergütungssätzen zu entschädigen. Das waren in 2012 33 Mio Euro. – Schließlich ruiniert die Förderung von Wind- und Solarstrom den Marktmechanismus des Emissionsrechtehandels. – Trotz 25%-Anteil Ökostrom sinken die Emissionen nicht um ein Gramm. – Die Mischung aus Ignoranz und stupender Klientelpolitik ist ein ressourcenvernichtendes Geschäftsmodell. Die Klientel dröhnt reinen Gewissens durchs Land. – Wer reguliert meine Herzklappe! – Und dann noch der Stromaustausch mit dem befreundeten Ausland: überzähliger geht preiswert dorthin, überteuerter kommt zurück, beschirmt durch die preistreibende Zwangsbewirtschaftung hier – etwa aus Norwegen.

Und der Staatsanteil am 12-monatigen Stromzirkus auf Rekordhöhe (ami. 11.6.) mit 31,6 Milliarden, dazu bitte die Umsatzsteuer, die vor zwei Jahren bereits 7,5 draufsattelte – seit 1998 stieg das Steuer-, Abgaben-, Zulagen- und Umlagen-Bündel um 243 Prozent, kommts von de BDEW.

„Mißtrauensbildung" nennt Heike Göbel das deutsch-französische Vermeiden von Sanktionen gemäß Maastricht, da beide die 3-Prozent-Grenze reißen.

20.2. Ich reise ohne Mittagessen ab, Nierenschmerzen. Abends zum Notarzt, über Land zur Notapotheke – beruhigt. – Das gute Essen wird zuviel.
(Anmerkung: die zweite ignorierte somatische Meldung.)

Geschichten im Salzsäurebad ihrer Ummantelung entkleiden, sodann diese auf den Bügel hängen. So werden Tatsachen chemisch rein.
(Anmerkung: ?? – offensichtlich keine Selbstreflektion.)

21.2. Nach Sparkasse Lüssum weiter zum Weserpark, wo ich den zweiten aktiven Rocker am Filial-Schreibtisch treffe, der erste hatte seine Guitarre im Hotel.

22.2. Nach Hamburg, Coaching bei Tesa, entspanntes Fahren.

TONI SHERIDAN (72) starb, ich kannte ihn vor den Beatles.

23.2. WOLFGANG KRAUSHAARS „Kriegstagebuch" des linksradikalen Antisemitismus der siebziger Jahre zeigt jene irritierenden Verbindungsgräben. Es stützt FRANK SCHIRRMACHERS Analyse mit denselben Protagonisten. Dazu halfen das deutsche sowie das russische Politbüro. Ich bin erneut erstaunt – was sah ich seinerzeit! Eines dieser schmalen Segmente von Ereignissen, die ich überzeugt war zu begreifen. – Ich war absorbiert von der Not der ersten Staatsprüfung. Mir waren nicht einmal die Anschläge der „Tupamaro-Süd"-Leute bekannt geworden.

Aus dem „Tal der Könige" dringt neue Kunde, wir sind in Baden-Württemberg: „Zwei Parteifreunde gehen durch dick und dünn". Er habe Lust, aus dem ‚Scheißverein' auszutreten, meint STEFAN MAPPUS (56) per *sms* an Freund DIRK NOTHEIS nach der Befragung zum ENBW-Ankauf. Die Opportunitäten haben sich erschöpft. Wegen engster Kontakte mit zahlreichen Ausschußmitgliedern gerät das Gremium in Auflösung. Der vorsitzende Mann mit Beißhemmung versorgte SM auf einem Parkplatz mit hilfreichen Unterlagen für die Zeugenaussage. Die Einfädelung und Begleitung des *deals* durch die EdF-Hausbank, Morgan Stanley France, verdankte sich einer weiteren Bruderschaft. An der Spitze von EdF steht Henri Proglio, an jener der Hausbank Zwillingsbruder René. Dieses besondere Vertrauensverhältnis bewog SM zur Beauftragung von Morgan Stanley Deutschland mit der Begleitung – unter Vorstandschef DIRK NOTHEIS. Eine Ausschreibung des Konsortialgeschäfts ist Standard, wurde jedoch beiderseits nicht erwogen. Ein klassisches In-sich-Geschäft, das im Rausch den Kaufpreis geschätzte 730 Millionen oberhalb des Angemessenen fixierte. Das müßte den nationalen Korruptionsindex glatt um eine Position nach oben drücken, was solls. Herr MAPPUS ist gefestigt, nur eben ‚*not amused*'. – Schließlich gelang es, einen nach dem angeordneten Atomausstieg drohenden Verlust für EdF durch rechtzeitigen und profitablen Verkauf zu vermeiden. Dafür nahm er verfassungsrechtliches Ungemach in Kauf und ließ die Festplatte seines Dienstcomputers entfernen, physisch zerstören. Ein Mann steht zu seinen Taten. Derweil empfiehlt sich Kumpan NOTHEIS beim Edel-Finanz-Meeting im „Sansibar" in Rantum schon wieder als Managing Director für Mittelstandsgelder. Nichts geht über die Absorptionskraft der Haifischhaut.

Da passen (ein wenig) die Erinnerungen des BRUNO LE MAIRE ins Bild, als ex-Landwirtschaftsminister in Begleitung des Laufes von NICOLAS SARKOZY, vorgestellt von Nils Minkmar. Das wird eine Louis XIV-Revue vom Feinsten, die in den zahlreichen Treffen mit ANGELA MERKEL intimste Anmache von Seiten des Mannes einschließt. Was die als ‚deutsche Kanzlerin' gefürchtete Frau zu einem Keks greifen läßt. – Die Alternative zur Inanspruchnahme Deutschlands als Finanzier ist wirklich nur der Austritt aus dieser Währung. Das ist alternativlos.

> RITA MARLEY lebt in Trench Town, Jamaica. Die talentiertesten Musiker kamen aus dem Armenviertel, 1966 mit dem Reggae: Mr. Rock Steady, *my name is Kenneth George Booth. The Rock Steady Legends in concert, New York – People get ready, when the train's a comin …* Dann auf dem Schiff zurück nach Jamaica, *By the rivers of Babylon*, and the Rootboys – Shanty Town.

<u>Migration</u>: die rumänischen Armutsmigranten erwecken Mitleid und Fürsorge. Das ist von den Clan-Chefs geplant, die ein System der Leibeigenschaft führen. Das archaische ‚Elend als Geschäftsmodell', so YVONNE STAATS Reportage, nutzt Logistik und Infrastruktur des von Armut, Mißbrauch und Elend angetanen westlichen Helfers. Behausung und Fuhrpark eines Clan-Chefs gleichen dem von Franco Fiorito in Italien (*guxdu Band 7.1, 2012, 153 f.*) oder gar von Kyrill I. Dazu kommt die Pferdeliebhaberei, den Stall trägt ein Marmorfußboden. Der Krönung von König Ion in einem karpatischen Kloster wohnten ‚Vertreter des öffentlichen Lebens' aus Rumänien und Straßburg bei. ‚Bizarre oder groteske Formen des Reichtums von Roma-Clans', so Wolfgang Geier per Leserbrief, seien quer durch Osteuropa zu

besichtigen, von Sibiu, Buzescu, Lunik IX in Kosice (Slowakei) bis Suto Orozani bei Skopje, Makedonien. – Es handelt sich also um einen normalen Vorgang in Europa.

Operativ geht's wie folgt zur Sache: die Kinder werden zur Schuldentilgung in Trab gesetzt, auf Zeit in Gruppen ins reiche Europa verbracht, wo sie unter Aufsicht stehlen. So ein Mädchen in Wien, das Mo bis Fr stahl und am Wochenende „an zwei Türken vermietet wurde", berichtet Norbert Ceipek von dort, müsse schon „350 Euro pro Tag" abliefern. Verkauf der Mädchen an Türken oder Serben ist alternativ. Mit der Geschlechtsreife werden sie zum Gebären an einen anderen Clan verkauft. Die Erweiterung der EU nutzt jedermann, also auch dem organisierten Verbrechen. Wer hat die Papiere frisiert, der behauptet, von allem nichts zu wissen? Was ist Morgan Stanley und Goldman Sachs auf der einen und dem Sklavenhalter-System auf der anderen Seite gemeinsam. Der Verlust personaler und gesellschaftlicher Identität macht das System anfällig für vieles. Sein allseits, speziell deutsches, schlechtes Gewissen macht es erpressbar und produziert jene all-inclusive-Weltanschauung als Einfallstor neuer Geschäftsmodelle auf dem Label von Freizügigkeit.

Dem Sozialkommissar geht's am Anzug vorbei. LÀZSLÓ ANDOR sieht „kein Problem, sondern nur eine Wahrnehmung …, die mit der Wirklichkeit nichts zu tun hat." MARTIN SCHULZ sieht alles für ‚aufgebläht' an (11.3.). So gucken Brüssel und Straßburg oberhalb des Nebels aus dem Fenster – und sehen nichts. Dem Städtetag wird Realitätsverlust bescheinigt. Parolen wie aus den legendären Politbüros. – SPD-Kollege REINHOLD GALL beansprucht Augenhöhe und klagt, die Annonce des Städtetages begrüßend, die Regierungschefs hätten „sich mehr daran orientieren (?) müssen (!), in den Mitgliedsstaaten ausgeglichene wirtschaftliche und soziale Verhältnisse zu schaffen (sic!)." Nichts einfacher als das, gell, anschließend gleich noch Afrika. – Man muß wohl nicht erst im 20. Stockwerk in Brüssel sitzen, um jeglichen Blick auf die Tatsachen zu verlieren. Der Strom kommt aus der Steckdose und das Geld aus dem Drucker, nochmal! Das ist Scharfsinn in Augenhöhe mit dem Silberfisch.

24.2.   SONNTAG
Um 20 Uhr nach Visbek mit vollem Wagen zum nächsten Workshop. Eine Mischung von 10 wachen und 3 *no-deal*-Leuten, das kesselt. – Am dritten Tag direkt in den Planungsworkshop für den nächsten Management-Tag. Ich habe ein Bild davon.

28.2.   … langsam zurück nach Bremen und wieder mit der Sackkarre durch die Sparkasse zum Parkhaus. Noch zwei Gespräche und ich suche den Weg aufs Land. Dort ist niemand.

Kandidat PS nennt den Kandidaten BERLUSCONI „Clown" mit hormonellem Überschuß. Damit war nicht zu rechnen, aber getrost drauf zu warten. Wieder ein Fall von Fremdscham. Beeindruckend die Abfolge, mit der die Niederlage angespielt wird. Das Schweigen der Kanzlerin ist kaum in Gold aufzuwiegen. Ihre Uneitelkeit gestaltet den Raum. Imperiale Gestik ist der Sozialdemokratie eigen, wenigstens seit Helmut Schmidt, und natürlich der Kavallerie, meine Herren!
PS.: gegen solch grobes Portrait nimmt sich jenes des MASSIMO GRAMELLINI gradezu literarisch aus, wie Dirk Schümer im Oktober vorstellt. Jener führt wohl immer eine Bücherwand mit, für den Fall eines Fotos. Gut, der Italiener hat auch wirklichen Anlaß.

Das schon Vergessene taucht auf: Die Muppets sind verfügbar, Staffel 1 bis 4 von 1976. Ich bestelle umgehend, dazu das Neueste aus dem Jimi-Hendrix-Fundus. – Termine machen füllt den Vormittag, Sport, neues Handy, ich verstehe nichts.

DER BALKON SPRICHT

44

2.3. Die Initiative „Zum Teufel mit der Troika" begrüßt in Lissabon die Herren aus Brüssel. Als die zur 6. Inspektion antreten, sind erneut 50% des Volkes auf der Straße.

NORBERT BLÜM ist Autor: „Ehrliche Arbeit", wie KLAUS TÖP-FER „Wie können wir die Welt retten".

Aus dem Berliner Biotop:

> „Existieren nur nach Männern und Frauen getrennte Toiletten, so benachteiligt dies Menschen, die sich entweder keinem dieser bei-den Geschlechter zuordnen können oder wollen – oder aber einem Geschlecht, das sichtbar nicht ihrem biologischen Geschlecht ent-spricht."

Daher richtet der linke Block im Gender-Öko-Camp Friedrichs-hain-Kreuzberg Unisex-Toiletten ein. Solcher Gleichstellung müssen die Empfindungen der übrigen 99 Prozent weichen. Dem Aufspüren minoritärer Besonderheiten folgt das Diktat im öffentlichen Raum. – Da kann die Zulässigkeit des Doppelbetts schnell zum nächsten Thema werden, zumindest die Frage, wer's denn noch teilen darf. Der Übersprung ins Private wird seinen Weg finden. – Ein Jahr drauf wird ein interfraktioneller An-trag das Verbot „sexistischer Werbung" mit nackter Haut in die Versammlung der politisch Korrekten einbringen. Nackte Haut ziert auch das Gesicht, so daß ein Gebot fürderhin maskierten Werbeauftritts leicht denkbar erscheint.

Die Linkspartei hat ihr Programm zur Austreibung von Arbeits-plätzen und Ruinierung der Wirtschaft vorgelegt, darunter 1050 Euro Mindestrente und sechs-stündigen Arbeitstag. Frühverren-tung nach zwanzigjährigem Genuß bedingungslosen Grundein-kommens ist das Ideal hiesigen Daseins. Sie kennt das Elend der DDR, es ging doch. Es fehlt nur dieses Mal der kapitalistische Finanzier, der den Neigungswinkel des sicheren Untergangs sta-bilisierte, edles Beispiel gekaufter Zeit vor dem Fall – die Grü-nen-Partei verspricht Vergleichbares.

3.3. SONNTAG

Um 7.30 ist Hörnchenzeit. Elvis bricht ins Schlafzimmer, brazzt über Marion hinweg und steht im Fenster. Durch die Eichenkronen am Bahndamm fliegt dann das Hörnchen, in der Regel in Richtung Bremerhaven. Der Hund verfolgt das, chancenlos.

Zurück vom Bäcker, erzählt im D-Funk einer von einer Industrie, die überall Cola-Automaten aufstellt. Und dann gebe man die Schuld und Verantwortung den armen Menschen. Das ist doch Schuldverschiebung, haspelt er weiter. Ich drücke den Knopf und denke an die Rundfunkgebühr. Wieder so ein Vertreter des ‚harten Paternalismus‘, wie ihn gerade KAREN HORN beschrieb.

Die Leichtigkeit der Smartphone-Technologie trifft auf meine Schwerfälligkeit im Verstehen. Tiefer noch sitzt das Kauferlebnis bei der Telekom, die mit einem Prospekt animierte. Drei Leute hinterm Tresen erklären, naja, hundert kostet das schon, der Prospekt sprach von kleiner oder keiner Zuzahlung. – Ich lasse mir einiges zeigen, von Verstehen keine Spur, bekomme am Ende eine eingepackte Rechnung und zahle 117. – Und das kriegen Sie dazu, sagt die Madonna-Lady und reicht eine große Papiertasche über den Tresen, darin ein Ghettoblaster. Ach, wendet sie sich sodann an den Kollegen, das *Handy* hab ich gar nicht gebucht – haben Sie einen Euro? Was geht hier vor sich – den lege ich hin, packe die Tüte und verlasse das Telekom-Callcenter.

Zu Hause entdecke ich die wesentlichen Posten auf der Rechnung: der Blaster zu sechzig, der gleich zum Sperrmüll in den Keller geht und eine Versicherung gegen Verlust & Bruch zu fünfzig, mich explodiert's. Ich habe mir ein Kopplungsgeschäft unterschieben lassen – von der Telekom, womit ich Seriosität verband. – Tags drauf fragt dort der adrette Youngster, was wurde Ihnen denn als Preis genannt! – Um hundert, Na sehen Sie, das paßt doch, und Sie haben noch was Gutes dazu bekommen. Ich lasse mich abservieren. Ein

Fall für die Verbraucherzentrale, die ich mein Leben lang mied, mein Widerstand im Pensionärsstatus schwindet. – Im Training sage ich den Leuten, wie sie ihr Feld zu verteidigen haben. – Die Filiale verweist mich an die Zentrale, die mich in ihrer Antwort auf meinen kontrollierten Brandbrief an die Filiale verweist.

6.3. Nach einem begeisternden Abschluß des Workshops steige ich in den Wagen, drücke die Taste des D-Funks und höre mit drängender Stimme, wie ungleich das Vermögen in D. verteilt ist. Ich schalte aus und denke an meine Zwangsabgabe. – Um 20 Uhr nimmt sich die Tagesschau mit gleichem Tenor des Themas an. Nach dem Ende des Berichts setzt die Laufschrift am unteren Rand das Thema fort. Ich bin erschöpft. – Den Rest der Tagesschau nimmt das 30-jährige Parteijubiläum der Grünen-Partei ein.

Marion erzählt vom Film am Montag: „Und alle haben geschwiegen". Jungen und Mädchen in kirchlichen Heimen wurden über lange Zeiträume mißhandelt. „Die Lieder singen wir im Chor auch, ich kann das gar nicht mehr. Und ich bin in dieser Kirche …", sagt sie auch noch. – Das Lied singen wir auch kurz darauf in der Ski-Gruppe in Saas-Grund:

Vom Aufgang der Sonne
bis zu ihrem Untergang,
sei gelobet der Name des Herrn,
sei gelobet der Name des Herrn.

So waren in den 50er und 60er Jahren die hellen Stimmen der Knaben-Chöre zu hören, mehrstimmig. Der Hymne an Gott folgte abends die Arbeit der Anvertrauten am sexuellen Frust von Kirchenmännern.

Schlimmer als die Gesänge der Sklaven-Schwarzen in den Baumwollfeldern, schlimmer als die Gesänge der Frauen von Ravensbrück erklang es am nächsten Morgen erneut zum Gottlob, Stimmen der gestörten, verstörten oder für das Leben zerstörten

Seelen derer, denen Zuflucht, Geborgenheit, Schutz für Entwicklung unter Aufrechten, Entwickelten zugesagt war. Das war kein Gesang zum Lobe Gottes, seinem Wohlgefallen, es war der Schrei zu Gott, aus tiefster Not – unerhört und unverstanden.

7.3.   In der Toilette lief ein roter Streifen das Porzellan runter. Schrecken, flüchtige Gedanken, ich sage den ersten Coachingtermin ab, notiere die Telefonnummern der folgenden. Der Arzt schließt Tumor nicht aus und ultraschallt von innen und außen. Da sei etwas „ausgesackt", sehen Sie?, kann auch der Darm sein, da ist noch Urin drin, Prostata … normal. Blut kann auch von Überlastung kommen, meint er abschließend. Ich ziehe mich an. Die letzten Antibiotika hatten 60%ige Resistenz, erläutert er den Mißerfolg. Ich hoffe, ich habe mehr und danke freundlich. Dreißig Minuten bis zum nächsten Termin.
(Anmerkung des Schreibers: der dritte somatische Vorfall, der ignoriert wird.)

Auf dem Weg dorthin gerate ich zum dritten Mal in das Lamento von arm und reich im Land. Im GEZ-Sender präparieren besorgte An-, Ver- und Vorsager ihr Geschäftsmodell. Eine gute Erfindung ist dieses Krawallthema aus rot-grüner Regierungszeit seit 2001. Dabei wird die Einbeziehung von Renten- und Pensionsanwartschaften vermieden, eine Billionenposition, die in jede Vermögensaufstellung gehört, welche frei ist von ideologischer Schwermut. Dann würde jedoch zuerst das Ausmaß der Privilegierung des Staatssektors zutage treten, des öffentlichen Dienstes also. So war auch der aktuelle 5,6%-Zuwachs der Einkommen binnen 24 Stunden im Sack, also nicht aus- sondern eingesackt. Man möchte wohl Aufsehen vermeiden. – Dessen unbeachtet setzt Ministerin VON DER LEYEN unaufgefordert sogleich Vorschläge zur Umverteilung und Heranziehung großer Vermögen für große Vorhaben dazu. Darob vom Linksblock in den Stand der „mutigen Ministerin" erhoben, konnten Beschlüsse durch beherzten Einspruch aus den eigenen Reihen noch verhindert werden.

Marion hat einen schönen Chemietag in Oldenburg und ist von Chemie schon ganz begeistert – im Grunde ein Anleitungskurs zum Bombenbauen, meint sie. Glyzerin und Kaliumpermanganat waren die Mittel der RAF. – Mit den Fächern Musik, Werken und Chemie ist überhaupt das Sammeln verbunden, will man guten Unterricht liefern. Daher gehen Dosen, Deckel, Gläser auf Halde, nicht zuletzt Backbleche, die ideale Plattform für ordentliche Kawums auf freier Fläche. Die Wohnung des Pädagogen mutiert darüber zum Materiallager mit schmalen Gängen. Dem Kollegen neulich wurde die Entlassungsurkunde durchs Fenster zugesteckt. Der läßt keinen rein.

8.3. Kommunismus gehört ins Wörterbuch der Geisteskrankheiten: Nordkorea droht mit Atomschlag – Begründung: die USA bereiteten einen solchen vor. Na dann nichts wie los. Sämtliche Feldartillerieverbände und strategische Raketeneinheiten seien „in höchster Alarmbereitschaft, um die Souveränität und Würde der obersten Führung des Landes zu verteidigen", sprich, um Amerika, das Pazifikgebiet und anderes mehr zu pulverisieren. – Was für die Würde einer Handvoll Leute nicht alles unternommen wird. – Wer zu lange kommunistelt, endet im Nir-Wahna. Andere können dann aufräumen, das ging bisher jedem Politbüro so.

Um 11 Uhr in Hannover zum Coaching, mein Szenario beeindruckt. Obs hilft, wird sich zeigen. – Abends sehen wir „Django unchained" von QUENTIN TARRENTINO mit CHRISTOPH WALTZ. Die grade Strecke durch den Terror der Sklavenhaltergesellschaft schockiert, ohne jede moralische Langeweile, 165 Minuten straight, mit geschliffenen Dialogen. – Dabei ist das edle Format geeignet, die Sache zu mumifizieren.

9.3. Die Regierung will die Förderung der erfolgreichen NPD-exit-Organisation beenden. Als täte die Fortsetung einem wohlfeilen Wahlkampfthema Abbruch. Das bedient allerdings die Opposition mit Hingabe. Das Motiv muß noch abwegiger sein.

Abends sind Leon und Jonas da. Ich habe keinen akzeptablen Grund für die Rückgabe des neuen Smart Phones mit Windows-Format, also muß Jonas das ein bißchen erklären. Ich begnüge mich mit einer Beschwerde an die Telekom über das miese Kopplungsgeschäft, mit Ghettoblast als „Geschenk zum Abschluß". Sowas habe ich auf keinem afrikanischen Basar erlebt, muß Teil der Innovationskraft dieses Unternehmens sein. Die Jungs unterhalten sich allerdings vorwiegend über ihre Spermaproduktion.

Die Landschaft glänzt silbrig, Bäume und Gesträuch sind mit Eis überzogen. Das Essen bei Anna beginnt mit Schnaps vor der Tür, dann wird ein Tisch frei. Marion schimpft: Seegi arbeitet mehr als vor der Rente, das Jahr ist schon voll, aber jetzt noch Coaching-Auftrag in Frankfurt! – Und Du willst zwei Bücher schreiben, den Termin beim Arbeitsgericht habe ich heute abgesagt, da bist Du gar nicht hier! – Stimmt … – Du willst nur überall gefeiert werden, es ist mal genug! *(Anm.: auch dieser Aufschrei meiner Frau, das 4. Signal, wird abgewiesen und wegformuliert).*

Stimmt nicht, erwidere ich vorsichtig. Aber wer weiß schon, wie umverpackt die Eitelkeit sich Bahn (sic!) bricht, unkenntlich wie die Schrottanleihen aus Amerika, hübsch gemacht mit allerlei girlandigem Firlefanz, etwa: ist doch gut für die Leute, helfe doch, macht Spaß und das Geld! Stopp! Das habe ich mir abgewöhnt, abgewöhnt ist nicht weg, Meister! Aber Familie kann ein Riesenspaß sein, mußte ich auch erst lernen. Später gibst Du nach, ich liebe Dich.

10.3.   SONNTAG
Alles verschneit, eisiger Wind auf dem Feld.

Jeder Daimler-Arbeiter erhält für 2012 einen Bonus von 3200 €, jeder bei VW 7200, die bei BMW, Audi und Porsche bis zu 10.000. Schreiende Ungerechtigkeit, oder? Kann *de Bolledig* im Wahljahr kaum so durchgehen lassen. – Über den Stolz geht der Wettbewerb, Daimler will aufholen. Genosse Ulbricht machte es sich leicht: er wollte überholen ohne einzuholen. Die lähmende Wirkung der Subventionen durch *d'n Glassenfeihnd* war sicher das kleinere Übel. Den Genossen in Moskau gegenüber fand er deutliche Worte, nutzte aber nichts.

EU: aus dem Kohäsi'-Fonds, heute Italien: über zwanzig Jahre hin wurden drei Milliarden nach Kalabrien transferiert. Investiert wurde in den Bau des Hafens *Gioia Tauro* sowie in 450 Kilometer Autobahn. Beide Projekte standen vom Start weg unter dem Schutzgeld der Mafia, der Hafen auch nach Vollendung mit 1,5 Dollar Schutzgeld pro Container. Die Arbeiten wurden abschnitts- und baufortschrittsweise „Familien" (regionaler *terminus technicus*) und kontrollierten Bauunternehmen zugewiesen. Darüber verhalfen sie dem organisierten Verbrechen zu wachsendem Einfluß, Ansehen oder einfach nur Respekt.

Der Hafen ist heute „europäisches Haupteinfallstor für kolumbianisches Kokain", so Yvonne Staat. Zur Vermeidung von Leerfahrten werden für den Rückweg nach Mexiko Waffen geladen. Das beugt Lieferunterbrechungen vor. – Zu den Kunden wird auch das Mordsystem ‚Islamischer Staat' gehören, wird 2017 mitgeteilt – 42 Millionen Pillen ‚Tramadol' auf dem Weg von Indien nach Libyen entdecken die Zöllner. – Was die Autobahn betrifft, so wurde sie zwar auch fertig. Jedoch gewährleistete die Qualität des Baustoffs raschen Zerfall. Seither wird saniert, d. h. zum zweiten Mal gebaut. Auch die Sanierungsgelder von 500 Millionen sickerten durch den Kreislauf von Bestechung, Schein- und überhöhten Rechnungen. – Um der Rückzahlung zu entgehen, werden die erhaltenen Gelder behördlich saubergewaschen, d. h. auf andere Projekte umgebucht.

Die Brüssel-Kanäle sind voll feiner Dialoge, voll guten Willens und hehrer Absichten, dabei immerhin erwägend, weitere Investitionen zu verzögern. So fördert das Kommissariat allüberall Kohäsion und Struktur, andere Länder, andere Sitten! – Und nachdem die Rauschgiftlogistik vom Brüsseler Ideal, der Gemeinschaft der Steuerzahler, finanziert ist, warnt – nach erfolgreicher Inbetriebnahme – nunmehr die Euro-Polizeibehörde vor den „Los Zetas" und dem „Sinaloa"-Kartell, jenen globalen Markt-Koordinatoren der mexikanischen Rauschgift-Mafia, die den Kokaintransport nach Europa überwacht. Die Bewaffnung der kalabrischen Ndrangheta erfolge hier in partnerschaftlichen Dreiecksgeschäften. Ein normaler Vorgang.

Auch in anderen Provinzen ist dieses Geschäftsmodell mit den bezauberndsten Nuancen gängige Praxis. – Wenn MICHEL BAR-NIER (62), langjähriger Reisekader in der Entwicklungsarbeit, über den aktuell beliebten „Boni-Exzeß" herzieht, läßt sich nur sagen: da lacht die Mafia! – Ihr zentrales Umschlaggut, neben Waffen das Kokain, erweckt allerdings internationale Aufmerk-samkeit. So wird der globale Makler ROBERTO PANNUNZI (67) kurze Zeit später in Bogota gestellt und ausgeliefert. Nur er schaffe den Transport von drei Tonnen Kokain und mehr, habe das Geld nie gezählt sondern in der Hand abgewogen, heißt es anerkennend. Mit seriösem Auftritt habe „Bebé" das Rausch-giftgeschäft revolutioniert. Das Kohäsionsprojekt finanziert die Infrastruktur.

Wie sehr Wachstum, Stabilität und das Ausgreifen der Mafia nach Norden mit dem Verfall bürgerlicher Institutionen zusam-menhängt, also vorrangig Parteien, Verwaltungen, politischer Führer, schildert GIOVANNI TIZIANS Mafia AG, vorgestellt von Christian Liermann (8.4.).

Wir bleiben auf italienischem Boden, wo der Vatikan ja auch haust. Dessen Geldgeschäfte besorgt das IOR, das ‚Istituto per le Opere di Religione'. Die sollen jetzt in die Kälte der Transpa-renz gezogen werden. Roß und Reiter sind darob bekümmert. Die Mär geht, der Konzern-Chef warf nach näherer Betrach-tung das Tuch, weltlich Handtuch. Voller Irritation verwei-gern gar die Geldautomaten hinter den Mauern den Dienst. Wem soll angesichts gewisser Offenbarungen der gemeine Gläubige draußen trauen! Dem ‚Propaganda Fide' (9 Milli-arden €), dem Turm ‚Niccolo V' (6 Milliarden) oder anderen angeschlossen Geldkästen. Die Finanzpolizei ermittelt zu Lan-de, zu Wasser (und in der Luft). Derzeit steigt die Spannung.

Denn eine Rechnungslegung, wie sie diesseits der Mauern bereits im Glanz der italienischen Renaissance Usus wurde, existiert nicht, jedenfalls nicht weltlich. Erst die Publikation entwendeter Dokumente wirft ein schales Licht auf Geldwäsche und Korruption, obwohl hier alle im einigen Geist beieinander sind. – Warum andererseits sollte die Mafia um diesen Flecken einen Bogen machen. Sie tut es nicht. – So gehören gar die Cayman-Islands zum „Missionsgebiet" des IOR. Doch die kirchliche Sorge kann kaum den fünfzigtausend Insulanern gelten, eher der gepflegten Teilhabe an der Bilanzsumme des Fleckens, welche das 50.000 fache des überschaubaren BIP beträgt (Dirk Scherf 23.3.13) – und: Raum für Briefkästen ist auf der kleinsten Insel, gell! Also stehen auch im vatikanischen Interesse eher grenzenlose und unbesehene Operationen, welche dieser fünftgrößte Finanzplatz auf Gottes Planeten eröffnet. Wie ja auch den vermögenden Russen, vulgo Oligarchen, das Paradiesische Zy-

perns weniger des milden Klimas als seiner diskreten und steuerlich unbelasteten Finanzräume wegen anspricht. Beide Eilande sind geprägt vom Freigang der Nummernkonten. Dirk Schümer gibt einen Abriß dieses „Offshore-Paradieses mitten in Europa".

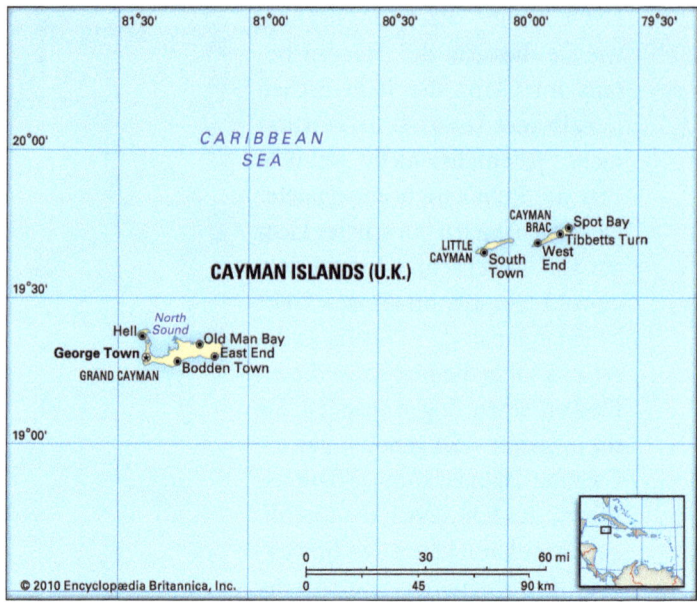

Lageplan von Geld & Sehnsucht

Ein Blick aus dem Satelliten zeigt die Perlenkette kleiner
Paradiese, die wenigstens einen Besuch nahelegen, auch
ohne Depot-Ambition – geben Sie ihrer unterdrückten Fla-
neur-Sehnsucht einen Schubs, beginnen Sie beim ‚*Castaway
Cove*‘, also im Keller, folgen Sie der Trasse über das ‚*Pink
Beach House*‘, das ‚*North Pointe Dominium*‘ und das ‚*Ocean
Paradise*‘, die ‚*Reef Romance*‘ und ‚*Blue Water Villa*‘, nicht
auszudenken! Spätestens am ‚*Rum Point*‘, hier trägt die Straße den gleichen Namen, sind Sie im 7. Himmel – und hoffentlich besoffen – vertrauen Sie vatikanischem Spürsinn für die
Schönheiten des Planeten. Jamaica liegt zwar um die Ecke,
doch meiden Sie es, hat der Vatikan auch gemacht! – Daß
auch die Wolfsburger Fluglinien mit Zielflughafen Cayman
Islands unterhalten / unterhielten, sei erwähnt. Für größere
Transporte werden die, in Wolfsburg geparkt, auch ausge-
liehen.

Hier am unverdächtigen Beispiel das zweigleisige Cayman-Wegesystem des Baren

„Private und institutionelle Geldgeber"
geben Geld   nehmen Dividende
↓   ↑
„Gemeinsam beherrschende Mehrmütter"
KKR Fonds I (Cayman)
KKR Fonds II (Cayman)
KKR Fonds III (Cayman)
geben Geld   nehmen Dividende
↓   ↑
Finedining (Cayman) Limited
gibt Kapital   nimmt Dividende
                      über mehrere Finedinig-Gesellschaften
↓   ↑
Finedining GmbH
Leopoldstraße 8–10, München
gibt Kapital   nimmt Dividende
↓   ↑
WMF AG, Geislingen – Fabrik

Ob solcher Freiheit bleibt kein Geschäft außer Betracht, jenes mit strafrechtlicher Relevanz eingeschlossen, sei's Immobilienbetrug, Knabenprostitution oder das Schmieren von Politikern mit Schwarzgeld. Das führt selbst im Hause des Heiligen Geistes zu Schwäche, später zu Unbill. „Don Bancomat" heißt der dem Aufsichtführenden in Gottes Heimat verliehene Titel. Im Allerheiligsten ist von höllischen Gewinnen die Rede, gefüttert von kardinalesker Habsucht.

Den alten Benedikt hat es zermürbt, sein Nachfolger Franziskus geht in Position zu den mächtigsten Dämonen des Planeten, dessen Teil ja der Vatikan ist: Sex und Geld, homosexuelle Seilschaften und Korruption. Das kann Leben vor der Zeit gefährden. – Unter den 130.000 Anlegern aus 170 Ländern, die eine kurz drauf-tauchende (sic!) Festplatte versammelt, mögen sich auch solche beim Heiligen Stuhl finden, wenn auch nur in

55

Nummernform. Auch Wohlsein fällt unter Missionserfolg, in Nachbarschaft von Gunter Sachs oder Deutscher Bank, die auf den Caymans von „ganzheitlichem Service für sehr anspruchsvolle Kundschaft" spricht.

Später gerät der ‚König des Geldes', Ökonom ANGELO CALOIA (75) vor den Kadi. Mit Kumpel LELIO SCALETTI, vormals Generaldirektor, und GABRIELE LIUZZO, einst anwaltliche Hilfe, werden ihm 60 Millionen Verschwundene vorgehalten, die er über sein ‚Institut für religiöse Werke' in Richtung Südsee oder ans Halbseidene um die Ecke abgezweigt habe. Auch im Hause stößt man hin und wieder auf Berge von Geld, die im Schatten liegen. Alles soll der Erleuchtung zugeführt werden.

Und dann erwischts noch NUNZIO SCARANO *flagranto*, klingt wie ein Nachname. Der Chefbuchhalter im Turm Niccolo V. beauftragte gegen 400.000 Handsalbe einen Flugzeugkurier mit einem 20-Millionen-Transfer Schweiz-Vatikan. Das Ziel war Reinwaschung, ein durchaus religiöser Vorgang, bei dem ein ganz weltlicher Auftraggeber Pate stand, eine Reedereifamilie, ob gegen Spende oder Provision, steht einstweilen dahin (FAS 4.8.13). – Chefe PAOLO CIPRIANI geriet bereits ins Rampenlicht, an ihm klebte eine 23-Millionen-Überweisung. – Ähnliches widerfährt grade Finanzethiker ETTORE GOTTI (sic!) TEDESCHI. Die Kurie gilt manchem als *„the dagger and poison lobby"*. ERNST VON FREYBERG, deutscher Investmentbanker, wurde Nachfolger und solls fürderhin richten.

Zurück in die Heimat, ist's auch wenig salbungsvoll. Es geht um die NSU-Mordbande: selbst ein Dokument wie eine „Landkarte der späteren Tat- und Fluchtorte", 1998 entdeckt, konnte Nachforschung und Aufklärung in der einschlägig bekannten *Nazigang* in Jena nicht in Gang setzen. Das änderte sich erst mit dem Tod der zwei Männer des Mord-Trios am 4.11.2011.

Allseitiges Erstaunen und Verbergen prägt jetzt den NSU-Untersuchungsausschuß. – Das geht weiter über die Jahre: 2016 wird ein Handy „entdeckt", des obersten Ermittlers, der vor zwei Jah-

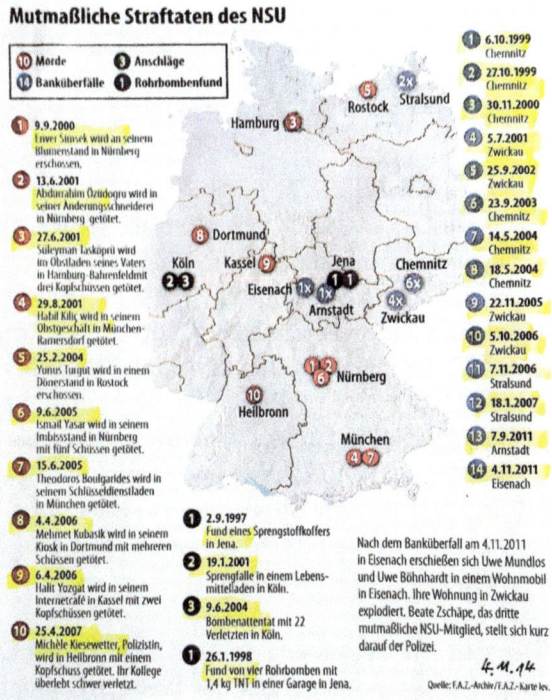

ren verstarb – natürlich. Auf dessen Bewegungsdatensatz zeigte sich, daß NSU im bereits 1999 als informatives Kürzel bekannt war – im Jahrzehnt, wo nichts geschah. – Prozeßeröffnung ist am 6. Mai 2013 vor dem OLG München.

Anm.: mit Urteil vom 11.7.2018 wird Beate Tzschäpe zu lebenslanger Haft verurteilt, die Urteilsbegründung über 3025 Seiten liegt 93 Wochen danach vor (mgt. 22.4.2020).

Der Großversuch <u>Energiewende</u> entwickelt sich zum Irr(en)garten verschränkter Subventionen. Mengen an Kohlekraftwerken gehen ans Netz, neueste Gaswerkstechnik erst gar nicht an den Start und der CO^2-Ausstoß, heilige Kuh des ökologischen Totalitarismus, steigt an. Die subventionierten Besitzstände wirken Wunder. Der Berliner Betrieb verharrt in frommer Rede und symbolischer Kleinteiligkeit. Mit diesem politisch getriebenen Großeinsatz an Vergeudung von Ressourcen kommen zu den in 40 Jahren aufgebauten Sozialstaats-Schulden eine weitere Billion. Die Aussichtslosigkeit von Lösungen wird zum Treiber für die Flucht ins Europäische, Meilensteine der Ruinierung von Volkswirtschaft.

HANS-MAGNUS ENZENSBERGER schlägt den Doktortitel mit Volljährigkeit vor. Der Weg dahin ist schließlich anstrengend genug. Solch bereinigender Vorschlag könnte einen der Krater dieser Bildungslandschaft schließen. Die Anforderungen müssten dann nicht weiter gesenkt werden und etliche mit Bildung befaßte Institutionen ließen sich schließen. Endlich.

11.3.   Wieder ein Start am Zwischenahner Meer, wo der Wind das Wasser peitscht. Routine und Engagement greifen ineinander. – Tische und Stühle bleiben den ganzen Tag unter gefrorenem Schnee, Garnelen unter Salat sind köstlich, dazu Merlot.

Heute ist Parteigründung AfD in Oberursel mit kleiner Bestuhlung. Die Aussichten gegen das Berliner Quintett sind gering. Dennoch, weil's muß.

Goldfingers wissendes Lächeln begleitet seine Auftritte, jedenfalls ihren Abgang. Seine Herkunftsfamilie, Goldman Sachs, die prägende, steht an dritter Stelle in der Kategorie *„too big to jail"*. Ihrem etablierten Schutz vor wirtschaftlichem Untergang gesellt sich jener vor strafrechtlicher Verfolgung hinzu. Die Teilnehmer sind exterritorial gestellt, wie sie auch handeln, vatikanisch. Nationale Justiz- und der Finanzminister freuen sich über jeden finanziellen Vergleich, zu dem sich solch Institut herbeiläßt.

13.3.   Vom Workshop nach Vegesack, die Zeit ist mit Terminen ausgelegt. Es geht.
          (Anm.: der Text signalisiert Erschöpfung, der Schreiber ignoriert).

14.3.   Wieder nach Vegesack für ein Gespräch, danach in die Zentrale, danach zum Sport, danach zurück. Ich bin verrückt und merke es nicht. Im Training sage ich lauthals: wir zahlen immer einen Preis. – Tee im Wintergarten, die Hausarbeit von Esther überfliegen, Edeltraud abholen, die Nachbarn einladen und zum Konzert. Karten vor einem halben Jahr verschenkt – Termin paßt überhaupt nicht, ein unglaublicher Umgang. „Du bist eine schöne Frau", sage ich meiner Frau. „Wir sollten das Lied ‚We are marching in the light of God' nach Saas Fee mitnehmen."

KONRAD ADENAUER brauchte bei seinem Griechenlandbesuch sieben Polizisten zu seinem Schutz, ANGELA MERKEL siebentausend, heißt es in Oberursel. – Die Landesregierung NRW kassiert das dritte „verfassungswidrig" auf ihren Haushalt. In Sachen Rechtsbruch wäre eine große Koalition Kraft – Merkel kein Problem. Das Schöne für die Akteure ist die Folgenlosigkeit. – Der Jahresüberschuß der Bundesbank entspricht der aktuellen Griechenland-Stütze.

Unklar bleibt, was diese Griechenland-Finanz-Fiasko-Spiele bewirken können – im Land möchte niemand den klientelgefütterten Staatsapparat abbauen (Takis Michas bei MARKUS MERTENS 11.4.), seit 2010 gingen 120.000 Fachkräfte außer Landes, das Konstrukt Schengenraum überläßt dem Land Zehntausende von Asylanten, die ganze Straßenzüge belegen, Bilder wie in Karachi oder Mogadischu (MM).

15.3. FREITAG
Um neun Uhr in der Filiale, Gespräche bis 14 Uhr, Absage des Folgetermins. – Es ist genug. Wir laden den Wagen und fahren zum Ski-Bus. Um 9 Uhr abends fährt der in die Schweiz.

EWALD HEINRICH VON KLEIST starb (91). Er ist der letzte aus der Verschwörung des 9. Infanterieregiments, in dem sich Adlige mit preußischer Gesinnung fanden und schließlich zum Staatsstreich verabredeten. Meinem Vater, Jochen, wurde 1938 der Zugang verwehrt – und wieder der Gedanke, wie anders alles hätte sein können. Ich lege die Kopie dem Brief nach Amrum an Mimi bei.

16.3. 5.00 Uhr. Unser Fahrweg, hinter Freiburg, dreht langsam in den Tag. Bis zum Genfer See sinkt die Temperatur auf -5 Grad. Kurzer Kontakt mit dem Schweizer Preisniveau und es geht hoch ins Gebirge nach Saas Grund. – Wir laden aus und bis zur Belegung der Zimmer sind mehrere 10er-Träger Feldschlößchen beschafft, geöffnet und geleert. – In Saas Fee herrscht mäßiges Treiben, aber das Ankunftsfeld der großen Pisten mit der Après-Ski-Wumme im Rücken macht frei. Ich atme durch, das will was heißen. Die Anstrengung muß sich lohnen.

Nach dem Abendessen kommt mein Auftritt als Vertreter des Mann Gottes: der Pastor bleibt zu Hause bei seiner Frau und hat mich mit der Wahrnehmung seiner Geschäfte betraut. Das *speed-dating* nimmt chaotischen Verlauf, Marion korrigiert den drohenden Stillstand. – Die Karten werden farblich markiert, so daß ich mitspielen kann, ,Wizard'.

17.3. SONNTAG
Respekt vor dem Berg. Wir rüsten ein und stapfen zur Station. Skischule, ich falle im Stehen um, die Neigung zur Schußfahrt ist ungebrochen, die Schwäche mittags manifest. Der Himmel zieht zu, Nebel fällt ein. Der Lift wird abgestellt. – Nach dem Abendbrot mein Auftritt für den Pastor: meine Textanreicherungen empfinde ich als gelungen, Marions Unterbrechung quittiere ich derbe. Nach den schönen Stunden endet der Abend in deutlicher Abgrenzung.

„Sieben Wochen ohne Vorsicht", das paßt zu den Workshops. Nach dem verlesenen Text diskutieren die Tischgruppen: „Hast Du Dich einmal auf den Weg gemacht, den andere oder Du selbst für unmöglich hielten?" Ich suche rückblickend etwas Ungewöhnliches – und schweige. Denn Manfred erzählt sein Leben, das zur Hälfte aus Flucht und Wiederansiedlung in Deutschland besteht. 40.000 Ostmark im Sack im Diplomatenwagen nach West-Berlin, Frau und Kinder tags zuvor im gleichen Modus, jahrelang geplant und verschwiegen, der Preis keine Verhandlungssache: 140.000 Westmark.

Die 40 Tausend Ost zum Kurs 1:8 = 5.000 West wurden zur Anzahlung, den Rest verdient Manfred Jahr für Jahr und bezahlt. – Scham erfaßt mich.

18.3. Bis 3 Uhr im Berg, mit Einzelunterricht. Vom Ski bekomm' ich keinen Rücken, vom Feldschlößchen-Transport schon. – Ich mache das gern, den Pastor vertreten. Hinterher streiten wir über Europa.

19.3. Ich sage die Skischule ab und schließe mich nach Hoh-Saas an, 3500 Meter hoch, Bus, zwei Seilbahnen und Zahnradbahn durch den Berg. Oben in der Sonne über den weißen Massiven, 4500 Meter, fehlt mir die Luft. Kurze Pause, dann mit Giselher über die Hänge.

20.3. Zypern sagt „Nein" zu Brüssel, nur Rußland steht noch hinter der Insel, nicht umsonst, aber gegen Überlassung seiner offshore-Ressourcen. Das würde Brüssel akzeptieren! Am BIP im Volumen des Saarlands wird das Euro-System probegefahren. Immer geht es um das große Geld, hier der serbischen Mafia, der griechischen Steuerflüchtigen u.a.m.

Als Wirtschaftsprüfer die Unterlagen einsehen wollen, antwortet die Regierung, das sei ja wohl ein Fall für die Menschenrechtskonvention. Der Ojoyjoy, tschuldigung, der Oigehah wird's schon richten. Die Prüfung durch einen Eurozirkus-Teilnehmer wird dann akzeptiert. Vorher war ‚Moneyval' an der Arbeit, wer bloß ist Moneyval! Es gehört zum Systemrisiko Brüssel, dieses Gremium des Europarates, annonciert als Eingreiftruppe gegen Geldwäsche und Terrorfinanzierung. Chefe ist Malteser, prost! (Insel!), Vertreter aus Liechtenstein (auch Insel, ohne Küste), einer aus San Marino (auch Insel), aus Rumänien – Kompetenz in Konzern- und Staatsprüfung? Heraus kommt, daß keine Einsicht in die Bücher stattfand, die Leute haben nur in den Hausflur geguckt. Da stand außer Kinderwagen, Fahrrädern und Müllsäcken nichts rum, zack, wars ok.

Jetzt wurde ‚Deloitte' drangesetzt: in mehr als 90% der geprüften Großanleger ist die Identität, damit die Herkunft des Geldes unbekannt. Also Geldwäsche total! Der Haushalt in Faßform. – Das Geschäftsmodell Zypern war beim Beitritt bekannt, ebenso der fiskalische Zustand Griechenlands beim Beitritt. Alles wurde billigend in Kauf genommen. Was war der Vorteil, der Preis? – Wovon sollen die Zypern nach seiner Rettung leben, fragt die Zeitung abschließend.

Der vierte Tag im Berg. Ich fahre übermütig. Mittags verläßt mich die Kraft. Bei der Anfahrt ans Restaurant ‚Morenia' verliere ich die Steuerung und schiebe in langsamer und unaufhaltsamer Fahrt Tische und Bänke vor mir her. Anbei Sitzende springen hoch. Mit entschuldigenden Worten stelle ich die Möbel wieder auf, größere Schäden sind nicht zu beklagen, und verpflichte Michael zum Schweigen. – Mittags zieht der Himmel zu und ich fahre zu Tal. Marion gibt mir Pflaster gegen Schilderung der Einzelheiten.

21.3. … in den Schweizer Alpen: um 8.30 startet das GEZ-Sozialfernsehen mit seiner Grundversorgung: die Einkommensungleichheit. Bis heute müßten Frauen arbeiten, um das Einkommen der Männer in 2012 zu erreichen. Tag des gleichen Einkommens wird ausgerufen. Ich fliehe in den Tag.

Bildungs- und Informationssystem müssen unterirdisch verbunden sein. Darauf setzt, davon profitiert das Parteiensystem. Auf dieser Triade, dem wahren ‚BIP', beruht die Stabilität, allerdings mit Neigung. Das ist keine Diktatur, meine Herren, vielleicht so eine Art Beschränkung auf Gegenseitigkeit, nicht als *dolus directus*, aber so'n bißchen *eventualis*. Dieser Gedanke vertrüge genauere Betrachtung:

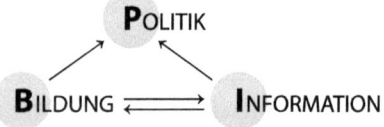

Das GEZ-Infotainment hat System. Die Themen Armutsbericht, Einkommensverteilung und Frauenabschlag sind seit Jahresbeginn gradezu gebucht. – Mein Dreieck schick' ich ans Patentamt zur Registrierung.

22.3. Mit größter Vorsicht und durchgängiger Begleitung durch Giselher beende ich das Fahren im Berg. Die letzten 10er und 18er Feldschlößchen gehen weg, ausgiebiger Abschiedsabend folgt, mit geistlichem Abschluß und etwas Gesang. Das mache ich. Abschlußworte des Vertreters:

Was soll ich Euch sagen!
7 Wochen ohne Vorsicht ist womöglich harter Tobak, mancher geht auf Distanz, mancher igelt sich noch mehr ein – das sind schließlich eingeübte Muster!
… mit Erfahrung gefüttert und stabilisiert.

Gefragt: warum machst Du das! platze ich heraus mit meinen Geschichten. Kaum zu widerlegen! Alles passiert, in echt! – Oder: persönliche Überzeugung, in Stein gemeißelt.

Und dann schlägt da einer vor: – riskiere das Unmögliche – riskiere mehr Mitgefühl – riskiere Widerspruch – schließe Niederlage nicht aus!

Was soll das bitte? – Warum soll ich jetzt Märtyrer sein? – Ich bin kein Held! – Sollen doch Andere – Ausgerechnet ich – Genau das! – Das Thema der Fastenwoche spricht Dein Leben an, soll heißen, Gott erwartet von DIR was – Du hast Dein Leben nicht für Routinearbeit! – Erkenne Deine Wünsche, Deine Sehnsucht, vielleicht Deinen Schmerz, den Du seit Jahren herumschleppst.

Wenn Gott der große Pate seit Deiner Geburt ist, dann ist das eine Verbindung mit zwei Seiten, zwei Erwartungen: von Deiner Seite Geleit, Führung, Hoffnung, Schutz – und er? erwartet Deinen aufrechten Gang – und Deinen offenen Blick, der die Welt wahrnimmt, so wie sie heute ist! – also das Leben annimmt und es gestaltet! – Kein Wenn+Aber-Laber-Leben, sondern ein Wie-Mensch!!

Dafür erinnert er Dich an Dein großes Ich. Das sollst Du erkennen und lieben, ihm vertrauen. Das nur macht Dich stark und robust für das Leben. Dann nur kannst Du mit Deinen Talenten wuchern, wie es im AT heißt.

Nur das bereitet Freude-Freunde-Spaß-Erfolg, Dir und Deiner Umwelt. Ihm auch, weil Du deinen Job machst! Vergiß nicht: Liebe Deinen Nächsten wie Dich selbst – ohne Dich wird's nix.

Und der Pastor sagt Euch: die Gnade des Herrn Jesus Christus sei mit Euch und Friede von Gott, unserem Vater und der Gemeinschaft des Heiligen Geistes.

Das war natürlich zuviel, Trainermodus. – Was singen zur Guitarre von Eric? Na ja, was so anliegt, Hit the Road Jack, A whop bop a looma, Hound Dog, Surrender, Lonely Boy.

23.3.   SAMSTAG
Früh raus, gepackt, zum Bus. Leon in Trance ganz hinten links – Ursache Jägermeister – Literflasche – im Schrank – halb voll. Bis Bremen wird Temperatursturz erwartet.

Mein BIP-Modell gefällt mir. Es ist der „gesellschaftliche Überbau", wie es traditionell heißt, unter dem die materielle Basis leidet und wirtschaftet, unter dem bekannten Motto: E-K=G. – Der Überbau versorgt sich aus der Produktivität der Basis, deren beständige Kritik und Regulierung sein Dasein und Einkommen ist.

Der Niedrigzins hindert Rekorde nicht: für JP Morgan 5,7 Milliarden *net per* Q4/2012, Anstieg um 53 Prozent bei Einnahmen von 24,4, Anstieg schlappe 10 Prozent! das sind *per anno* rockige 21 Milliarden Profit, ob brutto oder netto ist scheißegal, wird verhandelt. – Goldman Sachs immerhin 2,9 Milliarden per Q4 bei Einnahmen von 9,2, auch 53% Zuwachs. Das schlägt auf die Handsalben fürs Personal durch – immerhin, Durchschnitt liegt bei 400.000 p.a. – Das schafft Treue zum Geschäftsmodell.

... how to beat the Bull ...

24.3. 18.30 Uhr, der Bus fährt durch verschneites Mittelgebirge, Berlin soll -15 Grad bekommen.

Bin ich böse? Ich will es nicht. Behalte ich den pragmatischen Blick oder gerate ich wieder in den Schwarm der Utopie. Bin ich erneut dabei, der Komfortzone einer Utopie des beredten Kritikers aufzusitzen? – Ich klammere mich an den *topos* ,Geschäftsmodell'.

FRANÇOIS HOLLANDE in der Selbstvermarktung – nachdem die Politisierung des Euro in seinem Einflußbereich und im Frankfurter Schuldenturm perfektioniert ist, möchte er auch das Außenverhältnis festlegen und gar den Devisenkurs festschreiben. Sein 75%-Steuervorschlag steht jedoch unvermittelt vor massiven Schwarzgeldaktivitäten des halben Kabinetts. Da machte NILS MINKMAR mit dem ,Spielgeldsystem' (24.4.13) gerade Anmerkungen zu dem ,hochtourigen System' korruptiver Geldverschiebung, weshalb etwa Haushaltsminister JÉRÔME CAHUZAC zum Rapport gerufen wird – 600 Milliarden Steuern sollen über die Jahre hinterzogen worden sein, ,Kernkompetenz' von Bankinstituten – Kompensation über das EZB-Regime – WOLFGANG HETZER warne bereits vor einem Vertrauenskollaps im EU-Raum – MARIO DRAGHI mischt sich da nicht ein und überläßt die ebenso lausige Debatte über Banker-Boni den nationalen Kohorten. Sein Ex-Chef GARY COHN möchte Obergrenzen dem Markt überlassen. So häufeln sich Profilthemen für Wahlkämpfe mit antikapitalistischem Auftrieb.

Vorzugsweise Männer in den besten Jahren ziehen sich vom Arbeitsmarkt zurück unter Verweis auf „Rücken" und Ähnliches, resümiert eine US-Analyse. Die Verluste werden in die Zukunft verlegt.

25.3.   Erster Coachingeinsatz im Chemieviertel Eimsbüttel mit überraschenden Eigenheiten, die sie „nicht wahrnimmt". – Anschließend über den Chemie-Innenhof zum Vorgespräch für einen Workshop mit den CON's, auch eigenartig, liegt vielleicht an meiner Fremdartigkeit hier. – Glänzende Rückfahrt.

26.3.   Drei Gespräche am Brill, ich bin satt.

„Wie Hitler hat Angela Merkel dem Rest des Kontinents den Krieg erklärt, diesmal um sich wirtschaftlichen Lebensraum zu sichern", schreibt der Ökonomieprofessor JUAN TORRES LÓPEZ für El Pais, Monate nach der Flaggenverbrennung. „Ein Kontrollfehler", entschuldigt sich die Zeitung nach Protest.

Das Kommissariat kannte das Geschäftsmodell Zypern aus Fluchtgeld und Steuervermeidung im Detail, als es 2007 die Aufnahme akzeptierte, so Holger Steltzner. Die EZB fütterte die Institute über die Zahlungsunfähigkeit hinweg mit ihrem Kredit-Instrumentenkasten durch. Jetzt wird das Überwachungs- und Kontrollsystem exekutiert. Anfangs sollten auch kleine Guthaben und gar Rentenansprüche herhalten, ein gnadenloses Lehrstück des Kommissariatseuropa und seines Würgeengels EZB. Angesichts von 70.000.000.000, die auf der Insel liegen! Und der deutsche Löwenanteil ist wie immer gesetzt, obwohl das deutsche Durchschnitts-Haushaltsvermögen mit 51.000 weit unter dem Frankreichs mit 114.000, Italiens mit 164.000 oder Spaniens 178.000 liegt, genauer auf dem vorletzten Platz, Zypern dazwischen. Das Umverteilen vom Steuervermeider zum Steuerzahler beherrscht der Finanzminister. Das betrifft die Miesen, beim Subventionieren ist es natürlich umgekehrt, ihr ZDF-Hasen.

Der Zypernchef möchte, auf die Entwicklung des Landesteils angesprochen, ein Kasino eröffnen – vielleicht im Gebäude der Laiki-Bank. Dort ist ja Leerstand und Raum zum Ausbau der Kernkompetenz des lokalen Finanzdistrikts.

Zypern ist die Blaupause zwanzigjähriger Auf- und Abwicklung der Euro-Fiskaldiktatur. Eine unscheinbare Fluglinie weist den Weg, auf dem auflaufendes und gewaschenes Geld in abgelegene Offshore-Anlagen transportiert wurde. – Unter dem Regime des SLOBODAN MILOŠEVIĆ wurde eine Flugverbindung Belgrad-Tel Aviv eingerichtet, preiswert und ohne erkennbaren Bedarf. Die nutzte JULIJE KEMENY, Überlebender des Nazi-Regimes, von Frankfurt aus. In Belgrad stieg er um in vollbesetzte Maschinen der JAT, verwundert über solch großes Interesse vieler Serben an Israel. Die Aufklärung brachte der Zwischenstopp kurz vor Tel Aviv, in Larnaka. Dort stiegen so 99% der Passagiere aus, zumeist mit am Arm kettengesicherten Aktenkoffern. Dieses „schwarz-blutrote" Geld aus dem Geschäftsmodell Serbien brachte die Laiki-Bank in der Umassal Av. 85 zu siebenstöckiger Größe, vorbei an jeglichem Risiko-Management in der dritten Etage. Dem Ruf des Institutes folgte dann das befleckte Geld aus russischen Quellen, so jene 49 Milliarden Dollar allein in 2012 aus „illegalen und fingierten Geschäften". Nach siebzehn Jahren folgt die Abwicklung im Kommissariatsmodus. „Kapitalverkehrskontrolle" ist sein Name, den auch das Finanzministerium hier kennt, verbindlich gemacht mit allen Banken, Versicherungen und anderen Kapitalsammelstellen. Zypern ist Probelauf dieser Blaupause unter dem *dictum* „Aufrechterhaltung von öffentlicher Sicherheit und Ordnung" mit den Elementen:

Verschluß des Bargeldsystems,
begrenzte Bargeldabhebung pro Zeiteinheit,

Regulierung der Kontobefugnisse (Auflistung, Transfers, Umwandlung in Termineinlagen usw.),
möglicher Totalverlust von Geldern oberhalb von 100.000 €, soweit nicht außer Landes gebracht.

WOLFGANG SCHÄUBLE, von Person bekannt, machte anfangs eine solche Einschränkung nicht. JEROEN DIJSSELBLOEM kann sich das aber so vorstellen, gegen Steuergeld – ESM-Faszination, schneller ist da MARIO DRAGHI mit der ELA-*Faximilé*-Aufstockung um weitere drei Milliarden, gesamt 12. Wer sonst noch bedacht wird, ist unbekannt, das Reglement soll auf wachsenden Druck hin publiziert werden. Das Büro MICHEL BARNIER schneidert an der „Harmonisierung der Bankenabwicklung", mein Hirn fertilisiert. Er will mit einem europäischen „Mechanismus" in Vorlage gehen. Meine Rückhand klemmt, die Schlaghand steckt im Harmoniehandschuh, wer profitiert? Auch ich bin schließlich eine Kundeneinlage! Handkante fährt hingegen JEAN ASSELBORN, Außenamtschef des Schwarzen Lochs Luxemburg. Er hat die Hände frei in der Stalinallee Kirchberg (guckt Euch das an, wie Frankfurter Allee in Berlin) und weist auf Deutschland als EU-Diktator. Was genau er verteidigt, läßt er offen, den Standort Luxemburg im Zweifel ins Angebot stellend. Der ist gestopft voll mit Banken der Welt, Bilanzsumme das 21-fache der jährlichen Wirtschaftsleistung, der dreifache Faktor Zyperns. Herrn ASSELBORNS Empfindlichkeit ist verständlich, er verteidigt 227 Milliarden paradiesische Kundeneinlagen, dazu 9000 Investmentfonds mit reichlich 1000 Milliarden weiterer Kundengelder.

Siebzehn Monate später zitiert die NYT aus den geheimen Zypern-Protokollen. Der Widerstand von JENS WEIDMANN und weniger Länder wurde überstimmt. Laiki war insolvent, vulgo pleite, jegliche Stütze in diesem Stadium rechts-, vertrags- und insolvenzwidrig. – Unter Aufsicht der EZB erhielt der Laden gleichwohl bereits 9.000.000.000 ELA's, zugesagt wurden weitere 10. Laiki wurde flüssig gemacht, damit „informierte Kreise" ca. 10.000.000.000 außer Landes schaffen konnten. Die Uninformierten ließen sechs Milliarden im Schwarzen Loch. Für den

Rest haftet der Zwangsumtausch Europa. – Russen, der serbischen Mafia und US-Investoren wurde geholfen – was soll die ganze Schreiberei mit den immer gleichen Fragen seit zwei Jahren! Das ermüdet!

Ach ja, <u>Serbien</u>, dort gehen die Spiele weiter. Erst im Dezember 2014 stellt sich Chefe ALEKSANDAR VUČIĆ vors Mikro, läßt die Oligarchis BOGIĆEVIĆ, der fast schon im Flugzeug sitzt!, und PERČEVIĆ von ihren Schuldenbergen runter und in U-Haft ziehen. MILAN BEKO hats vor seinem Haus fast erwischt, die meisten Verbrechen sind jedoch rechtlich gut abgesichert, heißt es. Die Untersuchungshaft zugegeben unbequem, doch übersteht sie jeder, heißt es weiter. Geld im Umlauf ist meistens Schweigegeld.

Und <u>Zypern</u> strahlt als Blaupause im hellen Licht der Ereignisse: ein Projekt des korrupten Verbundes von Politik und Finanzkapital ist diese Geldeinheit Euro, gemanagt von Goldfinger. Das Interesse der Staatsschulden türmenden Politik an Banken jeglicher Qualität mit billigem Geld mache sie erpressbar und setze erst das Haftungsprinzip außer Kraft. MARTIN HELLWIG findet beißenden Spott für Vollrausch-Politiker, welche die zyprische Banken-Bilanzsumme von 10 Milliarden für „systemrelevant" erklären. – Es ist Lug & Trug. – Und das „Fast-Allparteien-Kartell" setzt sich über die ESM-Voraussetzung mit Bravour hinweg, „deren Einhaltung sie den Bürgern schlitzohrig versprochen hatte", so Joachim Jahn. Nur die Linkspartei machte das nicht mit.

GÖTZ GEORGE (74) im 48. Tatort.

27.3.   „Na Edeltraud, alte Schnecke", Marion begrüßt unsere liebe Putzfrau. „Gut habt ihr gesungen", antwortet die fröhlich.

28.3.   Coaching in der SPK, auf dem schmalen Grat zwischen Komfortzone und Anstrengung – beim Kunden. – Mittags machen wir uns auf nach Wolfenbüttel, schieben im Schritttempo über drei Autobahnen und erreichen Schwester und Schwager. Dort macht sich Marion über das Guppi-Aquarium her, die Masse reizt zum Experiment. Nach einem langen Abend beim Bahnhofs-Chinesen kommt es zum Versuch in einem Glas Sprudel und Bier – mit schnellem Ergebnis: tot. Der Guppi ist eben nichts gewöhnt. Schweren Schritts die Treppe hoch.

29.3. Um 9 Uhr liegen 20 Zentimeter Neuschnee. Wir stapfen durch die Stadt, die Pittoreskes und Bewahrendes hat zwischen Marions Schloß-Gymnasium und dem Fachwerk-Distrikt.

30.3. Über die Hälfte der Anzeigen beklagt Gestorbene in meinem Alter. Das Ende des Lebens kennt kein Mindestalter, so verstehe ich das. Ich hänge dran.

Die New Yorker Gesundheitsbehörde reguliert die Größe der Getränkebecher. Ein-Liter-Größen werden verboten, wohl weil kleine Kinder sie nicht halten können. Von Deutschland lernen?, geht mir durch den Kopf. Nichts ist sicher vor der Fürsorge. Und lang ist die Liste der Regulierungen, der geplanten, diese Philippika guter Absichten.

Das Osterfeuer brannte gut, trotz einiger Absagen wegen Kälte. Die Pastorin verbrachte Stunden im Regionalzug, der vor dem Garten stand. Ein 28-Jähriger hatte sich davorgeworfen, ein Kind von sieben Monaten im Arm.

Bad Banks sind im Gründungsfieber, grade ist Zypern dran mit dem Abfall der Laiki Bank. Bereits installiert ist jene für die faulen 100 Milliarden der Deutschen Bank. Die ,FHS Wert(sic!)-Management(!)' der Hypo-Real-Estate, staatliche Anfütterung mit 102 Milliarden, konnte bisher 25 ihrer 176 Milliarden Faule abstoßen. Was solls, hinter der ,Soffin' steht ja ein ganzes Volk.

Zypern: also, Herman van Rompuy, der Belgier, lädt sich ein als Vermittler, er hat schließlich einen Haufen Vorsitze, gewieft soll er auch sein. Drauf Angela: gut, und bleibt in Berlin. NIKOS ANASTASIADIS hat nur noch Schiß. Schon Plan A ging in die Hose. Ganz Europa soll jetzt Gipfel machen. Die sind doch nicht blöd! Also läßt sich Nikos nach Brüssel einladen. Da trifft er sie auch alle, nur JEROEN DIJSSELBLOEM und WOLFGANG SCH. will er nicht mehr sehen. MARIO D. wäre ja sein Fall, aber CHRISTINE L. ist auch da und schon sauer, wegen der vielen IWF-Kohle im Feuer.

A propos IWF: vertrauliche Dokumente erblicken das Licht der Welt über das ‚Wallstreet Journal‘ und zeigen, daß die Unmöglichkeit einer ‚Rettung‘ bereits 2009 deutlich war und Geld nur europäischen Banken das Überleben sichern würde, so RENÉ WEBER und NOGUEIRA BATISTA. Für einstimmigen Beschluß sorgte das Euro-Schutzbündnis und der USA-Gläubigerschutz. Seitdem wird geschwurbelt.

Zurück ins windige Land: MR. GEITHNER ist sicher auch online, der fliegt einfach ein, wenns heiß wird, wie neulich bei WOLFGANG SCHÄUBLE auf Sylt, so auf'n Sonntag reingeschneit! Und hat sich erkundigt. Nikos wird zur heißen Kartoffel in Brüssel. JOSÉ BARROSO versuchts, läßt ab, OLLI REHN, geht gar nicht, dann KLAUS REGLING, seine Diagnose: der Grieche sei ein „psychologisches Problem", man arbeite mit „pädagogischen Einlagen" (wie für Schuhe). Er werde irgendwann wissen, was er will, das sollen aber andere machen, verstanden? Ich auch nicht. Also „irgendwann" und „gebt uns Zeit … und Geld!", soll er geäußert haben. – Es kam HERMAN mit der Bad Bank, die müßte in Hellas eigentlich das Standard-Modell sein. – Zu Hause schlägt NIKOS die Gründung eines Kasinos vor; Mann von Humor. Dann kann die Laiki Bank ja weiter machen, Leuchtschrift auswechseln und ab gehts. – Nach 160 Flaschen Blauer Burgunder war es soweit: das Target-System der EZB konnte öffnen. Letzte Warnung: Nikos, mach kein' Scheiß, dir glaubt eh keiner mehr – uns ja auch nicht.

Nur auf Goldfinger ist Verlaß. Der guckte zu, als die zyprische Notenbank den Pleitebanken Notgeld gab. Die zahlten damit Einlagen aus und die Kunden waren weg. Das war der flotte Haftungsübergang aufs befreundete Ausland im Norden – perfekt. Privat wärs kriminelle Konkursverschleppung. Aber das politische Freiwild jagt, wies gefällt.

Die Moneyval-Experten stellen später fest, das System der Geldwäsche und verdächtigen Transaktionen sei von allem unberührt
geblieben. Fröhlich! – Und noch ANGELA M., die isjanochda!,
die EU dürfe keinesfalls Prinzipien aufgeben. Wie jetzt, die werden doch beständig durchgetauscht, welche meint sie bloß grade.

Ostersonntag war noch hart, Montag dann Frühling, wir
räumen raus und liegen in der Sonne. Abends packe ich und
fahre ins Hotel.

2.4.   Das kleine Meer in Zwischenahn früh bedeckt von einer Eis-
schicht, bei 7 Grad zieht um 10 Uhr der Wind die Schaum-
kronen gegen das Haus.

Der Pferdefleisch-Skandal ähnelt als Grafik den Geschäftsbezie-
hungen der Laiki-Bank, obacht:

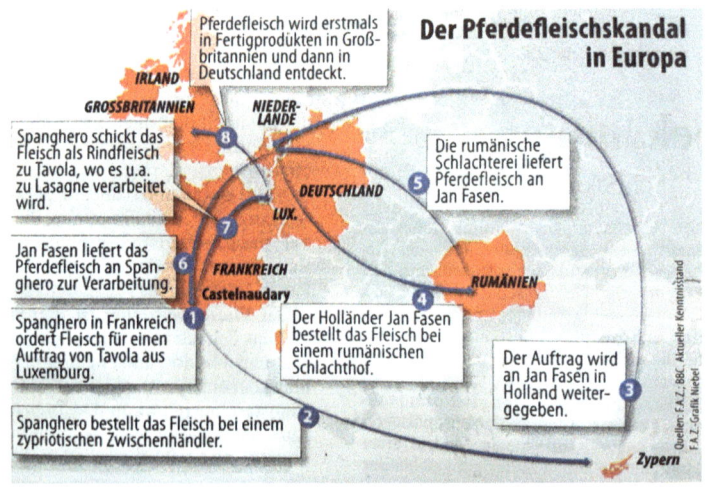

Wohl bekomm's.

Die Spieltheorie decouvriert die Zypernkrise als *chickengame*:
das Eurosystem funktioniere wesentlich durch Drohungen und
das Gleichgewicht des Schreckens, also wie ‚Kalter Krieg‘. – Dazu
der Ressourcen-Ökonom: die ‚Kohortenfertilität‘ steigt!

Ich stürze mich auf das Magazin der Zeitung: lange Weste in Puderrosa, mit Perlen bestickt und Blumenmuster, umgearbeitet aus einem in L.A. erstandenen Ballkleid der 50er Jahre. Burgunderfarbene Seidensamthose, mit Perlen bestickte Gesichtsmaske. Weiter: die linke Hand faßt die Armlehne des Chippendale-Stuhls. Der rechte Unterarm liegt auf dem Oberschenkel, die rechte Hand, halb offen, lehnt auf der linken, beide enden in roten Fingernägeln, sehr roten. Alles vor einem Paravant in den Farben der Hose, mit Mustern bespannt. – Das bindet, wie der Blick DE CHIRICOS, die Situation ist ohne Ausweg.

Langes schwarzes Paillettenkleid mit weißem Blumenmuster, akzentuierten ‚frame shoulders‘ und Federhaarschmuck. – Das ist lösbar, bis der Blick die schwarzroten Lippen erreicht und darauf liegen bleibt. – Was geschieht? Nichts. Mir geschieht es. Vor mir habe ich eine Installation des reinen Eros. Der bietet sich an, für eine Führung durch das verkleidet Körperliche der Frau, belegt mit feinster Staffage, läßt mich zurück, ihre inszenierte Abwesenheit, provozierend unprätentiös. – Geht wieder.

4.4.   Dritter Tag des Workshops. – Nachmittags Interviews in der Zentrale. – Ich ziehe mit der Sackkarre durchs Haus, lade neu im Personalbereich und fahre zurück aufs Land. – Marion erzählt vom Krieg in der Klasse.

5.4.   110 km Bremenfahrt für drei Gespräche, eine warmherzige Karte aus Amrum. Manchmal ist das Mutter+Sohn-Bedürfnis einfach da, 67+91.

Keineswegs, lautet DRAGHIS Antwort auf die Frage, ob der EZB die Instrumente ausgegangen seien. Das ist mit Blick auf die kreative Vergangenheit glaubhaft. Es sei enorm viel politisches Kapital in den Euro investiert worden, gibt er weiter zum Besten. Das macht die Sache ja so aussichtslos, aber er suggeriert Rendite. Andererseits: wer möchte schon hören, sein politisches Kapital sei versenkt worden!

Das Ganze umweht ohnehin der Hauch von Zauberei: die jüngste Facialis-Montur für den Euro-Fremdwährungsbestand, wenn Sie bitte folgen wollen, der akut zehn Länder ist bereits in Arbeit.

Bei Samoa Air kostet der Transport je Kilo Lebendgewicht einschließlich Kleidung, also brutto, 0,92 $. Ich finde, das geht.

NORBERT RÖTTGEN im Öko-Schwurbel erwischt! Der Mann wird unberechenbar, im Verein mit einem Tierrechts-(echt!) Kollegen, der sein Metier auf Frauenbenachteiligung prolongiert. Dazu plädiert er für ökologische Gehälter, steckt bestimmt mit NOBBI BLÜM unter einer Decke.

Beim kommissarischen Durchwinken ging aber was verloren. Auf Nachfrage hieß es: Übersetzungsfehler. – Davon ist Europa voll. Die baldige Korrektur zieht sich seltsam hin. – Zurück zur Facialis-Lähmung: die „Balance of Payments Facility" gehört zu den faustischen Grundlagen des Währungsregimes, denen ständig Neues entsteigt. Fehlendes Paragraphengestöber, womit die fragenden Geister unterhalten werden, wird via Selbstermächtigung zum ad hoc-Schöpfungsakt geläutert, eine in vitro globulix auf Basis von § 352 AEUV, ist das klar! – Das Schwarze Loch kann auf Kopfgeburten verzichten, sein Ernährungsmodus ist autark, es nährt sich – Sie mögen das widerlich finden – von sich selbst. Nach vollständiger Verdauung geht's ans Verwesen, das wird der Duft Europas.

20.15: Smolensk, September 1941, ‚Unsere Mütter, unsere Väter' – die Vorsicht fällt, die Rücksichten machen Platz. „Wenn wir den Krieg verlieren, dann rettet uns nicht mal ein Gott", „dann sollten wir ihn nicht verlieren!" … Kommissar, Mädchen, Jüdin – Exekution. – Nichts mehr zu schreiben. – Oktober 1941, das Wetter, durch verminte Sümpfe, „als wollte sich Gott von uns abwenden" – als gewinne das Trauma Kontur – die Stiefel sitzen am Toten fest, keine Chance – der Offizier nimmt die Jüdin von hinten, er hat dem Freund einen Paß besorgt, ihr Gesicht schlägt rhythmisch auf die Tischplatte – das ist die Fallhöhe des Tages – Juden jagen, der schwere Daimler bremst hart, einer springt raus, reißt ihn in den Fond, der schwere Wagen fährt weiter – sie bekommt Studioaufnahmen – ihr Gesang liegt über dem russischen Winter – der beherbergt das russische Schlachtfeld – und sie begegnet ihm zweimal – geben Sie mir einen Kuß, Schwester, ich habe heute Geburtstag, 21 – ich bin von der 707., der Gespensterdivision … wir lassen die Juden verschwinden – wir werden es wiedersehen, immer wieder, je mehr es aus der Zeit ist. Und es wird immer weniger zu fassen sein, nicht zu begreifen, dieser Teil von uns – „Dein Soldat mit Kopfverletzung … ja? … ist gestorben." – „Herr Leutnant, als wir die Bauern erschossen haben, wegen des Brunnens, glauben Sie, das waren alles Partisanen?" – „Ich wollte mich zum Wintersemester einschreiben, in Freiburg, Philosophie und Geschichte bei Professor Heidegger, glauben Sie, das klappt?"

Ich habe die Memoiren von Shukov gelesen, oder war es Konjev?, beide marschierten auf Berlin. Ich finde die Bände nicht mehr, sie gingen wohl ins Antiquariat, weil ich dachte, es sei vorbei. Jetzt müßte ich mich wieder vergewissern, der Wege der Roten Armee.

Weiter: „du hast dich verändert" – „ich habe eine Frau getötet, sie hat mir geholfen und ich habe sie verraten" – wo bleibt die verdammte Verstärkung – der Führer hat zwei Divisionen abgezogen und nach Westen verlegt – die Amerikaner sind in Sizilien gelandet – Sie haben weiterhin den Auftrag, die Telegraphenstation in 300 Meter Entfernung zu nehmen und zu halten – zwei erreichen das, im Wahnsinn – „Dafür?" – „Keiner bleibt, was er ist" – Helene verschwindet im Schutt der Stadt – er, Deutscher, kam jede Nacht zu mir, ich, schwanger – es ist wahr, das ist es, wie der Krieg weitergeht, ich bleibe ein Teil des späten Krieges – und wer drin war, bleibt ein Zombie, ein Doppelmensch – Bitte, er hat alles, was ein Mensch ist, nur zusätzlich diese Auslöschung – „sie haben sie eine Nacht festgehalten, Pflichtvergessenheit, eine 68-jährige Frau, verstehst du" – so enden die fünf, von fünf Millionen, der sinnlosen Zahl, die alles überbrückt –

„den zuerst … nein … ich kann ihn …" – zwei Worte, dann fällt sie zurück in die Leere des Blicks, sie sieht das Bild aus Berlin, auf dem sie lachte – Greta sagt „ich habe eine Überraschung, meine Herren, der Endsieg wird wohl ausfallen" – und verläßt das Lokal „Zum Alten Fritz" mit den feinen Koffern. Auch sie hat das sichere Gefühl, daß die Zeit zum Ende kommt – die Hitler-Jugend geht noch in Triumpf und Phrase – der Sohn geht wieder, die Mutter schreit – das letzte Jahr hat angefangen, noch 50% der Toten dieses Krieges leben, das Jahr kurzer Prozesse – es gibt keine Unterkunft.

Du kannst mich nicht verhaften, dann verhaftest du auch dein Kind. Der Offizier wendet sich ab, dann fährt er herum und tötet das Kind mit einem gewaltigen Faustschlag in die Magengrube – Juden ertränken wir wie Katzen, sagt der Partisan – Kommando beim Bewährungsbataillon: „los, abfackeln!" – er geht mit dem Benzinkanister, öffnet die Tür, da sitzen zwei am Tisch – und bieten einen Platz an – woher wußten Sie, daß wir in einen Hinterhalt fahren – wenn sie gewinnen, was machen sie dann mit uns? – dann findet die Erhängung der Partisanen statt – komm mal her, sagt der Kommandierende, die Kamera in der Hand, auf mein Zeichen – gibt ihm das Ende des Seils – und jetzt – die Körper hängen.

Wo Tod die Erwartung ist, ist das Leben nicht auszuhalten – sie trifft ihn, der „tot sein soll" – der Chef des B.-Bat. schreit (MARTIN SEMMELROGGE) – die russische Propaganda schallt durch die Sümpfe – Stalin garantiere drei Mahlzeiten am Tag – die Frau verabschiedet sich, sie geht auf den nächsten Transport – was machen wir jetzt mit den Juden – nachts sagt er: steh auf!, bleib stehen, ich habe es gleich geahnt – geh! – ich wünsche dir Glück, wirf die Pistole ins Gras – Greta fragt den Offizier, der sie fickt „steht es so schlecht um deinen Führer, daß du jetzt einen Juden brauchst?" – sie unterschreibt nicht – Vorsicht Friedhelm, auf 3 – ja – 1,2, der Kommandierende fällt – der Führer spricht zur Evakuierung, es gebe kein Erbarmen mehr – die Russen kommen, es gibt kein Verzeihen – die Straße der Gewalt findet den gleichen Weg zurück – fast erotisch stürzt sich der BB-Kommandeur auf ihn: was soll ich jetzt mit dir machen, er trifft ihn in den Rücken – hast du sie gezählt, die du getötet hast – der Kommandierende verbrennt seine Uniform – das Erschießungskommando arbeitet noch nach 12 – Was machen Sie in meiner Wohnung, ruft die eingewiesene Mieterin aus der Berliner Kulisse – das Bild der Geliebten, Greta, trägt Staub, vierjährig. Er nimmt es aus dem Rahmen und schreibt drauf: Gesucht – der Kommandierende vermittelt jetzt Arbeit – „auch ich habe meine Familie verloren", weiß er zu erklären. 0.45.

CLAUDIA Freifrau VON TROTT ZU SOLZ starb (95).

8.4.   Um 9.00 beginnt der zehnte Workshop. Wir halten den Standard. – Marion bittet um Rückruf. Sie besteht darauf, daß wir reich sind und sie ein Auto kaufen kann. Anderenfalls droht sie, den Mann vom Bankhaus anzurufen, wo das ganze Geld sei. Wir machen einen Termin, ich liebe dich – ich liebe dich auch.

Ich wünschte, ich hätte …
- den Mut gehabt, mir selbst treu zu bleiben, statt so zu leben, wie andere es von mir erwarteten,
- ich hätte nicht so viel gearbeitet,
- den Mut gehabt, meinen Gefühlen Ausdruck zu verleihen,
- den Kontakt zu meinen Freunden gehalten,
- mir mehr Freude gegönnt.

Das sind die häufigsten Antworten von Sterbenden, die BRONNIE WARE auf einer großen Reise durch Australien notiert hat.

MARGARET THATCHER starb (87). „The Lady is not for turning", versicherte sie. Von solchem Charakter ist dieses Land derzeit frei.

9.4. Workshop: wir rocken den Tag. Erst werden schlechte Erfahrungen getürmt, große Schuldspektakel, dann kommen sie zu sich über Aktionen und liefern ein, wir sind zufrieden. – Drei Sekunden blickte ich sie an. Und sie hielt stand.

10.4. Guter Abschluß und zurück zum Brill. Der Vorstellung des Konzeptes L.earn-2 kommt Reinhard mit der Vision von L.earn-3 zuvor. – Wir machen gute Arbeit, heißt es. – Zu Hause sagt Marion: „ist gut, Schatz".

11.4. Um 12 Uhr treffe ich in der DB-Lounge am Bahnhof einen Manager des Unternehmens. Ich befinde mich in einer ‚Gesamtpassivität', erklärt der seinen Coaching-Bedarf. Ich nehme die Erweiterung meines Wortschatzes zur Kenntnis. Er will sich melden. – Zum Coaching in die Sparkasse. – Abends bringe ich die verkauften Masken-Formate nach Achim.

12.4. Um 9 Uhr in die Filiale für sechs Nachgespräche. Die Blicke durch Tränen zeigen, wie nahe alles beieinander liegt. – Um 14 Uhr erschöpft auf die Autobahn nach Visselhövede zu einem Teamtraining. Es greift. Abends tobt der Bär in Wodka. Sonnabend bis mittags wie ‚am Schnürchen'. Heidschnucke und zurück.

Abends besuchen wir MayBeBop, das ist unterhaltsam. – Aber ein Text aus der Zeitung sichert meine Melancholie. Vom einsamsten Gasthaus Wiens wird da berichtet und von dem Satz des Physikers, das Universum laufe uns davon. So, als bliebe mir nur meine untröstliche Led-Taschenlampe, wenn es unendlich dunkel und langweilig werden wird. Wenngleich da noch einige Zehnmilliarden Jahre bleiben gegen meine kümmerlichen, so befördert solche Nachricht doch meinen Wunsch nach Trost. Ich hätte es überlesen sollen, einfach darüber hinwegsehen, statt auf solch wissenschaftlich drapierte Art auf meine kleine Endlichkeit hingewiesen zu werden. Der Kram des Tages bietet Orientierung.

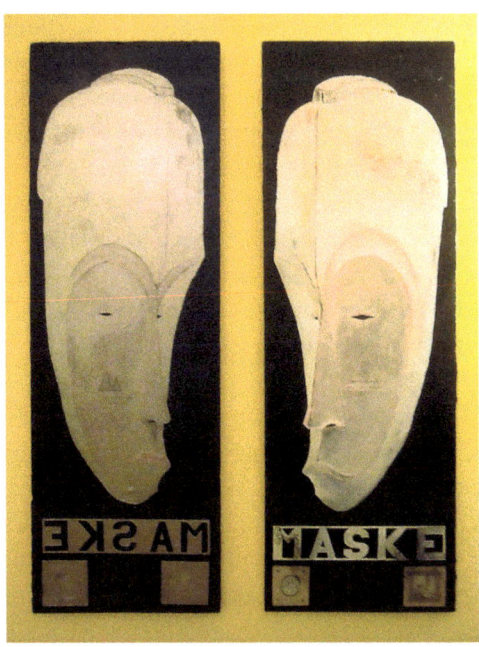

Maske der Fang, Acryl auf Holz – je 30 x 87 cm, 2007

Nazi: in einer der vielen ‚Nacht und Nebel'-Aktionen jener Zeit besetzten einige Herren des SS-Ahnenerbe den Grabhügel Hohmichele, unweit Sigmaringens. Darauf hissten sie ihre SS-Fahne. So verloren HEINRICH HIMMLERS Ahnen-Wettbewerber ALFRED ROSENBERG und seine Spaten-Wissenschaftler eine Grabungsfläche an die Schnelleren. Erst die kriegerisch besetzten Gebiete boten Gelegenheiten für Ausgleich. Jetzt wurden etwa Museumsbestände im Beritt HIMMLERS „systematisch geplündert". Zurück in den heimatlichen Ruinen, beteuerte man sodann, allseits nur im Widerstand gehandelt zu haben. Solche Groteske versammelt das Focke-Museum, eingeleitet durch den glühenden Anhänger LUDWIG ROSELIUS.

WILLIAM T. VOLKMANN erzählt Europas 20. Jahrhundert auf 1000 Seiten. – Ich fühle Grenzen, sollte wegfahren. Vielleicht nach Paris zum ‚Salon du Dessin'. Wenn das Netzwerk reißt …

Im Raum für Haushaltstechnik beim Auktionshaus Neumeister in München fanden sich 24 Kataloge, datiert zwischen 1936 und 1945, darin verzeichnet alle Auktionen mit Sendern und Empfängern – also ein Tagebuch der Raubkunst. Die Liquidation der jüdischen Kunsthandlungen hatte dem vormaligen Eigentümer zum Monopol im Nazi-Geschäftsmodell verholfen. Seinem Ansehen und der Rehabilitation stand das nicht im Weg. Das war üblich. – Leben rückwärts heißt Nebel, die Haltung fördert gleichwohl Erkenntnis. Es könnte sein, daß ich verrückt werde. Tröstlich wäre es, wenn ich es schon bin.

15.4. „*Companionship in Crime*" nennt DIETER SPETHMANN das Euro-System, dessen politische Kaste Schuldnern und finanzierenden Gläubigern verpflichtet ist. Den Märchen-Ansagen von Lissabon 1998 – „2010 der leistungsfähigste Wirtschaftsraum der Welt" – folgte die umfassendste Währungsmanipulation, die zusammen mit nationalen Wahnprogrammen nach Art der Energiewende auf Kollaps gerichtet ist.

16.4. Zur Grundlegung der Costa Concordia meint der Anwalt des Käpptn SCHETTINO, das war ein Arbeitsunfall. Sein Mandant habe das Schiff „geschickt vor dem Sinken bewahrt", wohl durch seinen frühzeitigen Abgang.

EU-Steuerkommissar ALGIRDAS SEMETA zeigt sich überrascht vom Wirbel um die Steueroasen.

Anhänger und Angestellte des Kim-Il-Sungismus wie des Kim-Jong-ilismus tanzen zum einjährigen Jahrestag des Amtsantritts des Familienchefs vor einem Wandgemälde sowie – sortiert – auch in den Straßen von Pjöngjang.

Die AfD hat sich zuvörderst gegen das Euro-System konstituiert. Der Regierungssprecher darauf: das gefährde Arbeitsplätze und soziale Sicherheit, ein CDU-Sprecher will Nostalgie ausmachen, CLAUDIA ROTH faßt das Ereignis als Nationalstaatsnostalgie zusammen. Ein Mann der FDP sieht gar Schaden für die Ersparnisse und das Vermögen der Deutschen voraus – wohlgemerkt, als Folge solcher Parteigründung. – All jene Einwände sind zutreffend, aber längst durch das auf den Weg gebracht, wogegen diese Partei aufstehen will. Im Schwurbel gehen einfachste Kausalitäten verloren, die Parteien in fast bemitleidenswertem Zustand. Etwas härter formuliert: das Berliner Quintett möchte das Geschäftsmodell jener eurosklerotischen Apparate nicht gefährdet sehen, wo Tausende Sitzgelegenheiten die Teilhabe am Staat-als-Beute-System gewährleisten. Über die Gefährdung von Vermögen und Sparbüchern wird zu reden sein.

Das Wildern in den Stammgebieten anderer Parteien ist eine Spezialität der Kanzlerin, der CDU-Beschluß allerdings die Krönung solchen Silberfisch-Formates. ANGELA MERKEL schlägt auch Frühverrentung gegen Jugendarbeitslosigkeit vor. Das müßte dann aber harsche Zwangsbewirtschaftung des Volkes werden. Diesen Zweck hat das kostspielige System bereits einmal verfehlt, damals hieß das ‚Altersteilzeit‘, als die Erfahrensten den Arbeitsplatz verließen. Aber auf ein paar drastische Vorschriften mehr oder weniger solls nicht ankommen.

„Der Mann ohne Gedächtnis“ ist ein ganz seltsamer Film aus Finnland. Einfach und gut. – Die Kapitel in „Agent 6“ sind so kurz, daß ich eines pro Abend schaffe. Das Abenteuerliche hält fest.

18.4. Der Berliner Hauptbahnhof ist marode, sieben Jahre nach Inbetriebnahme wird oben DDR-Geschwindigkeit gefahren. Miese Schrauben, wie die Autobahn in Kalabrien. – Aber es wird repariert, Flughafen steht grade still, kostet 20 Millionen, monatlich. Oder sind wir eben doch das Fauna-Flora-Habitat-Gebiet und das Frauen-Quoten-Schutzgebiet? Und geben im Wege der asymmetrischen Demobilisierung den technologischen Löffel ab. Leute für solche Mehrheiten gibt's im politischen Betrieb ja genug.

19.4. Vor siebzig Jahren begann der Aufstand im Warschauer Ghetto. Grade ist der 80. Jahrestag der Hitler-Inthronisation durch. Immerhin erreichen die Abstände langsam ein Menschenalter, diese Mathematik der Erinnerung.

Die Transporte schleichen, wegen Blockabstand, im Minutentakt am Garten vorbei. Der Finanzminister jubiliert, Griechenlands Exporte nähmen zu. Was hat der Mann gezählt? Ich sollte ihn an unseren Gartenzaun einladen.

11 Uhr Coaching, 12.30 Personalschock, 14 Uhr Autobahn, 15.30 Teamtraining, starker Widerstand, die Leute glauben nicht – sollen sie ja auch nicht.

Die Kommission hielt den Vermögensvergleich Europa unter Verschluß. ANGELA MERKEL störte das Ergebnis auch, die Renten seien nicht berücksichtigt. Ihre Einbeziehung bestärkte das Ergebnis jedoch. Wie schon gesagt, ihr Schweigen ist Gold.

Sonderwirtschaftszone nennt das Handelsblatt das korrupte Selbstermächtigungssystem von Staat, Banken und Notenbanken und benennt damit die mächtigsten Feinde der Marktwirtschaft. Die Akzeptanz wird über ein ritualisiertes Überangebot von Sozialem, Quotenschwurbel, Ökologischem und Subventionszirkus eingeholt. Alles getragen von der Gewißheit, daß das organisierte Gemisch von Verschränkungen, Zuständigkeiten, Abwegigkeiten und Unerreichbarkeiten ohnehin nicht einsehbar ist. Eine Ansammlung von System-Ruinen fügt sich zu einem Ruinen-System.

23.4.   Bayern schießt sich 4 zu 0 gegen Barcelona ins Endspiel in London. JUPP HEYNCKES' Befinden bleibt gemischt. Er gab bei seiner Verhaftung im März den Pass ab. Wermutstropfen in deutscher Freude. Denn die Überprüfung seiner Steuererklärungen des letzten Jahrzehnts erfolgt im hellen Rampenlicht des moralischen Rigorismus. Vielleicht ist vom Neid befeuerte Schadenfreude doch das hier Näherliegende. Auf solch doppeltem Boden wird die hohe Steuerlast versüßt, der Kern des Themas lauthals umgangen. – Und: warum muß der Vereinswechsel von GOETZE einen Tag vor dem Halbfinalspiel Dortmund gegen Madrid durchs Öffentliche gezogen werden. So!

24.4. DIETER PFAFF (65) starb, bereits im März.

VIVI BACH ging, 73.

RICHIE HAVENS (72) auch, der erste Mann von Woodstock, 1969, wo er die ersten drei Stunden belegte – aufgewachsen zwischen streetgangs und Gospelchören, auf der Bühne in ‚Tommy‘, der The Who-Oper, 1972, war er ein Vertreter von „Staatstreue und Störrischkeit als amerikanischen Primärtugenden“, so DIETER BARTETZKO.

Richie Havens

AfD-Gründer BERND LUCKE plädiert für Abrüstung des Euro vor einem Kollaps und für Parallelwährungen im Süden, die schrittweise abwerten – das sei das Gegenteil von ‚Europa-Feindschaft‘, denn, wird RALF DAHRENDORF aus 1995 zitiert: „Die Währungsunion ist ein großer Irrtum, ein abenteuerliches waghalsiges und verfehltes Ziel, das Europa nicht eint, sondern spaltet.“

25.4. Wir starten den Workshop L.earn-2, Schock, Streß und Finden des Bodens gelingt.

25.4. Nach fünf *(Anm.: in Worten 5!)* Workshop-Tagen packen wir ein. – Zu Hause begießen wir uns mit zweimal Champagner, nachdem Sohn und Freundin den Antrittsbesuch abgesagt haben. Nix anzuziehen, mutmaßt Marion.

27.4. Im zunehmenden Streit wird es einsam um die Führerin Europas und die nationalen Eigenheiten gewinnen Kontur, häßliche bisweilen. – Auch Bundesbank und EZB geraten aneinander, weil bereits der Rohbau in Frankfurt mit Papieren abnehmender Bonität gefüllt wird. Der Prozeß von Geld- zur Papiergeldwirtschaft verflüchtigt sich zur Papierwirtschaft. Danach müßte die Papierballenwirtschaft kommen. Millionen von Luftbuchungen erfüllen den Raum. Die ohnehin knapp kapitalisierten Banken „investieren" ihr Flüssiges in Staatsanleihen, finanziert von der Frankfurter Bauruine, eine Billion in drei Monaten. Es läuft, wenn auch gegenläufig, das Kollapsrisiko treibt den Zins, das Schrottpapier ist das attraktivste, bezahlt von der Tante EZB. Wird's knapp, wird geflutet, damit die Blase hält. Bevor alles zum Hals rauskommt, wird rückwirkend Haftung verteilt, diese 9 Bio's. Stellt euch vor, die Ruine fällt in sich zusammen. Ich weiß, das ist nicht witzig. Ganz Frankfurt läge unter dem Abraum von ELA, OMT, ZDF und ABC, wie neulich NY. Und *in ganz Hesse' däds schdinke!*

Sechzig Prozent der Wirtschaftsleistung Zyperns laufen über EZB-Finanzierung. JOACHIM STARBATTY zitiert den ‚geistigen Vater des Euro', ROBERT MUNDELL, der längst die Rückkehr zu nationalen Währungen empfiehlt. Und GEORGE SOROS, der den ‚Störenfried Deutschland' zum Austritt aus dem Euro oder zur Begebung von Euro-Bonds auffordert. – Ja, ‚*Alaaaarm – zu spät – die Hesse' komme!*', Rodgau Monotones.

Vierzig Prozent der ersten Volkskammerversammlung, waren PG's. Und viele Fallbeilrichter jenes Jahrzehnts der Todesurteile waren erneut ebenso linientreu, einschließlich Generalstaatsanwalt.

ANGELA MERKEL und Frau VON DER LEYEN seien „überhaupt die einzigen beiden CDU-Politiker, die aus sich heraus Macht haben. Die Partei dient ihnen als Wirtstier", formuliert die Zeitung. Dann steht ja noch was bevor.

29.4. Nach Hannover zum Coaching.

30.4.   Nach Hamburg zum Coaching.

Also, Flughafen können „WIR" nicht, Bahnhof auch nicht, und auslosen können wir auch nicht. Der Sprecher des OLG München räumte Fehler bei der Auslosung der Medienplätze im Gerichtssaal ein. Die Sache geht jetzt in die dritte Runde. Und bei der ARD-Grundversorgung klemmt der Apparat fürs Los.

1.5.   Abends gepackt und zum Workshop nach Visbek. Auf der Fahrt berichtet ein Militärarzt von seiner Zeit als Kinderarzt in Afghanistan. „Schwarze Tulpen" hießen die Antonows, welche die gefallenen Soldaten zurück holten zum Begraben. Da es sie gemäß Beschluß des Politbüros nicht geben durfte.

Der FC Bayern trifft in England auf Dortmund, nicht zu bremsen.

Der Workshop startet im Keller und endet auf dem Dach! – Soviel Beschwerdestatus war selten und soviel Mut und Zuversicht noch im Scheitern ebenfalls. Wir sind begeistert, der Mann aus der Personalabteilung auch.

4.5.   Wir fahren zur Waterfront, der Vorplatz könnte in Istanbul nicht voller sein. Marion kleidet mich ein, mit meiner ersten roten Hose, dazu ungewöhnliche Schuhe. – Das Eis schenken wir uns, „son Metzeleis will ich nicht." Denn da liegen Werkzeuge mittleren Kalibers auf dem Tisch, Spachtel, Hammer, Zange.

5.5.   Zum Ruin der Altersvorsorge beim EZB-Zins von ein halb kommt der 49-Prozent-Vorschlag ab 60.000 Einkommen. Dabei gibt ein Entwicklungsingenieur bei Daimler vom Weihnachtsgeld schon heute siebzig Prozent direkt weiter, die Sozialabgaben eingerechnet, vom regulären Salär inklusive der Indirekten ebenfalls weit über fünfzig Prozent. Und die Grünen-Partei macht den Beschaffungsmodus der großen Parteien salonfähig, ganz in der Nähe der Linkspartei. Die Vermögensabgabe wird so reihum gereicht.

Die aktuelle Krönung des Geschäftsmodells ‚Staat als Beute‘ kommt aus <u>Bayern</u>, wo das System ‚Amigo‘ in voller Blüte steht – immerhin Entlastung für den steuerscheuen ULI HOENESS. Diesmal versagt das gemeinnützige System Datenschutz und lautstarke Empörung sowie Abscheu der Opponenten im Landtag legen sich flugs, als prozessierende Namenslisten von Beteiligten publik werden. Darin reihen sich perlenkettengleich Familienbande, ja Stammbäume und Verwandtschaften bis ins dritte Glied oder auch 5. Grades aneinander. Die Nutzung der Ehefrau, der Geschwister, der Kinder, ja der eigenen Mutter und weiterer Verwandter diversen Grades als Hilfskräfte zur Einkommenserweiterung aus Steuermitteln steht hier als *cisalpine* Form korrupter Mentalität zur Anschauung.

Aktivisten sind neben biederen Abgeordneten mal ein sogenannter Kulturstaatssekretär, eine ex-Bundesfamilienministerin, ein geradezu Staatskanzleiminister, der gerade in den Präsidentenstatus der ‚Bayrischen Medienanstalt‘ verrutscht ist, eine dieser flächendeckenden Postenmaschinen, die für Andere *prima facie* ohne jeden Nutzen erscheint. – Der ex-CSU-Fraktions-Chef hat dem Steuerschuldner glatte 5500 plus Umsatzsteuer in Rechnung gestellt für die Entwicklung der Ehefrau zur selbständigen Bürofachkraft, gell. Neidvoll wird’s die Berufskollegin landauf, landab registrieren. – Eine abschließende Übersicht der Teilnehmer aus der Front ‚Verwandte zweiten Grades‘ besteht aktuell nicht. Auch hier greifen die Parteien des Landtags, die FDP ausgenommen – Chapeau! – beherzt zu und es kommen erneut Brüder und Schwestern, Schwager & Consorten zum Einsatz.

Es ist eben vorteilhaft, Herr über Erlaubnis und Verbot, über die ausgefeilte rechtliche Dramaturgie zu sein, die eh kein Sterblicher versteht, noch dazu in eigener Angelegenheit zu regeln. Da wird Bares zur Herzenssache und man kennt kein Halten mehr. Der Faden des Gewebes mag hier feiner gesponnen sein als jenseits der Alpen, seine Qualität zeigt sich in großer Haltbarkeit – und langjähriger Unauffälligkeit. – Ach Schatz, meint meine liebe Frau erneut, daß du immer alles aufschreiben mußt. – Sonst wärs doch vergessen!

„In der Mega-Metropole Tokio leben mehr als 35 Millionen Menschen auf engstem Raum nach einem genau getakteten System", erläutert das ZDF.

Die Frankreichfreunde kommen zur Betrachtung des Yeti, wir essen auf der Abendterrasse, ich sortiere die Formate für die *handouts*. Mimi (91) ist so unterhaltsam wie vor fünfzig Jahren, als ich es noch nicht zu schätzen wußte. Fünfzig Minuten telefonieren wir. – Zum Thriller ‚Unknown Idendity‘ verlasse ich das Haus nach Bad Zwischenahn. Das Kaminzimmer im Seehotel Fährhaus ist international.

6.5. Bad Zwischenahn – um 3.30 liege ich wach und im Schweiß und warte auf das Aussetzen des Herzens, das rast – stehe auf, auf den Balkon – zurück, zurück, zurück, Sportklamotten an, runter in den Park, laufen, laufen, laufen – zurück, gewinne Schlaf. – Morgens im Trainingsraum setzt das wieder ein. Wars ein Infarkt, denke ich und sage ‚ich will leben‘, Lothar, ich fahre in die Klinik! Er, soll ich dich fahren! – Nach zwei Stunden fährt er zurück – ‚Unterstabsoffizier Anne Borchers‘ beugt sich herab und legt die Kanüle. Die Kanüle wird entfernt. – EKG und Blutwerte zeigen nichts. Lothar holt mich wieder ab. Der Grund dieses Ereignisses ist nicht lesbar. *(Anmerkung: doch, Arschloch! Nichts war offensichtlicher als der Grund: die völlige Überlastung im Rausch von Erfolg.)*

„Vierjährige Inderin stirbt nach Vergewaltigung".

7.5. Zweiter Tag: e-maze, wir kennen den Weg. – Eine Flasche Merlot zum Abendbrot und Schluß.

9.5. Das System finanzieller Repression sei „womöglich … nur eine Verschwörungstheorie", meint Professor GRUNER. – Da ist was dran, finde ich. – Das Handelsblatt meint, die EZB sei das Nordkorea unter den Notenbanken. Direktor JÖRG ASMUSSEN, von Skandal bekannt, prophezeit wiederholend zehn weitere Jahre dieses Zustandes.

10.5. Reizvoll wäre die Saldierung vermiedener Steuern mit den verschwendeten, versenkten, verschenkten und pulverisierten Steuermilliarden, für die keine Verantwortung, keine Haftung, keine Verfolgung, Bestrafung oder gar Rückzahlung vorgesehen ist.

Im Weg steht ein Mikrofon. Daran hält sich SIGMAR GABRIEL fest und deklariert im Wahlkampfmodus: 120 auf der Autobahn sei genug. Das zeugt von Unkenntnis, er kann nur die wenigen noch nicht durchregulierten Teilstücke meinen. Er fährt möglicherweise nicht selbst, auch das trübt Wahrnehmung. – Nach 24 Stunden ist die Parole vom Tisch – bis zum nächsten Mikro.

FREITAG
Wir wollten nach Bremerhaven wegen Entspannung für Vaddi. Esther verläßt jedoch wütend das Haus, „… kontextfreies Beleidigtsein, das kann ich nicht ab …" – Die Ungeduld mit den Gefühlen der Männer, zumal der jungen. – So fahren wir nach Bad Zwischenahn, wo ich Woche für Woche hinfahre! – Nach der Meerrundfahrt treffen wir auf den Kollegen! So wird's ein schönes und bisweilen lautes Abendessen.

12.5. Bayern: HANS HERBERT VON ARNIM ist ein feiner Beobachter der Parteienwirtschaft. Er hat den bayrischen Selbstbedienungsmodus hochgehen lassen, schon 2011. Aber sowas dauert. „Enorme Erhöhungen" einschlägiger Haushaltstitel signalisierten das Abschöpfen. Nicht einmal von Beschäftigungsprogrammen läßt sich so recht sprechen, da viele derart bedachte Ehefrauen nie in Erscheinung traten. Die waren beim Mann in häuslicher Fortbildung, mag man einwenden, da *siehdmerebenix*.

Herkömmlich ist ja wenigstens physische Anwesenheit essentiell für die Annahme eines Arbeitsverhältnisses. Und schon 2000 hieß es, Beraterverträge ohne konkreten Leistungsgegenstand seien „nicht erstattungsfähig". Aber solch strapaziöser Ausbau des Arbeits- und Leistungsrechts, Guten Tach, Frau Schmid!, ist eh nur kollateral in der Kunst des Abschöpfens.

Schließlich ondulierte bereits in jenem Jahr 2000 der Josef Zeugerle sein Töchterchen und das Allparteiensystem, ich treffe die Tasten nicht mehr, verbot augenzwinkernd den 1. Grad. Des freuten sich Onkels, Tanten, Cousins und Nichten hochgradig. Herr Schmid, aufs Scheinselbständige angesprochen, beteuert dann 2013, die Ehefrau sei schließlich die ganze Woche über „verfügbar", wohl so eine Art Bereitschaftsstellung, Verzeihung -anstellung. Das Ganze ist eben nicht frei von erotischer Grundierung, in Berlin also sexy. – Man habe die Regelung von 2000 einfach „aus den Augen verloren", so Schmid weiter, so wie die Infrastruktur, gell Herr Dobrindt. Also volle Absorption infolge Fokussierung aufs Abschöpfen, wenn Sie verstehen, was ich meine. – Es schürft mir das Hirn auf, Herrschaften. – Und schließlich ist der Abgeordnete nur seinem Gewissen verpflichtet, Scham läßt sich abtrainieren – danach ist man wohl einwandresistent – Autogehirnwäsche – *Anstännisch Spülmiddel inde Kopp unlosgehds.* Und man ist ja wohl noch Herr familiärer Vertragsgestaltung oder gibt's jetzt auch noch die Familienaufsicht. Alles also ein Ausbund von Vertragsfreiheit mit Fremdfinanzierung. Betroffene warnen jetzt vor „Verwandtenhatz", wo doch die Familie sogar im Grundgesetz steht.

Oberstleutnant PAUL MARUSTZÖK (52) zerriß es am 10.4.74 auf dem Ausbildungsgelände des Stasi-Wachregiments „Feliks Dzierzynski", auch genannt Sprenggarten. Er lag verstreut, wurde eingesammelt, ein Experte notierte Hirnquetschung und ‚Schädelberstungsfraktur', ein schönes Wort, finden Sie nicht? Auslöser war die Erprobung einer Kofferbombe, geplant für den Einsatz im imperialistischen Ausland, wo bereits die RAF und verbundene Kämpfer an der Arbeit waren.

ANGELINA JOLIE ließ sich die Brust amputieren, rein prophylaktisch.

Die Bildungsrepublik (Zitat) saniert an ihren Haushalten durch Saisonarbeitslosigkeit von Lehrern. Bei Beginn des Schuljahres kommts dann zur Anschlußbeschäftigung.

14.5. Beim Management-Tag der Sparkasse mit dem guten Vorstand, gutem Personalmann. Ich bin mit Uwe im Themenforum und trage viermal vor:
L.earn lebt! – Werbetrommel fürs Konzept.

16.5. ROBERT NEER: Napalm – An American Biography. Kommissar, zuständig für Zustimmung. Sein weit aufgerissener Mund, schwarz auf kalkweiß, ist vom Wind gefüllt. Da die Zustimmung unhaltbar wird, vermeidet er weitere Abstimmung. Denn das Barometer fällt, sodaß Inseln des Widerstands sichtbar werden. – Was ist hier los? Es muß sich um OLLI REHN handeln, der jetzt für Griechenland zuständig ist.

„DAUMIER ist ungeheuer", sagt MAX LIEBERMANN, „Cézanne und van Gogh, wissen Sie, waren schon inkomplette Künstler. Sie haben mehr gewollt, als sie erreichen konnten. … Aber Daumier hat alles gekonnt, was er erreicht hat." – WERNER HOFMANNS unglaublich dichte Wortkunst stellt die lohnabhängige Bindung Daumiers heraus, sprich seine Pflicht zur wöchentlichen Lieferung einer oder zwei Lithografien, mit hohem Unterhaltungs- und Erklärungswert.

Verschärftes Artensterben wird angesagt. Kakerlaken, Maden, Skorpione und Grillen sollten systematischer geerntet und verzehrfertig gereicht werden. Die FAO vom UNO-Zirkus rät zum Eichenprozessionsspinner – wenn der wüßte, wie er heißt, stürbe er sofort aus. Der reizt die Haut.

Die, bitte anschnallen, kognitive Belastungsgrenze des Landsmanns zieht sich zurück, wie das Polareis. Deutsch: der Mann wird empfindlicher. Das gebiert prozessierenden Reduktionismus, der sich in ausuferndem Wunsch nach staatlicher Seel- und Fürsorge Bahn bricht. Die Konsequenzen dieses Modells kennt er nicht, nur die Partei, die seinem Wunsch nachkommt. Nachdem sie seine Ersparnisse, ja sein kleines Vermögen in die *globuline* Haftungsmasse überführt und Banken damit rettet, 280 Milliarden in 2010, ist das folgerichtig. Was soll er machen, Häftling, der er ist. Das Wahlrecht konstituiert also so eine Dreiecksbeziehung, ein Verhältnis ohne Aussicht. CHRISTIAN PFARR schreibt darüber.

„Wir begreifen unser Glück erst, wenn wir es von draußen sehen". Bloß, wo ist draußen!

REINHARD MEY singt, mit 70.

Anhalt, die Geburtslandschaft MARTIN LUTHERS, ist deutsches Kernland, wo sich vor allem Männer schwer von der Erde lösen können. Die Bräuche seien gröber geworden, aber das Leben freier. MARIO SCHNEIDERS „MansFeld".

„Die europäische Zentralbank hat den Besitzern der Staatspapiere Südeuropas gesagt, sie sollten sich bitte keine Sorgen um ihr Geld machen: vor einem Konkurs eines Landes werde die EZB die Papiere kaufen und die Abschreibungsverluste den Steuerzahlern der noch gesunden Länder Europas anlasten",

sagt HANS WERNER SINN. Das klingt, als schreibe er über eine Schwerstbehinderteneinrichtung. Und:

„Ich halte es für schlichtweg unerträglich, daß deutsche Vermögensbesitzer herangezogen werden, um zyprische Bankguthaben im Umfang des Doppelten ihres eigenen Vermögens abzusichern."

Für HRE, Commerzbank und andere hatte das Land 280.000.000.000 übrig vor drei Jahren. Ist ja für einen guten Zweck, gell Frau Regierung.

18.5. Wasser, soweit das Auge reicht, Pfützenspringen mit Elvis, nachts leises Kräuseln linksseits (Herz). Mimi erkundigt sich. – Na, hast du gesagt, wir waren schon beim Sarg-Discount?, fragt Marion, Partnerlook, schnell verrottend. – Du bist mir nahe in jeder Lebenslage. Ich liebe dich.

Akute Spanieninformation: die Recherche der Zeitung ist, wie gesagt, poetologisch im Ausdruck – „Der Herr (= MIGUEL BLESA) der kranken (= bankrott, Behandlungskosten 22 Milliarden) Kasse" (= Caja Madrid), so titelt LEO WIELAND. – Miguel ist Freund mit SOTO DEL REAL, der eine Presidente, der andere im Knast – raus gegen Kaution – aber Paß weg! – enger Freund! – Kommilitone! – gemeinsames Steuer-(sic!)Inspektor-(sic!)examen – gemeinsame Partei – ab in die Caja – Abstimmung via Kartell – Gewerkschaft – Linke – Kirche – immer einstimmig – Dokumentenfälschung – bißchen Betrug – selbstreich – flotter Gehaltssprung – absitzen – dauert zwei Jahre – widerständig! – Esperanza Aguirre – oder der Zorn Gottes oder Mappus – wo ist mein Gehalt – Galgenfrist – dann hängt es! – Gehalt ist adjustiert, wie geht das? – doch nicht Justiz! – Ich bin beleidigt, verstehst du!

Und wenn du denkst, du hast es hinter dir, dann wechsele die Provinz und es geht von vorne los: PAUL INGENDAAY geht dem Hohelied der Exzellenz-Uni in Vigo nach (26.6.), gelegen in der Provinz Ourense – wo der Fall der ANNETTE SCHAVAN auch bekannt ist – weil es ihn auch dort gibt – und er wird zur Nabe eines Systems von Korruption, Bestechlichkeit, ‚korruptiver Verbindungen zwischen Industrie und Politik' mit dem Treffpunkt im Bordell ‚Queen's' im Gewerbegebiet Lugo, falls Sie da mal vorbeischauen – alles in allem ein ‚feudal anmutender Klientelismus, der das moralische Unterfutter der Funktionseliten zerfrißt'.

Missjöh HOLLANDE möchte jetzt die Lethargie Europas überwinden. In seinem Zuständigkeitsbereich ist das zu frustrierend. Er fordert die europäische Wirtschaftsregierung, die soll regulieren, sprich bezahlen, der Drucker steht in Frankfurt. Das wäre die fünfundvierzigste Spirale im Koordinationszirkus, wo er gerne den Reisekader gibt und Leute umarmt. *Tachauch.* Berlin ist offen für alles, Hauptsache, jemand bewegt sich. So eine Flüchtlingskohorte läßt sich effektiver als Wanderzirkus organisieren. – Signore Goldfinger wittert Eurogegner in der Bundesbank, Schläfer. Es folgt umgehendes Dementi. – Grade denk ich,

Zeit für abschließende Betrachtung, da sagt er, die Krise dauere noch ein Jahrzehnt!

SONNTAG
Ein Mann entkommt aus dem KZ des KIM IL SUNG, lebend. Den Fluchtplan seiner inhaftierten Mutter verriet er dem nächsten Lagerposten, „als sie meine Mutter erhängten, spürte ich vor allem Wut auf sie, daß sie es gewagt hatte zu fliehen".

Gegen den Schreibtisch gehen wir auf die Räder nach Vegesack und stehen drei Stunden am Tisch zu irischer Musik, einer der Beiden ist Sachse. Schöne Menschen ringsum. Die Rückfahrt wird hart, vierzig Minuten gegen den Wind.

20.5.   Ich fahre dem Chor nach zur katholischen Kirche, finde sie spät – der Gesang beeindruckt. Der Pfarrer auch. Später Café, Rotwein, forcierte Gespräche. Die Ladung ‚Eisenbach Korn' aus Oberheimbach ist eingetroffen, die holen wir ab.

21.5.   Neue Geldscheine werden ausgegeben, 5 €, geplant ist der 1 €-Schein, fatale Erinnerung ans DDR-Weichgeld ergreift mein trübes Hirn. Zugleich nehmen Wetten auf die Restlaufzeit dieses Geldes zu, Literatur auch, grade wird PHILIPP BAGUS annonciert, STABATTY mit ENZENSBERGER.

22.5.   Mittagessen herstellen, Nudeln plus vorbereitete Grundlage, alles unterwegs – da kommt Leon! Früher bekam ich einen Schreck, heute bin ich gespannt, wie er mir die Verfeinerung aus der Hand nimmt. Und es geht sofort los, Nudeln? – Salzen! Soße? – ich zeige ihm was – abschmecken! – den Tomatengeschmack hast du ziemlich beseitigt, da muß wieder was ran – holt sechs kleine Tomaten, schneidet sie in Scheiben … hmm, er macht das auf annehmbare Weise, sehr sicher bei allem, also Kompetenz und Transfer – ok!

23.5.   Zwei Gespräche in der Stadt und zurück – da ist wieder Leon: helf mal beim Mittagessen! –?– Du sollst dich entspannen, und kannst dabei was lernen – also schnibbel ich Gemüse

– auf was mußt du bei Fleisch achten, geht es weiter ... –?, kann nur falsch sein, also schweigen ... auf das Abwaschen des Bretts, wegen der Salmonellen ..., so geht das!

24.5.   Im Juni soll ich die Bilder hängen, noch abends fange ich eins an für ‚Mondelez‘, *its called* „The Nugget“.

Freiheit ist Sepsis. Diesen Befall verhütet das Kommissariat, aktuell durchs Verbot des Ölkännchens im öffentlichen Raum (vulgo Restaurant). Der Aufschrei führt zum Rückzug nach 24 Stunden, einfach mal probefahren, denken die Trickbrüder, mal sehen, ob die Leute noch wach sind. – Gleichwohl gewährt die Notiz wieder Einblick in die Mechanik Brüsseler Spielmannszüge. Der Einsatz von 40.000 erscheint plötzlich nachvollziehbar. Denn neben Gurke, Banane und Ölkännchen gibt's Millionen weitere Applikationen des täglichen Bedarfs, alle behandlungsfähig! Daß die südeuropäische Olivenindustrie ein Wörtchen mitredet, wer kanns verdenken. Vielleicht suchen ja Besucher italienischer Restaurants signifikant häufiger den Arzt auf mit der Info, mir ist schlecht. – Dann sollte Brüssel die Bestände einfach aufkaufen, wie Staatsanleihen. – Wieder Material für einen Einakter.

JULIA VOSS decouvriert das Geschäftsmodell des GEORG BASELITZ. Das Leben kommt eben nur in Fragmenten zu uns. Das zu akzeptieren, ist tägliche Aufgabe – und immer mit Blick auf das Scheitern, das nächste Fehlurteil. Der Blick auf die Anstrengungen der Anderen hilft, naja, tröstet.

26.5.   Der ‚negative Realzins‘, so die Eleganz der Enteignung von Barvermögen, Sparvermögen, Versicherungsvermögen und Altersvermögen bei forciertem Staatsschuldenschutz, unterstützt durch Steuererhöhung. Mutig, wer für Beides antritt wie der Linksblock. Woher die Zuversicht kommt? *Ei davon, daß die Loid kei Ahnung habbe.* – Dabei haben wir bereits zahllose Doppelbesteuerungsverfahren im Lande. HOLGER STELTZNER erläutert, wie Politiker und EZB die ‚kalte Enteignung der Sparer und Lebensversicherten ... billigend in Kauf nehmen, ... um überschuldeten

Staaten Linderung zu verschaffen.' Dazu die direkte Staatsfinanzierung, was die globalen Bilanzsummen seit dem Lehman-
Kollaps von 2 auf aktuell 8,5 Billionen trieb. Wo sind die 6,5
geblieben, fragt der Autor.

Abends wieder raus zum Workshop. Die Nacht konfrontiert
mit dem strapazierten Herztonus.

27.5.   Die Folgende wird besser, der Workshop ist es. – ZEN sagt:
da wir zuviel verstehen, benötigen wir eine Medizin gegen
das Verstehen.

28.5.   EDDI ARENT starb, 88.

30.5.   Drei Gespräche quer durch die Filialen, weiter nach Hamburg. Abends mit Nic ins Portugieser-Viertel zur Casa Ca-
ramba, ein irrer Gastgeber, wir zahlen alles! *Best Food.* – Zurück zu fünf Scheiben Vynil und Foxi.

Der WAGNER-Clan und ADOLF HITLER, Antisemitismus und
das Geld verbanden.

31.5.   Früh zum Gastwerk nach Altona, die 30-km/h-Zone überfordert mich. Wieder macht jemand ein Foto von mir. Fünfzehn Euro für neun Kilometer. – Ich ziehe den Workshop aus
dem Ärmel und er läuft. – Abends blitzschnell zurück.

Altkanzler HELMUT SCHMIDT erläutert: Menschenrechte habe
es über Jahrtausende … in den unterschiedlichsten Kulturen, so
etlichen Sklavenhaltergesellschaften und in Sonderheit bei den
Azteken nicht gegeben. Man solle also China jetzt damit nicht
kommen, so bedeutsam sei das alles wohl nicht. – Je nun, mutig
ist das für einen Ex-Kanzler der Republik. Jedenfalls hatte der
Chinakenner ein angenehmes Gespräch mit Herrn LI, das ist
der Chef von China. – Und, wo er schon beim Austeilen ist: der
Kanzlerin fehle das ökonomische Wissen zur Überwindung von
Schulden und Wirtschaftskrise, läßt er kurz drauf im Handelsblatt vermelden: „Das ist eine, die über Finanzen nicht Bescheid

weiß, aber über sie verfügt." – Als sei's nicht Standard! – Anheben von Löhnen und Gehältern sei die Aufgabe, weiß der Ex. – Als sei das Regierungsaufgabe, als habe das je geholfen … – Das sozialdemokratische Projekt des Wohlfahrtsstaates begann unter der Regentschaft des Interviewgebers, begleitet vom steilen Anstieg der Staatsverschuldung. Es harrt der Begleichung. – Und, Lohn und Gehalt liegen einstweilen noch in privater Hand, wenngleich sich Kritiker und Kritisierte im Primat der Politik ja mehr als nahe sind. – Kontrolle der Fassungslosigkeit ist die Aufgabe.

Das Finanzamt möchte elektronisch kassieren, ich strauchele. – MARKUS LÜPERTZ wurde in Handschellen gelegt, nachdem er einen ampelbewehrten Übergang bei Rot überquert hatte. – MARIO DRAGHI gedenkt, einer Vorladung des deutschen Verfassungsgerichts nicht zu folgen.

Marion, meine geliebte Frau, war wieder auf Lehrgang, Chemie! Sprungfix bin ich hellwach – und so kommts: ich mache jetzt den Sprengstoffschein, dann kaufe ich Schießbaumwolle und dann geht's los, Hilfe bietet das Buch „Feuer, Wasser, Schall und Rauch". Weil Schießbaumwolle maximal 24 Stunden gelagert werden darf, hab ich sie immer bei mir, dann ist es nicht gelagert. Schatz, ich springe im Dreieck, stell bloß die Uhr!

Zu jedem Tor trinken wir einen Schnaps, ok? Stand Bayern gegen Stuttgart 2:0, was ein Glück. – Erschwerend kommt grade hinzu, daß du ein Vogelstimmenprogramm auf dem Handy hast, die muß ich auch noch raten. – Und Bayern gewinnt noch mehr: Um 21.20 heißt es 3:0, hicks – jetzt kennt Stuttgart kein Halten mehr, 21.25 3:1, Prost! danach 3:2, endlich ist Schluß – soll ich euch nochmal das Birkhuhn vorspielen? – es folgen die Blaumeise, der Fasan, sein Werberuf! – Und FRANCK RIBÉRY ist *très heureux!* – hier noch die Haubenlerche, ich kriegs am Kopf. – Spät nachts verlassen wir das Sofa.

Kunst ist Magie, befreit von der Lüge Wahrheit zu sein, sagt THEODOR ADORNO, ebenso PAUL KLEE, der sagt: Kunst gibt nicht das Sichtbare wider, sondern macht sichtbar.

2.6. In einer Telefonkonferenz, so zwischen Tür & Angela, schlägt die Kanzlerin ein 30-Milli-Sozialpaket vor. Es wird geklatscht – und gestutzt. URSULA von der LEYEN möchte 5000 junge Spanier zur Ausbildung einführen. – So läuft der Sanierungsfall EU im Reparaturmodus weiter. Ihn Abwicklung zu nennen, zögert die Zeitung.

Kunden des Online-Geldversenders ‚Liberty Reserve' führten Namen wie „Joe Schwindel" und nannten als Geschäftszweck „Kokain". Das soll aufhören.

Einladungskarte für die Ausstellung.

Halb zehn: im Hellen und Kalten raus zum Workshop nach Bad Zwischenahn, das Hotelzimmer ist seitenverkehrt, das irritiert. Ostdeutschland unter Wasser.

3.6. Pegelstand in Passau 12,5 Meter, der höchste seit 1501. – Wir spielen die Routinen als Provokation, das zieht. – Aga, die schöne Serviererin, eine völlig unangemessene Bezeichnung für die Hübsche, läßt auch nichts aus.

5.6. Gestern wars heiß auf der Seeterrasse, produktiver Abschluß. Noch ein Abgrund von Lebenslauf beim Mittagessen, dann packe ich und reise ab.

6.6. Ich fahre zum Ärztehaus, Cardio-Nord. – Ärztin kommt rein, na dann wolln wir mal, an die Maschine. Begrüßt mich dann doch mit Namen, geht doch. Ich erzähle von dem Ereignis vor einem Monat – was Sie erzählen ist ziemlich bunt, kann aber zu einer Disfunktionalität passen, für die ich das Alter hätte. Da funktioniere die nächtliche Blutdruckabsenkung nicht mehr richtig. – Kommen Sie rüber, ich folge – also, fährt sie fort, ich bin nicht Gott. Gott ist eine große, runde

Frau, danach: ich bin schwanger, als sie neben mir auf der Liege sitzt. Das ist erregend. Ich verdrücke mein ,Sie Glückliche', warum sollte ich das sagen. Weil sie grade so nahe ist, göttlich ist das schon. – Sie folgt meinem Herzschlag auf dem Ultraschall, die rechte Herzwand verzögere etwas, ein Kollege bestätigt. Kommen Sie in acht Tagen zum Stresstest, mal sehen, wie das Herz dann arbeitet. Und: Sie haben ja sowas von Null-Linie im Risikoprofil. Plötzlich bin ich sehr gesund! Sie steckt mir den Bericht zu, die schöne Frau. Ich bin behandlungsunfähig bei soviel Attraktivität, kein Drama möglich bei soviel Erotik.

Zurück und unter den Baum auf die Liege – Tee – das Protokoll für Chemie-Hamburg wird fertig – Marion steht mit dem Kärcher auf dem Wintergarten – bin ich noch klar? – Dann will sie essen gehen und wir ziehen übers Feld.

Im Fernsehen wird der elektromagnetische Sturm angekündigt, der die Erdoberfläche zum Kurzschluß bringt. Schutz bietet der Baum, heißt es – und: kein leitfähiges Material am Körper, sonst spleißen die Adern auf! – Bahnwärter Thiel, den wir in der Untertertia lasen, Reclamheft, 80 Pfennige, wurde mit solcher Information sicher nicht konfrontiert. Archaisch, wie der vor seinem Häuschen auf den Zug gewartet haben muß.

Mimi informiert, ich sollte ihr ein Fläschchen ,Yaipur' von Boucheron schicken, sie liest „Die Agonie des Eros".

Zu Gold wurde, was seine Hände berührten. So geht die Sage um König Minos. Mit Gewißheit und erfahrungsgesättigt, ja dokumentiert, kann das Gegenteil vom Kommissariat gesagt werden. Was es anfaßt, wird zu Schrott.

7.6.   Früh zum Coaching nach Hannover. Dort tut sich etwas. 16.30 zurück. Der Tag ist warm und ich bin nicht müde. – Ich bin erfüllt, sagt der Glasbläser von Magano. Die Familie arbeitet so seit dem 13. Jahrhundert. Für einen Berufswechsel ist es zu spät.

8.6. WILLI SITTE starb (92), die Verkörperung von allem, was diesen Kommunismus ausmachte und was er nicht sein konnte. Gewaltiger Ausdruck dessen, ungeheuer wie DAUMIER.

BERTHOLD BEITZ (99) trifft JUREK ROTENBERG (84). Vor siebzig Jahren ließ der Direktor die Viehwaggons im Bahnhof Boryslaw öffnen und forderte Jurek als ‚Arbeitsjuden‘ an für sein Ölförderunternehmen, seine Mutter auch, und Tausende. – Das Leben ist anders als die Urteile.

Das ‚Rinderkennzeichnungs- und Rindfleischetikettierungsüberwachungsaufgabenübertragungsgesetz‘ gab es. Jetzt wurde es aufgehoben.

9.6. „Kein Entkommen auf der A1“, frohlockt das lokale Zentralorgan für Überwachung von Verkehr, Abgas, Atemluft und Klima-Sozialkupon auf nahezu einer vollen Seite. Da muß die ganze Redaktion am Autobahnrand die Vollkontrolle begleitet haben, ein „Großaufgebot (hatte) die dreispurige Bahn komplett (!) gesperrt.“ 700 Autos seien gestoppt worden, Vollstopp!, zehn der behandelten Fahrer seien rauschmittel- bzw. alkoholkontaminiert gewesen, ein Autofahrer „besonders auffällig“. Spürhunde hätten angeschlagen! Staulänge drei Kilometer, aber viel Verständnis der Fahrzeugbelegschaften (wahrscheinlich das abgründige Wohlfühlen des Deutschen, wenn die Uniform für Ordnung sorgt, oder danach sucht). Das zeigen zahlreiche Interviews. – Eine ausführliche Fotostrecke ist mit Sicherheit einsehbar. Dokumentation eines Zustandes, Polizei und Presse solidarisch im Rausch – ein Zeichen an alle, die glauben, dreispurig sei rechtsfreier Raum. Dagegen ist die Sperrung der Autobahn wegen Ausfahrt des Königs sympathisch. – Steht hingegen der Truthahn zu eng im Gehege, gibt's auch vier Spalten zum Frühstück. Das ist die Dialektik von Tierschutz und Menschenjagd.

Wir radeln nach Stenum zum Lions-Sommerfest. Das wird lustig, denn Giselher kreuzt mit Anhang auf, plus Bürgermeisterin. – Mittags zum Entspannen auf die Liege. Als der fünfte Feuerwehrwagen durch den Ort möbelt, setzt Elvis zu einem langgezogenen Heulton an, kojotös! Da ist auch noch Wolf drin, meint Marion. – Gartenarbeit, Protokoll, feines Essen und die Sonne dreht ab. – Bei Magdeburg bricht ein Deich, die Bilder der Sandsackträger erinnern mich an 9/11.

10.6.   Nach Hamburg ins Chemieviertel zum Coaching, um 16 Uhr zurück. Zu schön ist der Sommer, wo das Land trocken ist.

WALTER JENS starb (90), seit Jahren verstummt.

Die ‚Zirkus Halli-Galli‘-Guys fahren auf der Ladefläche eines Pick-up durch die Waschstraße und geben ein Interview – das ist groß.

Afghanistan: Agent NUR, Kosename MOHAMMAD TARAKI putschte sich im April 1978 an die Macht. Er herrschte durch die Blutfehde und ließ sich täglich Namenslisten von Landsleuten vorlegen, die zur Erschießung vorgeschlagen waren. Der Afghane kam aus Moskau, arbeitete daher im Stalin-Format. Mit Erlaß Nr. 8 beschränkte er Grundbesitz auf sechs Hektar und ließ das überstehende Land konfiszieren. Er folgte dem Modell Ukraine des Großen Führers Stalin. An die Stelle der Kanzel in der Moschee wurde der Rote Stern gesetzt. Zum Tag der neuen Flagge wurden Tauben mit roter Farbe beschmiert. Die flogen nicht mehr. Die sowjetische Invasion am Jahresende sollte das Prinzip retten und beendete das Regime. Das Leben von Agent NUR wurde beendet und BABRAK KARMAL setzte das Prinzip fort. – So begann der jüngste dreißigjährige Krieg.

11.6.   Früh in die Stadt an vier Plätze der Sparkasse. Es genügt.

HORST BIENEKS „Lagerbericht Workuta“ erkennt die Zelle als den „exemplarischen Ort des 20. Jahrhunderts“. Im Dreck dieser Zeit verkommen, ist das schwer erträgliche Kost. – „Man verhaftet doch bei uns nicht so einfach unschuldige Leute“, soll HELENE WEIGEL 1950 geäußert haben. – Nein, ist die Antwort, man hat immer nur Schuldige verhaftet, die von Jahr zu Jahr mehr wurden. – Die Rezension der Biografie des Genossen SARGE auf der gleichen Seite spiegelt die Groteske aus dem Überbau des Regimes. – Es liegen zu lassen gelingt mir nicht, folglich auch nicht, mich darin räsonierend, erzählend, dramatisierend zu bewegen. Ich lese es wieder und wieder.

13.6. JIROEMON KIMURA starb, 116, an Altersschwäche. Den kenne ich nicht.

Ein Tag zu Hause, angenehm – ein Netzwerk erinnert sich, bringt sich in Erinnerung – ich sehe die Nachrichten der letzten zwei Jahre durch – Antwort von MIKE ANSCOMBE aus der Türkei, von RBS aus China. Es geht ihnen gut, den *fellows* der 90er von Kraft Foods.

Mein 6-Uhr-Text:

> Sorge Dich nicht,
> Dein Weg ist Dein Haus.
> Mäßige Deinen Schritt.
> Halte Deinen Kopf hoch.
> Hebe Dein Gesicht zum Wind.
> Es ist uns gegeben zu sein.
> Wie wir sind.

Jeder streunende Hund erfreut sich in unseren Breiten größerer Sympathie als ein Mensch mit Vermögen, resümiert GABOR STEINGART die offenen und versteckten Wegsteuerungsorgien, die auf hohe Akzeptanz treffen.

PETER GRAF KIELMANSEGG über den Gleichheitsfuror.

Uni: AQUIN, AHPGS, AKAST, AQUAS, ASIIN, evalag, FIBAA und ZEVA heißen die acht Akkreditierungsagenturen des deutschen Hochschulsystems, eine echte Bereicherung von ENZENS-BERGERS Komissariatsgalerie von unsinnigen, unverständlichen und waghalsigen Euro-Mythen. Die Einführungsseminare zu diesem Zauberwerk führen den unverhohlenen Titel „Tipps und Tricks zur Antragstellung in der Programmakkreditierung". – In diesem Modus verliefen meine Dispute im Feilschen um eine bessere Note in Hamburg. – Es gibt mittlerweile 7880 akkreditierte Studiengänge, einer dieser 6 aus 49 heißt „Catering". Dafür wurden 190 Tausend Arbeitstage verbraucht, also pro Akkreditierung zehn- bis fünfzehntausend dieser Euros, ohne Kost & Logis, Anreise und Abreise, das sind 16 Millionen jährlich, hinzu kommen hochschulintern weitere 18! – Es kann sich nur um eine dieser krönungswürdigen Spitzen polit-plutokratischer Inkompetenz und metastatischen Befalls der einst bedeutsamsten Wissenschaftsinstitutionen handeln. JÜRGEN KAUBE dreht ebenfalls am Rad, das tröstet.

Wir gehen essen. Anna telefoniert: „Quadro Stagione – ? –, nein, das ist nicht für vier Personen …" – Jonas und Viktoria kommen, Elvis schiebt sich von Tisch zu Tisch. Marion erzählt vom Chemieunterricht und dem Experiment mit Wasserstoff. Der explodierte vorzeitig. Der gefüllte Ballon wurde unter der Decke abgeschossen, die Schüler filmten den Feuerball. Es gerät garantiert in die falschen Hände, die verbreiteten.

15.6.   Nach Oyten zur Finissage. Dort ist alles schön vorbereitet und ich mache eine Rede vor den wohl 25 Gekommenen, ausgewählten Formaten folgend. „45 Grad" hängt vor dem Behandlungsstuhl, der Arzt zeigt Interesse. Das geht mir zu schnell, schön ist es aber schon. – Danach nach Asendorf mit zwei Kisten für den Flohmarkt. – Zum Tee zurück nach Achim. – Sturmregen – Abends ist es heiß.

16.6.   Basketball-Trainer ,Mount'-Popovich (64) nennt einen Weinkeller mit 3000 Flaschen sein eigen. „Mein Ziel ist es, soviel wie möglich davon zu trinken, bevor ich sterbe, … bevor die Kinder Sangria daraus machen." Das ist herausfordernd und einleuchtend, die Vorlieben wechseln schließlich.

Dann: ,die starke Anstellung des RB 9 verlangt einen speziellen Fahrstil, weil man den Auspuffstrahl braucht, um Abtrieb zu produzieren. Das Geheimnis <liegt darin> ..., welche Linie er in der Kurve wählt, damit der Motor so oft wie möglich am Gas hängt und Auspuffgase produziert'. *Isch habs jetz ned verstanne*, der Reporter brennt jedenfalls für das Thema und der Klimafreund erschießt sich sofort. Also, Schongang ist das nicht, der ist aber auch nicht Sinn des Lebens, gell Frau Roth. Auch im Sportteil weiß die Zeitung, worauf es ankommt.

Prisin macht die strategische Fernmeldeaufklärung und reagiert empfindlich auf bestimmte Namen. Ich habe dem KF-Kollegen von 2001 nach China geschrieben und nicht darauf geachtet. – Den nächsten Brief an einen Ex-Kollegen in die Türkei habe ich unverfänglich formuliert, geht doch! – Dabei ist alles Quatsch, ich schreibe ja nicht in die Türkei, nach China, Spitz, Papier, Briefmarke, Briefkasten, soweit zur Hand ... ich schreibe ins Netz und da wird es abgepflückt von Leuten mit dem Generalschlüssel, früher war das der Hausmeister. ERICH HONECKERS Wasserdampfschalen bekommen da plötzlich was Nostalgisches. Immerhin, Berlin plädiert für Aufrüstung in Sachen Aufklärung. China hat beim Generalstab bis zu 12.000 Mann, die an den Apparaten sitzen und abschöpfen. Das ist Paradigmenwechsel, nur das Geld fehlt – und die Überzeugung. So ein waschechter Grüner flippt aus! Die Partei zog schon gegen den Mauerfall 1989 zu Felde, weil das gemütliche Hausbesetzermilieu in Kreuzberg plötzlich ohne Rückenlehne war. Auf dem Demonstrationsbanner stand: „Nie wieder Deutschland!"

17.6.   Erneut „Der Turm" im Fernsehen, beide Teile, es muß!

Titel und Ämter in der Leipziger Universitätsverfassung werden nur in weiblicher Form benannt. Eine Fußnote informiert, daß die Bezeichnungen auch für Personen männlichen Geschlechts gelten. Das ist tröstlich.

19.6.   Abends fällt ein Tosen vom Himmel unter konstantem Feuerschein der Entladungen. Immerhin, die Fluten bleiben außer Haus.

20.6.   Die Garagen sind leergelaufen, am Hang ein metertiefer Abgrund. Ich lade die Bilder einer Ausstellung ein, fahre nach Lüssum zum Coaching, zurück in die Zentrale Am Brill, danach über die Brücke zu Mondelez zum Ausladen, bringe den Wagen weg, zurück ins Restaurant von Mondelez – und treffe auf Begeisterung, darunter meine eigene – das springt von den Wänden. Vier Studenten hängen, Jonas koordiniert und korrigiert – ich bin beeindruckt, nein begeistert, das hätten Sie sehen müssen! Heureka, es spricht der Künstler, jawohl.

Kaum ein Schauplatz der Finanzkrise ohne die Fingerabdrücke des Kandidaten, titelt die Wirtschaftswoche. Es muß sich um PEER STEINBRÜCK handeln.

Der neue ‚Globalpauschalfestpreis‘ für die Elbphilharmonie ist 575, lange nach 77. Eröffnung akut auf 2017 gesetzt. Wies klingt, wird man sehen.
Verschleppte Liebe, haftend.

21.6.   FREITAG
Ich reise ins Drei-Mädel-Haus, welch schöne Landschaft, und gewinne die Tränen einiger Teilnehmer.

22.6.   Mittags steht eine Vereinbarung, neu für die meisten. – Zurück in den Garten, wo die Flutschäden klaffen. – Abends „Die Auslöschung“ mit KLAUS MARIA BRANDAUER und MARTINA GEDECK: Diese Schönheit neben dem Alter – als sie den Kühlschrank öffnet, liegt dort seine Brille – und jetzt möchte ich Sie bitten, hier die Zeit einzutragen, 10 vor 10, der Blick hält fast fünf Sekunden – irgendwann werd’ ich vergessen, wer du bist – sehr gut, ich lass mich gern von dir noch einmal erobern – hab ich dir eigentlich schon mal gesagt, daß ich dich liebe? – nein, hast du nicht – ich liebe dich // diese Scheißkrankheit, du kämpfst nicht gegen sie an, du legst dich mit ihr ins Bett – entschuldigen Sie, kennen wir uns nicht? – Gelächter – bedenken Sie bitte, diese freiwillige Abtretung der Rechtsfähigkeit – als Kind, da hab ich durch den Vorhang immer Teile der Welt gesehen, bei Wind andere, so geht es mir jetzt – irgendwann werde ich vergessen, daß ich vergesse, daß ich dich liebe – Seneca bringt Erlösung – das Problem ist, ich kann es nicht sehen, ich würde mich am liebsten vor jedem Besuch drücken – Opa stellt die Uhr zurück – jetzt haben wir zwei Stunden länger Spielzeit, sagt er verschmitzt zum Enkel.

Ich denke an Jochen, der verschwand. Ich sitze mit Herzklopfen vor dem Film. – Wolle Rose kaufen? – wir nehmen alles: drei! – ich bin kein richtiger Mann mehr – in meinem Kopf summts – ich möchte es gern herausreißen // eineinhalb Jahre später, er hat vergessen, wie er geht – hallo Papa – na junger Mann, lange nicht gesehen – jetzt weiß ich nicht mehr, was ich sagen soll – ich warte, bis es vorbei ist, aber Sie! – aber jetzt müssen wir alle – ich hab noch soviel zu tun – ich muß mit Anna noch zu den Tieren – warum nennt er dich Anna? – es war seine große Liebe mit zwanzig, meint er dich denn noch? – ist das wichtig? / er sitzt bei den Kühen, sie findet ihn im Heu: er kann wieder laufen – du auch, gute Nacht, und ich scheiß ins Bett, daß es kracht. Nachts: was siehst du? / Sie findet sein Gift hinter Seneca – ich glaube, jetzt ist es vorbei, sagt er und sinkt an ihre Schulter.

23.6. Ein klebriges Geflecht in NRW wird freigelegt, eine Stiftung unter dem Tarnnamen „Vielfalt und Partizipation", aus den Rundfunkgroschen finanziert, von der HANNELORE KRAFT ins Leben gerufen und soll lokalen Journalismus fördern, mit Professur. Und soll die Akzeptanz beim Leser steigern. – Das EU-Kommissariat schlägt sich mit dem gleichen Problem herum und betreibt ein eigenes Informationsministerium. Der eingebundene Staatssekretär ist Auto-Plagiat.

Ohne Mietvertrag muß das Objekt herausgegeben werden. In Moskau hilft da eine russische Spezialeinheit: die stürmt das Objekt nächtens und räumt. Dabei werden sieben Anwesende verletzt. Partei des abgelaufenen Mietvertrages war der Verein „Für das Recht des Menschen", sowas provoziert.

PEER STEINBRÜCKS Frau tritt ans Mikrofon, neben ihn. Das kann nicht gut gehen. Denn sie formuliert anstandslos.

Portugals Eurobilanz ähnelt der spanischen. 81 Milliarden seien investiert, rechnet einer. Feine Autobahnen hat es, wie Spanien und Kalabrien und Griechenland, darauf fährt aber kaum was, seit zehn Jahren kein Wachstum, Industrie wandert ab und die Troika kürzt. Subvention ist das einzig bleibende Geschäftsmodell, also ihre Abwicklung.

Wenn das Wetter Windrädern und Solarzellen günstig ist, decken sie 40 Prozent des Strombedarfs, hochsubventioniert und zum Höchstpreis pro Kilowattstunde. Daneben dümpelt die hergebrachte Stromerzeugung, unrentabel, weil politisch trockengelegt. Die Industrie verliert ihr Geschäft, der Endnutzer wird geplündert. Zugleich sinken die Energiekosten des internationalen Wettbewerbers drastisch. Das klingt nach Verschwörung, ist es aber nicht. Das ist „Die deutsche Ideologie", MEW, Band 3, von 1846. Die hat das Land schon dreimal ruiniert. Das CO^2 steigt.

Aufstand in Brasilien, Aufstand in der Türkei, das ist keine westliche Marotte mit diesen Menschenrechten, Herr SCHMIDT.

24.6.   Fünf Gespräche in der Sparkasse, Tränen, Dank, halb sechs, kein Platz, die Stadt zu verlassen, bei 17 Grad. – Abends ist es halbdunkel, darin stehe ich und packe für die letzte Ausfahrt vor dem Urlaub, dazu ein anregendes Quiz im Fernsehen, vertreibt die Melancholie. Habe ich Mundgeruch? – KONRAD KLAPHECK (79) hat eine Ausstellung, dann das Brandenburger Tor in seiner Wüste beim Besuch Kennedys 1963. – Ein Talmud-Zitat zum *confirmation-bias* provoziert.

„Achte auf Deine Gedanken, denn sie werden zu Worten.
Achte auf Deine Worte, denn sie werden zu Handlungen.
Achte auf Deine Handlungen, denn sie werden zu Gewohnheiten.
Achte auf Deine Gewohnheiten, denn sie werden Dein Charakter.
Achte auf Deinen Charakter, denn er wird Dein Schicksal."

Aufruf aus dem Talmud vor 2500 Jahren – gegen die Selbst-Codierung – oder dafür.

25.6. Um sieben Uhr raus ins Hotel Jeddinger Hof mit der Jamaica-Tasche voller DIN A1-Informationen. Damit begleite ich fünfzehn Führungskräfte ins Dickicht der Komfortzonen. Das endet bei Hirschgulasch und fröhlichem Abend. Carola umarmt mich. Ich lasse es. Auf der Heimfahrt ruft der VV an, ob er meine Adresse weitergeben dürfe. Ich gebe Gas.

27./28.6. 13 Grad, bedeckt – Flucht in die Sparkasse.

(Anmerkung: Eröffnung einer Ausstellung im Restaurant von Mondelez, Bremen, worüber jegliche Notiz fehlt – der Schreiber ist eben außer sich.)

The Nugget, Acryl auf Holz – 100 x 40 cm, 2013

29.6. Irland: „Deutschland, Deutschland über ahalles", dröhnte Anglo-Irish-Vorstandschef DRUMM ins Telefon, als der Laden für systemrelevant erklärt wurde, 30 Milliarden Masse. – „Wenn wir verstaatlicht würden, wäre das phantastisch, wir behielten unsere Jobs", geht es frohlockig weiter, „die Strategie ist, daß du sie reinziehst und dazu bringst, einen großen Scheck auszustellen, dann müssen sie dabeibleiben, um ihr Geld zu schützen", wird einem Kollegen klar gemacht. JOHN BOWE, Leiter des Kapitalmarktgeschäfts der Bank, hatte sich die sieben Milliarden „aus dem Arsch gezogen". Das glaubte der Staatsfuzzi zu wuppen, kurz darauf überrascht vom Rettungsbedarf über 30!

So läuft ein Standard-Geschäftsmodell, für das keine Werbung gemacht werden muß, unter dem Euro. Die Kanzlerin ist empört, es sei „richtige Schädigung von Demokratie und sozialer Marktwirtschaft" – da verwechselt sie etwas. Die Zeitung sekundiert, etwas lammfromm. So kommt es zur Herrschaft der Dämonen. Auch der Finanzminister ist voller Verachtung, „wirklich nur Verachtung!" MR. GEITHNER und SIGNORE DRAGHI werden schweigen, eventuell verständnisvoll lächeln.

Dieses Figurenkabinett ist das Produkt der Trennung von Tat und Einstehen dafür. – Das wissen alle und belegen sich mit moralischem Auswurf. Ihr könnt es ablesen: das Moralisieren gewinnt an Höhe, wo Verantwortung tiefer gelegt wird, auch sone Art von *leveraging*. Der Fluchtweg in die Altersversorgung ist sicher, auf beiden Seiten dieser Aufführung. – *Subvenire* heißt zu Hilfe kommen, beistehen. Statt eines Diskurses über die Dialektik des Helfens spreche ich von ‚unterwandern', was das Präfix ja wohl gestattet. Subvention ist die Aufrüstung zum Politikmodus, verklebt das Hirn, verändert Motivation und Orientierung direkt. Subvention zieht Subvention nach sich, das hat mit Moral nix zu tun, Frau MERKEL.

Solch feiste Dialoge sind klare Texte zum Währungsverbund. Das ärgert den Politik-Betrieb. Sie zeigen nur die Leichtigkeit von Hinterlist, Lug & Trug und flottem Staatsnutz, feines Erpresserli. – Und so geht das an allen Ecken des Währungsraums

– und im EZB-Nachtclub ist Schweigen, etwa zum Teil-System Laiki: 10 Milliarden verließen letztes Jahr die Insel in der Hand jener „besser informierten Finanzkreise", wie sie Notenbankchef PANICOS DEMETRIADES nennt. Er ist wohl der am besten informierte Finanzkreis. Die wußten vom kommenden Kollaps und freuten sich über flott rübergereichte neun Milliarden, betitelt ‚Emergency Liquidity Assistance'. Damit wurden ihre Einlagen zurückgezahlt, echt geil. – Das wiederholt, ich weiß, allein es muß, Ihr Schleiereulen!

Und: natürlich unvorstellbar, daß dieser *best* informierte Finanzkreis, wie jeder jeden Landes, seinen breiten Freundeskreis von Anlegern nicht beiläufig, sondern rechtzeitig über frisches Geld von Goldfinger informiert, damit die vorübergehende Zahlungsfähigkeit seines wie angeschlossener Institute signalisiert. – Also absolut vorstellbar das Ganze, zumal Söhnchen GIACOMO DRAGHI inmitten des Londoner Finanznetzes werkelt, mit Kreti & Pleti in Kontakt steht – Stichwort genügt. Dazu schließlich TIMOTHY GEITHNER mit seinem Zeitvorsprung, vergleiche seine Telefonatsliste im Netz, sodaß alle, wirklich alle Bestinformierten am Schalter stehen und ihre Bestände verlustfrei auslösen. – Die Einbeziehung der Spareinlagen bis 100.000 ist aus der Perspektive dieses Klientels selbstverständlich. Chefe NICOS ANASTASIADES soll dafür plädiert haben beim Konditionendisput vor dem letzten Hilfsprogramm. Anderenfalls wäre die Belastung vermögender Bankkunden zu groß.

Über solche Fluchthilfe, die das Rettungstuch über Berge von Geld deckt und das schwarze Loch zurückläßt, fällt kein böses Wort, ja es herrscht beredte Tonlosigkeit, die taube Ohren hinterläßt. Der moralische Duktus hat Mundgeruch. – Und der Formwandel des klassischen Flüchtlings beeindruckt: er monetarisiert! Das macht sein Auftauchen und Verschwinden so lautlos und einfach, erhöht seine Umschlagsgeschwindigkeit, Ausdruck seiner Scheu, wie sie olle KARL M. so fein zu umschreiben wußte.

Aus dem Flüchtlingslager Friedland ist jetzt Flucht-Europa geworden, Zentrale Brüssel. Fluchthilfeorganisationen sind offizialisiert, ja im Frack, Schlips und feinem Lächeln salon- und fernsehfähig. Flüchtlingsfreikauf, diese schnöde Sozialismus-Attitüde mit Blick auf den Abgrund, erfolgt direkt über das EZB-System.

30.6. Deutsche Naturschützer wollen den Gobi-Bären retten. Ob der Gobi-Bär dankbarer ist als die SOS-Banker-Gangster, bleibt ungewiß. Darauf ist der Naturschützer aber gemeinhin nicht angewiesen.

Die KMK tagte grade zum 342. Mal. Das kann nur fatal sein. Die Schüler werden es wie immer ausbaden.

1.7. Kroatien ist beigetreten! Sein Seegebiet ist außerordentlich für Segler, an Land siehts finster aus. So schreibt die Zeitung: Überalterung, sozialer Protektionismus, ein rigider Arbeitsmarkt, ein nicht mehr finanzierbares Rentensystem, rasch wachsende Schulden bei geringer Wettbewerbsfähigkeit, ein überdimensionierter öffentlicher Sektor – ja, was denn noch, es könnte eine glatte Griechenlandkopie sein. Was treibt die Regierung in eine unter dem Währungsdiktat hoffnungslose Position? Was treibt das Kommissariat dazu, diesen Streifen Landes unbedingt an Bord zu haben? Es gibt Geld! – Grade hat die ILO die Europäische Union mit ihren 200 Millionen Arbeitslosen erneut zum größten Gefahrenherd erklärt, was soziale Konflikte, Aufstände und weiteres in der Richtung betrifft. Dagegen wird Kroatien kein Bollwerk bilden. – Zehn Jahre noch werde der Krisenzirkus dauern, meint ja wiederholt JÖRG ASMUSSEN.

2.7. FRANKREICH
Um 4 sind wir wach – um 5 stehn wir auf – um 6 fahren wir ab nach Wedehorn, sehr tiefes Niedersachsen: Elvis geht nach ‚Guantanamo‘, Kosename. Der schafft das noch, daß ich unten sitze, im Fußraum, und er oben! – Wir stoßen ihn aus dem Auto und es geht auf Strecke, 888 km nach Orléans, genauer Le Moulin de Crouy. Die Freunde kommen auch an. Abends sitzen wir zu zwölfe, aus USA, aus Belgien und so

fort. Der feine Platz wird seit fünfzehn Jahren bewirtschaftet. Wir tafeln unter dem Keilerkopf.

3.7. Madame hat Blumen am Frühstücksplatz postiert und den Keiler verpackt, nicht den von der Wand. Es gibt ein Küßchen zum 21. Hochzeitstag. Ich liebe dich – isso. – Wir nehmen die verbleibenden 500 Kilometer, es ist ein Leichtes. Ankunft in Lacanau ohne Regen, trinken ausgiebig auf die Ankunft, morgen seien es zwei Grad mehr, heißt es. Zweimal Beach-Sound, zweimal Bier, dazu eine Band, die alles aufnimmt und es feinstens verarbeitet, Foxy Lady! Der Gitarrist geht auf James Brown. – Das Theater 1987 war mir so viel wert, wie komme ich darauf. Die Schminktasche habe ich aber jetzt aufgelöst und den Naßrasierer wieder in Betrieb genommen. – Das Erreichte zu genießen, bleibt Anstrengung. Ich weiß nicht, ob das an der Vergangenheit oder an der Zukunft liegt.

Marion hatte die Fahrräder montiert – so lernte ich dich kennen – wir rollen ins Städtchen, bestellen einen Tisch für morgen Abend und setzen uns an die Promenade. Und siehe da, die Wolkendecke weicht zurück über Land, Atlantik und Sonne pur. – Mittags Crevetten zum Salat, Käse, Weißbrot und frischer Entre-Deux-Mers. In sanfter Trägheit auf die Liege.

4.7. Es ist hell – die Matratze durchgelegen – die Nachbarn grüßen nicht – ein Kind schreit zum Steinerweichen – der abgewetzte Plastiktisch schon zum Frühstücken zu klein – eben einfach Urlaub. Von Zikaden, den Boten von Sonne und Hitze, nichts zu hören. Die Freunde gleichwohl in trotzig kurzen Hosen, wir fahren zum Einkaufen. – Ihr habt sogar einen Toaster mit! Wohl ein Zeichen, daß wir alt werden. Daß wir das schon immer so machen, altes Brot ist mein Kriegsleiden, wird nicht akzeptiert.

Wieder ein Anlauf durchs Jahrhundert, um die Gegenwart zu justieren: die Nazis kürten die Herrenrasse – der Mittelschicht bot das Aussicht – dem übrigen Volk in Gefolgschaft kam das

111

unheimlich vor – der gängige Antisemitismus bot eine der Brücken – in diesem Freund-Feind-Modus trieben die fanatisierten Apparate zügig auf massenwirksame Brutalisierung – Krieg wurde zum umfassenden Gewaltverhältnis und Hebel zum organisierten Massenmord, zum Abstreifen der Reste des zivilisatorischen Firnis – Charisma und Größenwahn trieben in den Exzeß, dessen Wille zum Untergang schließlich von außen unterbrochen wurde.

Die Roten wollten die Menschheit befreien, von ihren Träumen – dazu mußte alles mit Stumpf & Stil ausgerottet werden – Massenhunger, Massenliquidation und Massenverschleiß durch Arbeit zeichneten jenes Land bereits vor dem Überfall durch das rassistische Lagersystem. Dem Sieg über den Massenmord folgte die imperiale Ausweitung des Stacheldraht-Systems, bis der Rückfall in Formen entwickelter Tauschwirtschaft als Naturalientausch im Bückware-Modus und aufständischem Kollaps endete. Selbst die Monetarisierung von Land & Leuten hielt das nicht auf, *newwar* Schalck!

Nach solchem Jahrhundert herrscht aber nicht etwa Ruhe – schon wieder ist das Land mit drei diktatur-affinen Themen überzogen, die sich als System festfressen. Das Europa-Projekt hat sich zur wahnhaften Nomenklatura verdichtet und Formen der Fiskaldiktatur außerhalb der Landesgrenzen etabliert. Monströsen Profiten eines EZB-gesteuerten Fiat-Money-Netzwerkes steht ein kontinentaler Haftungsverbund braver Völker zum Ausgleich verbrannter Tonnen von Papiergeld zur Seite.

Wie erkannte schon Baron AMSCHEL MAYER, Sproß der Rothschild-Dynastie im Jahre des Herrn 1773: „Geben Sie mir die Kontrolle über die Geldschöpfung, und es kümmert mich nicht, wer die Gesetze macht." – Diese Gewißheit zeichnet auch das immer feine Grinsen von Goldfinger, wenn er vor die Kamera gerät, ebenso wie die eher verkniffenen Gesichter nationaler Finanz oder auch der Chefs. Sie wissen, daß sie sich, nein ihr Volk (welches nie zustimmte) verschrieben haben, auf Gedeih, näher an Verderb.

Auf ein Detail von Goldfingers internationalem Umverteilungs-
zirkus sei verwiesen: sein Niedrigzins-Diktat entschuldet die
Teilnehmer des spanischen Immobilienabsturzes, während die
‚armen Haushalte' Deutschlands mit überwiegend auf Zins hof-
fenden Geldanlagen enteignet werden, im Differenzmodus von
Zins und Inflation in forcierter Form.

Das zweite System ist das Klimawandel-Netzwerk, welches kanz-
leramtlustwandelt, staatsräsoniert und dem Volk weiteres Ergebnis aus reellem Arbeiten abzweigt. Steuern und Abgaben bilden
das übergreifende Instrumentarium für räuberische Enteignung
bzw. Umverteilung an die Profiteure dieser Klima-Heilkur. – Dabei verstehen illustre Institute wie HANS JOACHIM SCHELLN-
HUBERS Potsdam-Truppe oder das Bundesumweltamt ihren
streng wissenschaftlichen Auftrag durchaus im Herrschafts-
kontext: wer bei der Klima-Darmspülung stört, kommt auf die
schwarze Liste, wie GÜNTER EDERER zeigt. Schelli möchte am
liebsten Staatssekretär bei Angie sein, was denn noch!

Schließlich die Sozial- und Opferzuschreibungsindustrie, Paral-
lelorganisationen der Parteien mit hartem Organisationsgrad.
Parallel meint hier Mentalität, also die gemeinsame Geschäfts-
grundlage von Betreuungsbedarf und Wahlrecht. Das nötigt
zu Organisation, die fern jeden Verdachts des Einseitigen und
unauffällig sich kontinuierlich im Modus sozialpolitischer Anklage vernehmen läßt. Und paßt zur öffentlichen und rechtli-
chen Grundversorgung, die monatlich einen raushaut. So führen
die Caritas 500.000 und mehr, Diakonie an die 450.000, weiter
Rotes Kreuz, AWO, Paritätischer Wohlfahrtsverband und noch
andere 1,5 Millionen Wahlberechtigte im Troß. 1970 waren es
noch knapp 400.000. Bei mehr als 100.000 Einrichtungen fehlt
leicht die Übersicht, über Preise und Profite ohnehin, zumal ja
das Wohltätige gerne steuerbefreit vereinnahmt. Umsätze werden zwischen 40 und 50 Milliarden geschätzt. – Finanziert wird
quer durch die Quellsümpfe der Republik, also über Beiträge zur
Kranken- und Pflegeversicherung, ein bißchen Steuern und aus
dem staatlichen Glücksspiel.

Warum eine Million Berechtigte Hartz4 nicht in Anspruch nehmen, ist der Grundversorgung sogleich ein Interview mit dem Fachmann wert: die Chefin der Linkspartei vermutet durchs Gelände – da sei Angst, jawohl Angst vor Diskriminierung – noch mehr? Nöö. Verstehen muß das keiner, aber es gehört zum Reporting „betreutes Leben". – So treibt das zwangsfinanzierte Netzwerk mit Armutssyndrom, Gerechtigkeitslücke, Bankenhatz und Reichtumsaversion das Meinungsgefüge ins Staatsfreudige und Staatshörige. Das soziale Ideal der Stallfütterung festigt solch kalkige Zustände von Gesamtpassivität und Anspruchshaltung. – Das kommt davon, wenn man in Urlaub fährt, du drehst am Rad, ein paar Tage und ich habe Anschluß.

5.7.   Wieder Frankreich: nach einem schönen Abend auf der Terrasse ist Geburtstag. Wir folgen der Einladung zum Frühstück – der Himmel ist blau – der Sommer kennt kein Halten – wir stellen uns in die Brandung – Marion freut sich über die Weltraumwärmflasche, die kreisrunde. – Abends gibt's Sekt bei uns und dann mit dem Rad ins Restaurant „La Galuche", Hochterrasse mit Blick aufs Meer, wenn man sich reckt – amüsant und schmackhaft. Um zehn ins Strandcafé zum Sonnenuntergang, wie immer. Um 11 Uno zu zweit. Ende.

6.7. Unter dem Bogen des französischen Sommers, also dieses gelben Dings am Himmel, packen wir für die Tour Lacanau – Ocean. Dort sitzen wir am Atlantic Point vor einer *rapping dance group* – es ist alles durcheinander, das Volk läuft von links nach rechts und zurück! von links eine Gruppe Chinesen, von rechts *young blacks*, dann Franzosen – wahrscheinlich alles Franzosen, verführte Wahrnehmung! Slippers, chips und Schirmmütze rückwärts. – Ich möchte keinen von denen in der Klasse haben, ich glaube nicht, daß einer von denen – nur Jungens, tatsächlich – eine Ambition hat, meint Marion. Was sind die Tatsachen? Jedes Rudel ist anders zusammengestellt, das Individuelle spiegelt sich auf einer Fläche von Gemeinsamkeit, jedes läuft in seinen Facetten und im schnell virulenten Binnenklima, das wippt richtig – *if ya know what I mean.*

Schreiben geht nur am Material, drinnen wird's künstlich, manchmal reizvoll, draußen affirmativ, schneller reizvoll – neun Weingläser kommen auf den Tisch, funkelnd in Dreiecke gesetzt – bei den Nachbarn. Wir radeln zum Großmarkt und kaufen nach Gewicht, fünfzig Prozent Flaschen, zwei sündhaft teure Thunfischsteaks und suchen noch den Austernstand in der Markthalle auf, Chef und *fisherman's friend* begrüßen uns, *deux verres et une assiette*, hinten gibt's frischen Fisch – und es ist ein Uhr, Schließung, er schenkt uns zwei Stücke – eine Fangstrecke des Glücks endet in feinem Tischgedeck mit *Chateau Moulin de l'espérance*, 2009, butterweich aus der Flasche ins Glas, Salat und Ziegenkäse, Spiegelei, *fromage quatre fois*. Wieviel kleines Glück faßt ein Zustand!

7.7. SONNTAG
Nach Karl Piranja (Zitat *Offe'bach*) mit zweifacher Nachbesserung kommt mein Dauerschreibprojekt zur Sprache. Die fehlende Struktur macht mich anfällig. Der nächste Morgen ist wie der nach einer Unwetternacht, aber: *feedback is a gift*, heißt die Parole – den Scheiß will doch kein Mensch lesen, das ist alles Schnee von gestern! Warum machst du das? –

keine Antwort – weil ich herausfinden will, wann und wo ich mein Leben verloren habe, und wie ich wieder reinfand, sage ich mir später. Was hat das mit Roland Diehl zu tun, der Büttinger – das ist HANNS MARTIN SCHLEYER – biografieren will? Bei DELIUS ist das, wo das im Nürburg-Ring-Projekt endet, Ende der 70er Jahre.

Wohltuend dagegen das Vater-Sohn-Verhältnis, das dem telefonischen Geburtstagsgruß an Marion folgte: weißt du, Papa, was ich im HR *(Anm.: Human Resources)* erlebt habe? Da sagte einer, im Restaurant hängen die Bilder von CS – Wer ist denn CS? – Aaaah, der Vater von JS – merkst du, ich übernehme!

Ein Kilo großer Muscheln ist es wieder geworden – nach dem Mittagessen winkt mich Marion ins Haus – später kaufen wir im Städtchen Bildhefte zur aktuellen Stierkampfsaison „Le Mystère José Tomás" und sitzen schließlich wieder bei Barconne am Laufsteg. – Mit fixer Einstellung die Kamera zwei Stunden laufen lassen, dann mit halber Geschwindigkeit abspielen, darunter BOB DYLANS *The Times They're a Changing.* – Gegenüber gehen ein Baß mit Guitarre dezent auf Sendung, Beatles, Sting, Jimi Hendrix, auffallend diese Rezeption. Ich könnte bleiben, Marion wendet ein, JH kann sie nicht ab. Wir verlassen den Platz gleißender Sonne und vollen Strandes und radeln zurück. – Die Buchbesprechungen des Nachmittags gehen mir durch den Kopf, von den Stasi-Berichten an die SED-Führung 1953, das ‚wie es war'. –

Wir teilen eines der mächtigen Thunfischstücke, Tomaten, Ziegenkäse, Weißbrot Rosé, *quat' fromages.* – Später das Interview des JOSÉ TOMÁS über jenen Stier, der ihn 2010 vor die Tore des Todes brachte.

Der Tag geht von 4.30 bis 22 Uhr, er lacht geradezu. *Chaque a son façon*, Marion nimmt drei Austern, morgen gibt's einen eigenen Teller! – Auf die Räder, der Fischladen macht zu, vierzehn *Crevettes* gehen grade noch, vier Euros und zurück über den Atlantikpunkt. Zu Hause die übliche Mischung mit *entre deux mers*, es ist zum Absacken – eine Handhaltung löst eine homoerotische Erinnerung aus – ich könnte ihm schreiben – nenne deinen Namen nicht – das wäre abzusprechen. Das war schon damals so. Dann zerbricht der Kontrakt.

Nachmittags packen wir für den Strand, der ist voll, wir stellen uns in die Brandung, auf 60 Meter Breite wird es eng, die Aufsicht hat das abgesteckt. – ALEX CAPUS zeichnet die Frauen, voller Selbstgewißheit, im Glück wie im Unglück, ihre Seele sei allerweltverbunden, komme was da wolle. Sie würden es so nicht nennen. Mich streift Melancholie.

Die letzten Phantom-Kampfjets werden in Wittmund ausgemustert. Der Bericht vereint politische und Sozialgeschichte und das Tüftelprofil, die Basiskompetenz des Volkes.

Abends feiert die Yellow-Anlage ihr 50-jähriges Bestehen. Wir setzen uns mit Abstand zur Bühne. Nach einstündiger Aerobic-Animation unter Kawumm-Musik fragt Marion: sollen wir was kaputt machen!? – Mach keinen Ärger, Schatz! Wir gehen.

8.7.   Morgens 2 Kilogramm Muscheln geholt, nachmittags nach Carcan, 13 km hin, Bier und Eis, 13 km zurück, die Räder laufen gut. – Wir packen aus und fahren zum Austernfischer – die freuen sich – *une assiette et deux verres*, Marion kauft sein Patent, den Austerndorn für Jörg in Galizien – der Fischermann war in Norwegen beim Austernernten, das halbe Jahr im Dunkel.

117

LESER:
Was regt Sie auf?

SCHREIBER:
Im Grunde sind es die gleichen Fragen, die in Brasilien, der Türkei, in Ägypten gestellt werden: in Brasilien schimpft die Literaturagentin ANNA LUIZA CARDOSO:
wir zahlen Steuern wie in einem Erstweltland – und zahlen noch einmal für alles, was wir in Anspruch nehmen – wir wollen wissen, wo unser Geld ist – wir wollen nicht wie Kinder behandelt werden.

LESER:
Warum ist das vergleichbar?

SCHREIBER:
Was die Steuerlast betrifft, so kommt zu dem Gesagten noch etwas hinzu. In meinem Ein-Mann-Geschäft geht das so:
auf 1000 € erwirtschafteten Umsatz zweigt der Staat vom Kunden 19% Umsatzsteuer ab, weiterhin Körperschafts- und Gewerbesteuer und jenen berüchtigten Solidaritätszuschlag. Das sind so 36 plus 19, also 55%. Das ist inakzeptabel, Raub, Wegelagerei. Flucht ist nicht möglich. – Das Geschäftsführergehalt kostet 20%, tanke ich, sind zwei Drittel Steuern, zahle ich Strom, ist die Hälfte Steuer, trinke ich ein Glas Sekt auf diesen Geldzirkus, besser eine Flasche, ist die einschlägige Sektsteuer von 1907 fällig – auf den Flottenbau!

LESER:
Das Geld wird verwendet!

SCHREIBER:
Hier schwindet mein Vertrauen.

LESER:
Vertrauen ist Vorschuß.

SCHREIBER:
Der ist versenkt, 100%. – Dann noch: für Radiohören und Fernsehen zahle ich Zwangsbeitrag – Nachfrage, Qualitätskontrolle sind nicht maßgebend. Für krank/gesund werden Beiträge erhoben, Qualitätsmaßstäbe werden einvernehmlich vermieden – was diskutieren die im Bundesgesundheitsausschuß? – Bildungsrepublik? Alles lacht. Jeder Regierungswechsel reißt das Ruder eines substanzschwundverzehrten Apparates herum. Die KMK wollte ich schon immer in die Luft jagen. – Infrastruktur? Kein Geld. – Haushalt? Bald zwanzig Prozent Zinslast.

LESER:
Ihr Vorschlag?

SCHREIBER:
Verantwortung! Reduktion der ideologischen Spielfilmkultur – externe und kontinuierliche Haushaltskontrolle, gegen die Wählerbestechungsallüren – Aufwertung der Rechnungshöfe, deren Jahresberichte kommen über den Status des Abenteuerromans nicht hinaus, bloß wie?

LESER:
was meinen Sie?

SCHREIBER:
die Delegierten haben kein Interesse, vom Selbstbedienungsladen wegzukommen.

LESER:
Starker Tobak, was meinen Sie?

SCHREIBER:
Es gibt Konsens, parteiübergreifend:
im Zweifel Steuern zu erhöhen, die verfassungswidrige Parteienfinanzierung fortzusetzen, das Klima zu retten, in die Kunstwährung Euro jedes systemrelevante Geld zu stecken, Berlin ist eine große Barrikade. Der Apparat ist seit LUDWIG XIV. eben stark gewachsen.

LESER:
das Parlament ist Träger der Volkssouveränität.

SCHREIBER:
das Parlament ist wertlos, wenn sich die Abgeordneten benehmen, als seien sie niemandem Rechenschaft schuldig – sagt einer auf dem Literaturfestival im brasilianischen Paraty. Im einvernehmlichen Blockverhalten in den genannten und anderen Themen sehe ich Vergleichbares. Mag auch Korruption und Abschöpfen anderenorts ausgebildeter sein, das bayrische ‚Familien-Parlament' gibt grade ein Beispiel, wenig Trost. – Der Wählerbestechungsmodus, das Wildern in den Programmen der Anderen, um den Strauß absurder Versprechen zu vergrößern – hier ist die ‚Energiewende' einschlägig – geben schöne Anschauung. Das ist Abenteuer, gemessen an den Aufgaben. Es ist so fad wie die immer noch jährlichen Literaturfestspiele in Klagenfurt, pardon, wie arrogant, von Kenntnis ungetrübt – aber es rutschte mir raus.

LESER:
Sie verlieren den Maßstab. – Lesen Sie den Bericht von SERGEJ LOCHTHOFEN („Stalin war ein Großer"). Der kommt im Filz von politischer Verfolgung und massiver Bestechlichkeit und fast schon Internierung im Flughafen nicht mal an sein Inlandsziel.

SCHREIBER:
Kein Zweifel, der Abstand ist massiv – und verteidigungswürdig. Deshalb sage ich ‚affin'. Ein Beispiel: GÜNTER EDERER gerät ins Fadenkreuz staatlicher Organisationen und staatsfinanzierter Broschüren. Er gehört zur Minderheit derer, die sich dem wissenschaftlich zweifelhaften *dictum* nicht fügen, der Klimawandel sei Menschenwerk. Es gibt Aufbauorganisationen, die heißen hier ‚Bundesklimakammer' – Zusammensetzung? Auftrag? Finanzierung? – Bundesumweltamt – Auftrag? – und Bundesumweltminister, naja. Deren absolutistisches Weltbild wird mittels breitestem Zugriff auf eigens enteignete Einkommensbestandteile durchgesetzt.

Solche Systeme tragen alle Parlamentsgruppen. Zu den Sub-
systemen gehört das Potsdam-Institut für Klimaforschung,
die Ausrichtung wird über die Schulbücher transportiert,
allabendlich durch das GEZ-System.

Das Europa-Projekt hat noch größere Dichte über die teilneh-
menden Staaten gelegt. Der Wahn eines Politbüros spiegelt
sich hier und nährt sich von Bergen von Geld. – Schließlich
die Bertelsmann – Stiftung mit ihren Strategien zur Unter-
wanderung von widerständischen Bewegungen. … (ist kein
Arzt zur Stelle!).

Kennen Sie das – wenns schiebt?

EDLEF KÖPPENS Heeresbericht nach 72 Jahren wieder aufge-
legt, einfach grausam – mehr als JÜNGERS Kriegstagebücher.

Ach ja, ab heute ist die Staatsarbeit zu Ende, die Steuerlast von
51,6% ist abgeliefert.

11.7. Am 17. Juni 1940 verließ der Hilfskreuzer ‚Victor Schoelcher'
Stunden vor dem Eintreffen des Vorauskommandos der Wehrmacht den Bretagne-Hafen Lorient, beladen mit dem Goldschatz
der Banque de France, 2400 Tonnen und weiterem anvertrau-
tem Gewicht. Das war in der Nähe, ich suche die Karte ab. Das
Ziel Kanada wurde nach Angriffsdrohungen der Exilregierung
in London wie
der deutschen
Kriegsführung
a u f g e g e b e n
und der Schatz
ins französi-
sche Senegal
nach Medine
gebracht. Da-
raufhin wurde
der Ort be-
kannt.

The ship A4

In Fahrtrichtung versinkt die Sonne glutrot hinterm Horizont. Das hat gedauert, sodaß der *entre deux mers* nicht reichte. Wir müssen einen besonderen Platz in der Villa Margalex gehabt haben. Es ist ja bekannt, wenns immobil wird, entscheidet Lage, Lage, Lage. Das weiß auch der Kellner. Oder was sollen 29,90 für *Entre2mers*, sagen wir 2012?

12.7.   Friedliche Hitze belegt den Tag, es gibt auch andere! Wir machen uns auf am Strand nach Lacanau, erschöpft zurück, kleines Menu – nachmittags erneut an den stillen Atlantik. – Ich hole das Set, *crevettes, baguette et vin*, abends kommen die Freunde, es wird köstlich.

12.7.   Sonne, hinhaltend. – KÖPPENS Heeresbericht ist wie unter Schock:

„25. September 1915, Kavallerieangriff im Frontverlauf Souchez – Lens – Anney – Loos: Maschinengewehre zwischen die schlagenden Beine der Pferde, daß die zerhackten Stümpfe über die Erde schlurren, Schrapnells vor die Brust, Granaten unter den Bauch, Bündel schwefelgelber Stichflammen, Säulen aus braunem Rauch, Fontänen armdick Blut und Gedärme, hochgeschleudert Glieder und Rümpfe aus Menschen und Tieren … zermalmte Pferde, zermalmte Reiter von Loos bis Halde … nicht ein Pferd wendet. Noch das Tote drängt nur nach vorne, wird immer wieder, immer wieder zerfleischt. Stehend, freihändig bringt die … Infanterie ihre Fangschüsse an. Bis alles reglos im Blutbrei erstickt." S. 186 f.

„Der Graben der Engländer wird mit Vernichtung gepflügt. Und jetzt springt die deutsche Infanterie an, vor, sicher, watet durch den Blutsumpf, bis zum Gürtel in glitschigen Leichen."
Später im Trichter als Aufklärer: „Ich habe … viele Tote gesehen, auch viele Kameraden. Aber dies hier war unerträglich grauenhaft. Immer wieder Leuchtkugeln … immer wieder das Gesicht. Und jedes Mal wurde es mir bekannter … jedes Mal hafteten mehr Einzelheiten. Schließlich kam ich auf den irrsinnigen Gedanken, der Tote da neben mir sieht ja genauso aus wie ich."

Zwei Kaiser, ein König und der Zar setzten auf Gottes Hilfe Anfang 1916 – das konnte nicht gut gehen, es sei denn, Gott riet nachzugeben. Tat er aber nicht. – Die Verlustangaben des Autors, der in der Heilanstalt endete, kommen bei acht Millionen und zweihundertfünfundfünfzig an, gemeinhin auch die Abrechnung nach dem nächsten Weltkrieg. Sie ist dürftig, denn ihr fehlen die körperlich unversehrten Überlebenden, Verletzte und lebenslang Versehrte, alle Angehörigen, Traumatisierte wie die ärztlich kategorisierten Kriegszitterer, Ausgebombte, Vertriebene – ganze Generationen, in denen der Krieg weiterging.

In Weimar, ebenso auf gesellschaftlicher Ebene, innerstaatlich und zwischenstaatlich, die Konfrontation mit Rache und Abrechnung, Demütigung und Ausplünderung, Gebietsabtretungen und Vertreibung, Fortsetzungen des Krieges mit allen verfügbaren Mitteln nach Osten. Weniger im Frieden als im Waffenstillstand den nächsten Waffengang vorbereitet in Form zahlloser Erinnerungs-, Verklärungs- und Racheorganisationen und den hunderten von Denkmälern, welche den Waffengang noch hundert Jahre später dokumentieren – Namen für Namen. Gegen all das sind die Toten kleine Minderheit.

14.7.   SONNTAG
KÖPPENS grausames Ende – abends wird hier der Sturm auf die Bastille gefeiert, vor 224 Jahren. – Wir schlendern auf der Sonnenachse von Lacanau, vor allem des Publikums wegen. Nochmal zum Strand, die Brise treibt den Sand auf, der Chi Chi-Mann mit seinen Gesängen ist ausdauernd und erfolgreich.

Nächste Ferienlektüre ist GERD HABERMANNS Freiheit oder Knechtschaft.

16.7.   Projekt: ‚100 Jahre Durchhalteparolen‘
- 1914/1918: Bekanntmachungen des Kaisers, der OHL
- 1940/1945: dasselbe
- 2010/2013: dasselbe von DRAGHI, EZB Kommissariat, SCHÄUBLE & MERKEL zum Euro. Naja.

Das Gilgamesch-Epos in den 1873 entdeckten Bruchstücken:

„Die Tage der Menschen sind gezählt,
was immer sie tun, ist eitel Wind!"

Fast wortgleich formuliert der Prediger SALOMON. Und daran hat sich wenig geändert. Gleichwohl waren auch im Zweistromland die Schäflein, bzw. Zicklein ins Trockene zu bringen. Es war womöglich einfacher.

17.7.   GALIZIEN
Die Zeit in Lacanau ist zu Ende. Wir gehen um 7 Uhr auf die Autobahn nach Bordeaux, Biarritz, Katalonien, Galizien. Spaniens Autobahnen sind großartig, ewige Plattformen mit konstanten Steigungswinkeln durchs Gebirge und wenig Verkehr. Nach tausend Kilometern erreichen wir Porto do Son und Queiruga – und sitzen bis Mitternacht bei Schwester und Schwager sowie feinstem Rosé zu feinstem Essen. Das Ganze endet reichlich besoffen, im Gästebett.

18.7.   Schweren Schritts ans feine Frühstück. Nach reichlichem Einkauf in Porto, dazu zwei Brillen zu Tausend, es soll hier billiger sein, beziehen wir das Quartier in Xuñio.

19.7.   Im Dorf wird gefeiert bis morgens. Dann schießt es zwanzigmal. Danach wird der Garten vorm Fenster gemäht, Motormäher.

Beim Erwerb einer Immobilie mittleren Wertes erteilt die lettische Regierung eine EU-weite Aufenthaltsgenehmigung. Davon machen vorzugsweise Russen und Chinesen Gebrauch, deren Geld reichlich ist. – Auf Geld ist eben Verlaß.

Ein Mann wie SNOWDEN, der versteckt sich grade auf dem Flughafen vor den USA, so einer müßte in Goldman Sachs die Blaupause für das Geschäftsmodell EU plus Euro von 1988 finden. – Da wäre was aufzudecken, wenigstens Rollenverteilung, in der HELMUT KOHL seinen Part hatte. – Der Verdacht der Verschwörung radikalisiert allerdings die Bewertungen, meint TILMAN ALLERT. Dann stehen die Akteure blank, die Institutionen entblößt und das Grundvertrauen schwindet. ‚Zerbröseln der Diskretionskultur' nennt er das und empfiehlt Demut. Dahin zurück zu finden, fällt schwer. Die Verführung liegt darin, daß das ganze politische Projekt von Ignoranz gegenüber getroffenen Vereinbarungen, geschlossenen Verträgen und starkem Institutionenverschleiß geprägt ist. Andere sehen das anders.

20.7. Wieder wird frühmorgens geschossen, immerhin nur zwölfmal, reicht aber. Dabei sind wir erst um drei Uhr morgens besoffen vorm verschlossenen Tor angekommen, das Auto in den Graben gestellt und über den Zaun geklettert. – Ein Wetter wie Herbst, wir fahren zur Bar am Meer und frühstücken. Der Atlantik ist etwas Ungeheures, die Brandung erhaben langsam, schwarzer Aufbau, Umschlag, Gischt, langsam bei steilem Aufbau, dann dumpfer und trockener Aufschlag bis zum Versanden.

Galizien

Der Besuch von Noia wird zum Erlebnis, ein Mittelalterfest ist dort förmlich explodiert, die Innenstadt mit Ständen überfüllt, das Volk kostümiert, auf Strohballen die Becher leerend. Jörg sichert zwei davon am Tisch und wir verfolgen den Ausnahmezustand, langsam wieder zum Bier greifend. Marion findet vieles, was wir noch brauchen. Nach Schweinefleisch vom Drei-Meter-Rost rollen wir zurück und liegen gegen Abend am Strand von Xuñio. Es ist wieder Sommer.

„Im Moment sind die Romantiker und Idealisten mal wieder am Ruder", umschreibt HANS-WERNER SINN die deutsche Lage, was Jahrzehnte, Wohlstand und mehr kosten werde. – Wen auch immer er da vor sich sieht, PETER ALTMAIER muß dazugehören. Der hausiert grade mit ‚Bürgerdividende', falls einer der Trassenmasten doch im Vorgarten aufschlägt – PHILIP PLICKERT befragt JUSTUS HAUCAP, was das denn soll (17.7.) – der fürchtet das Schlimmste, summiert die 100 Milliarden des letzten Jahrzehnts allein aus der EEG-Hymne, also ohne Wind und Bio und setzt der 1-Billion-Schätzung des eifrigen Umweltministers hinzu: ‚solche Kosten fahren das Projekt an die Wand'. Statt massiver Überförderung aus den 4000 EEG-Fördersätzen, die teuerste Photovoltaik mit der höchsten Rendite, genügte der Emissionshandel, fast wie der Länderfinanzausgleich, mehr als eine Milliarde nach Bayern, im Norden kassieren die Solarwirte, die normalen Stromkunden finanzieren solche *windfall profits* von Landwirten und Hausbesitzern ... ich höre hier auf, der Mann ist vorne bereits ohne Haare, das kann nur vom Raufen derselben kommen. Er sei nicht ganz pessimistisch, heißt es abschließend.

„Die Wege zum 20. Juli" heißen:

HANS und SOPHIE SCHOLL (am 22.3.1943 enthauptet) – Gen. Major HANS GEORG KREBS (1.5.1945 Selbstmord) – Gen. Oberst FRIEDRICH FROMM (am 12.3.1945 erschossen) – Gen. Major HENNING VON TRESCKOW (21.7.1944 Selbsttötung) – ALEXANDER STAHLBERG – CLAUS SCHENK Graf VON STAUFFENBERG – GEORG und PHILIPP VON BOESELAGER – HANS GÜNTHER VON KLUGE – Generalfeldmarschall (19.8.1944 Selbsttötung) – EDWIN VON ROTHKIRCH UND TRACH – CARL HEINRICH VON STÜLPNAGEL, Generalfeldmarschall – HANS OSTER, Generalmajor (9.4.1945 im KZ Flossenbürg, nackt erhängt) – ERWIN VON WITZLEBEN, Generalfeldmarschall (8.8.1944 in Plötzensee erhängt) – PETER GRAF YORCK VON WARTENBURG (8.8.1944 in Plötzensee erhängt) – ULRICH WILHELM GRAF SCHWERIN VON SCHWANENFELD (8.9.1944 in Plötzensee mit fünf weiteren Verurteilten aus dem vierten Staatsstreich-Prozeß vor dem Volksgerichtshof mit einer Drahtschlinge erwürgt) – ADAM VON TROTT ZU SOLZ

(26.8.1944 in Plötzensee hingerichtet) – WOLF-HEINRICH GRAF VON HELLDORF (1944 in Plötzensee erhängt) – JULIUS LEBER (5.1.1945 in Plötzensee hingerichtet) – Oberst HAHN – General THIELE – General FRIEDRICH OLBRICHT (20.7.1944 erschossen) – Oberst ALBRECHT RITTER MERTZ VON QUIRNHEIM (20.7.1944 erschossen) – HANS VON DOHNANYI (9.4.1945 im KZ Sachsenhausen erhängt) – DIETRICH BONHOEFFER (9.4.1945 im KZ Flossenbürg Tod durch Hängen) – Admiral WILHELM CANARIS (9.4.1945 im KZ Flossenbürg erhängt) – LUDWIG BECK, Chef des Generalstabs bis 1938 (20.7.1944 nach versuchter Selbsttötung erschossen) – CARL FRIEDRICH GOERDELER (2.2.1945 in Plötzensee hingerichtet) – Generaloberst ERICH HOEPNER (8.8.1944 in Plötzensee gehängt) – Generalfeldmarschall WALTHER VON BRAUCHITSCH (gest. 1948) – Generaloberst FRANZ HALDER (gest. 1972) – HELMUT JAMES GRAF VON MOLTKE (23.1.1945 in Plötzensee erhängt). – Teil des Ganzen.

21.7. Wieder wurde es halb drei und wir kriechen um 11 Uhr aus den Federn zum Frühstück bei Xuño, dort ist es herbstlich aber lecker. Es folgt ein Gang durchs Naturschutzgebiet, diesem Freigang für Ornitologen, Feldforschern und ähnlich Verstiegenen mit Tropenmütze. Wir kommen heil raus und fahren wieder zu viert nach Noia, wo weiterhin das Mittelalterfest tobt. – Jörg empfiehlt ein Restaurant, wo wir im *Separé* einen großen Tisch mit bevorzugter Bewirtung besetzen. Und das Menu ist ausgesucht! – Um sechs zurück, ab 9 Uhr abends Fortsetzung des feinen Trinkens.

Nach dem Krieg: auf Abteilungsleiterebene war das Justizministerium durch die Bank mit Aktivisten aus der Nazizeit besetzt. Abteilung ist die orientierende operative Führungsebene. Die „jungfräulichen Aktenbestände" werden jetzt bis einschließlich 1973 gehoben. Zu diesem Zeitpunkt hat auch der letzte Alt-Nazi die Pensionsgrenze erreicht und kann ohne Unannehmlichkeiten hinter dem Gartenzaun verschwinden. Das ist dienstherrliche Rücksicht vom Feinsten. Der Forschungsleiter gibt dem geneigten Interessenten erste Einblicke etwa dahingehend, daß die Tätigkeit jener Juristen von „einem starken Rechtspositivis-

mus" getragen war. Davon ging wohl die Autorschaft des Reichs-
gesetzblatts auch aus und regelte entsprechend. Das Regime ließe
sich allein anhand seiner gesetzlichen Äußerungen präsentieren.
– Aber den Herren wurde über die Jahrzehnte ohnehin von der
eigenen Brut geholfen, etwa durch das Täter-Gehilfen-Konstrukt
des BGH. Daraus entspann sich ein System der Verantwortungslosigkeit, welches es 1968 schließlich drei erfahrenen Justizhand-
werkern, schweren Jungs des Hitler-Regimes, leicht machte, das
Skandalvotum zum Gesetz zu machen. Es war so gut verpackt,
daß 512 Abgeordnete es mit leichter Hand unterschrieben.
THOMAS HARLANS Sprach-Katarakte haben diesem „kollu-
siven Zusammenwirken", so hieß solche Kumpanei im Straf-
rechtsseminar, berstenden Ausdruck gegeben.

Und dennoch ist es leicht gesagt und lauthals beklagt! Ebenso wie die Sache mit dem Widerstand: die Biografien der oben
Genannten wie der tausend oder zehntausend weiteren illus-
trieren die ebenso vielen Wege, die sie dorthin brachten, vom
preußisch-militärischen und ethischen Standpunkt des Chefs
des Generalstabs LUDWIG BECK, vom glühenden Anhänger,
SS-Mann und Polizeipräsidenten wie VON HELLWEG, vom
katholischen oder kommunistischen oder all den anderen Her-
kommen und Prägungen.

So ging das 1968 eben auch, guten Teils in Unkenntnis, denn
was hätte etwa HERBERT WEHNER bei Kenntnis dazu gesagt!
– Das sind die dunklen Flecken im Urteil über die Vergangenheit. Sie ist erstmal persönlich und geschehen. – Warum lief ich
auf dem Deich in Brokdorf mit! Es war viel Routine und eben
ein Ereignis. – Wie konnte Jochen sich auf den soldatischen Eid
berufen! Er tat es – und blieb dabei, nach Kriegsende. Ebenso
dieses Klammern an den Gesetzestext. Dabei gibt es nichts blan-
ko, nicht Freistellung von Verantwortung.

22.7.   Frühstück auf der Terrasse bei *las fornas* – der Atlantik liegt
fast glatt, ein Gefühl von Hemingway, solch Unsinn fällt mir
ein, näher komme ich dem Eindruck nicht.

23.7. Letzter Tag am Atlantik, letztes Kartenspiel, Abschied um halb zwei, kurzer Schlaf und Aufbruch. – Ich möchte, daß du mich niemals so behandelst! Marion erinnert sich an ‚Szenen einer Ehe' von INGMAR BERGMANN, der Rosenkrieg paßt nicht, vielleicht ‚Wer hat Angst vor Virginia Woolf'.

24.7. Um halb sieben ist es dunkel. Wir fahren nochmal den Atlantik ab, nach Norden, dann nach Osten und schaffen es bis Poitiers.

25.7. Nach dem spanischen Frühstück sind wir der Hotelmengen entwöhnt. Das Navigationsgerät zieht uns durch die Unterwelt von Paris. Abends im Garten: soll ich mich mal in den Garten stellen und Zikade sein?, fragst Du und machst das Geräusch. – Weil Anna umbaut, fahren wir alle zum Griechen. Da sitzt Holger (KJS 1998), wie immer.

26.7. MICK JAGGER hat Geburtstag (70), JJ. CALE ist tot, 74!

Drei Wochen Abwesenheit sind eine lange Zeit, dabei ist wenig passiert. Ich suche die Routinen. Die Ideen und Pläne aus dem Urlaub sind kleinlaut dagegen. – Marion lädt die Nachbarn auf sieben Uhr ein und bereitet im Nu den großen Tisch im Wintergarten zu. Die freuen sich und es wird ein langer Abend unter Einsatz von sieben Flaschen. – Am Ende rocken wir Olélé … du durftest noch nie so oft, heißt es – Beginn der Wartezeiten.

27.7. Mit schwerem Kopf hoch und mit Elvis raus aufs Feld. Es schüttet, blitzt und donnert wie gestern. Terrasse säubern ist Knochenarbeit, den Sand vom Nachbarn zurückschippen auch. – Dortmund besiegt den FC Bayern mit 4:2, der neue Trainer gratuliert.

28.7. SONNTAG
Das ‚Prism'-NSA-Rundumabhörprogramm ist steinalt. Schon Kanzler BRANDT, empört von derlei Zumutungen, beugte sich seinerzeit mit allerlei zustimmenden Unterschriften. Kein Grund zur Schnappatmung, denn das Leben findet unter Klarglas statt.

Um neun Uhr abends fahre ich raus ins Trainingslager am Zwischenahner Meer. Die Nacht erinnert mich an den Aufstand des Herzens vor drei Monaten, der Körper erinnert sich auch.

29.7. Es geht gut durch den Tag, bestens mit Lothar, meinem Kollegen. Abends erscheint der Vorstandsvorsitzende und diskutiert bis 11 Uhr mit der Gruppe. Das beeindruckt.

30.7. BERTHOLD BEITZ starb, 99.

Der Arzt rät MATTHIAS PLATZECK zum Rückzug aus dem Politischen. Das konveniert.

31.7. Abschlußgespräch – die Männer sind erschüttert, wollen die Lethargie zurücklassen, in die sie sich gefügt haben, beeindruckende Öffnung. – Nachmittags gehen wir durch die Folien für L.earn-2 und stoßen an. Morgen früh reist die nächste Gruppe an. Das ist die gefährliche Fünf-Tage-Woche.

1.8. Wir treiben das Konzept durch den Tag. Abends sitzt der Personaldirektor im Kreis und erklärt. – Der Große Wagen steht um Mitternacht über dem Haus.

2.8. Am Abend des zweiten Tages ist es genug! Ich rolle bei 37 Grad zurück ins Häuschen und stelle die restlichen Porsche-Aktien zum Verkauf. Was ich gewinne, habe ich bei IVG bereits abgegeben, komische Spiele. Auf der Plattform vor dem Wintergarten ziehen zwei große Schatten vorüber, lautlos – Eulen oder sonstige Kauze.

3.8. „Kirchheim zählt seine Pferde" – ein Stück aus den dreisten Steuerfeldzügen. Die Bettensteuer ist ja schon der Rede wert, jetzt folgt eine Pferdesteuer, welche dem Allgemeinwohl Beine machen soll, besser dem desaströsen Kommunalhaushalt. – So frißt sich der Hartz-4-Maßstab durchs Land und vertreibt Leute, gell, die Freude ohnehin. Wir sind nicht zum Spaß hier, sollte die Parole lauten.

In unserem Dorf wurde grade die Hundesteuer mit 50% Aufschlag losgelassen, Elvis wollte gleich das Rathaus stürmen. – Wir fahren zum Italiener am Bahnhof Burg, Familienfeier. Jonas rückt den Autoschlüssel nicht raus. – Es heißt, enthaltsam sein. Ich drehe bei.

4.8.   Großes Frühstück, dann rücken wir an die Schreibtische. Rufst du mich denn mal an, fragt Marion, als ich ins Hotel abfahre.

Das Goldman Sachs Business läuft prächtig. 1,92 Milliarden $ *net profit*, glatte Verdopplung. – Als die SEC, das ist die Aufsicht, deutlich wurde, gingen 550 Millionen $ über den Tresen, davon 150 an die gebeutelte IKB – was ihr bekanntlich nicht half, guxdu OLAF HENKELS ‚Abwracker‘, Kapitel vier! Jetzt hats ‚the fabulous Fab‘ erwischt (nks 16.7.). Mr. FABRICE TOURRE darf nicht mehr zocken. Dabei hat der nur den Mann hinter ihm gedeckt. HENRY PAULSON empfahl ‚komplexe Finanzprodukte‘, vulgo Schrottpapiere. Nachdem sie beim Kunden abgeladen waren, schloß er Wetten auf deren Verfall ab. Eine Milliarde weg beim Kunden, er hatte die Taschen voll. „Das ganze Gebäude steht vor dem Kollaps", frohlockte Fab. So kams.

Die Steuereinnahmen laufen den Einkommen davon, selbst von der Inflation getrieben. Aber der Parteien- und Staatsbedarf ist ohne Aussicht auf Konsolidierung. Die Märchenonkel erzählen uns was, um Steuer und Staatskredit parallel zu forcieren. – Immerhin, wer wenig hat, den trifft der Bankerott nicht und die Zukünftigen wählen ja nicht. – Die Industrie reagiert behutsam. Das System Staat arbeite wie eine Frittenbude, heißt es. Teeren, federn und durchs Dorf treiben müßte man den Berliner Troß. Wär' natürlich ungerecht, aber von gerecht hab ich die Nase voll. – Sorry, mußte!

Thyssen-Krupp-Uhde legt sein Investitionsprogramm auf Schiefergas, Ferrostat. Der Ersatz auf Abschreibungen wird stetig reduziert, eine Form des Ausstiegs. Hydro, VAW, reduziert Aluminium, SGL Carbon und BMW gehen mit Kohlefasern in die

USA, Voestalpine dito, BASF, Bayer, Evonik und Lanxess auch so. Energiewende ist auch Deindustrialisierungsprogramm.

Die Grünenpartei bleibt konzeptionell totalitär im Werte- und Verhaltenskatalog, den sie verbindlich machen will. Sie formuliert keine Parameter für das Zusammenleben, gebietet vielmehr Beachtung und Anbetung der Natur, des Klimas und der Luftfeuchtigkeit, eventuell noch des Leerguts. Der Rest wird verboten. – Frau Vorsitzende fordert: donnerstags fleischlos! Freitag ist ja Badetag, eine gute Vorbereitung. Da soll der Staat auch noch fördernd hinter stehen, das tollste Stück aus dem 337, i. W. dreihundertsiebenunddreißig, Seiten starken Regel- und Verbotskatalog, den die Partei Wahlpro- gramm nennt.

5.8.　Der platte Zins frißt 2013 geschätzt 14 und im folgenden Jahr, geschätzt, 21 Milliarden Privatvermögen. Tja, wers hat, kann auch abgeben, gell Herr Schäuble. Wer nix hat, braucht auch nix abgeben – das ist dann sozial. – Im Haftungs*körbsche* sind akut über den EFSF (Tarncode für Sackkarre) 95 Milliarden, über'n ESM (der ist älter, also voller) 190 weitere. Dann ist da noch die Tante ELA mit schlappen 90 – kein Grund für AP (fragen Sie den Hausarzt! Na gut, *angina pectoris*), zahlt die Zukunft. – Die kennen Sie nicht? Das ist so eine wie der Niemand von 1961, wahrscheinlich bucklige Verwandtschaft. – Verständlich, daß die EZB als einzige Zentralbank ihre Protokolle für dreißig Jahre unter Verschluß hält, also auch Stoff für die Zukunft. Das nenne ich Pflege der Gegenwart. Vielleicht auch nur: *mer will ja noch heil vom Hof komme.* – 12 Uhr, ich arbeite am Zeitungsberg, zwei Kilo sind weggestapelt.

Das berühmteste Gemälde der Türkei ist betitelt: „Der Schildkrötenerzieher", Paraphe, Projekt, Eschatologie, kein Prozeß sondern Bändigung eines Zustands.

6.8.　Bad Zwischenahn, wir setzen uns ins Restaurant. Die schöne Polin bringt eine Flasche Merlot, setzt sich mit ihrem ägyp- tischen Freund an den Tisch, die Fröhlichkeit schlägt durchs

Restaurant, die indische Kollegin erfaßt das auch. Das Leben ist viel zu kurz, um dünn zu sein. Was tun, die Flasche ist leer.

Amerika, den fremden Freund nennt es die Zeitung. Auch für ULI HOENESS gilt, das Leben ist kein Ponyhof. Meine Sympathie bleibt. – Tagesschau, hätte ausfallen können.

8.8. Neuer Workshop in kleinem Format, aber außerordentlich gut. Der Abend schlägt aus der Art. Ich ziehe nach dem dritten Glas ab, eine Hand berührend.

10.8. Kaum im Haus, übernimmt der Wahnsinn, ich sollte die Zeitung meiden. Darin heißt es: Vorsicht beim Verzehr in der Kantine und beim Toilettenaufenthalt. Denn Zufuhr und Abfuhr von Lebensmitteln sind im Beamtenstatus nicht versichert, gesundheitsgefährdende Auswirkungen wie Übelkeit in der Kantine oder Umfallen auf der Toilette mithin nicht erstattungsfähig. Der Gang zu diesen Fazilitäten, gell Herr Draghi, unterliegt aber der vollen Erstattung, sollte er mißlingen. Ob das im Detail nun menschenverachtend ist, muß CLAUDIA ROTH beantworten. In jedem Fall gilt im Beamtenstatus besonders: Obacht beim Ein- und Auslaß.

Es gibt nichts Stilleres als eine geladene Kanone, stellte HEINRICH HEINE schon 1840 fest. Rheinland-Pfalz bereitet sich auf den Jahrestag 1914 vor. Hoffentlich passiert nichts. Der Krieg sei ein Chamäleon, meinte Fachmann CARL VON CLAUSEWITZ. Jedenfalls kommen alle, sofern sie Glück haben, anders raus, als sie reingingen. Feine Beobachtung, Thema für Ausstellungen von Rauskommern.

Jonas hat 23. Und das Haus vollgeladen. Wir verschwinden zu den Nachbarn und bewundern dort einen akurat präparierten Garten.

11.8. SONNTAG
Da wir nüchtern zurückgeradelt sind, fällt das Aufstehen leicht und wir können unfallfrei der nächsten Einladung zu

Giselher und Inge folgen. Dort bewundern wir einen Garten, der unterschiedlicher nicht sein könnte. Auf engstem Raum ziehen schmale Wege durch volltechnisierte Teichanlagen und es wächst alles, was nicht schon auf den Bäumen ist. Das Nurdachhaus stellt alles bisher Gesehene in den Schatten. Die Führung geht durch eine ‚Festmeile‘, der Ex-Bürgermeister ist geborener Bayer, in den Keller, wo ein System, was sag ich, eine Schaltwarte die Beheizung des Hauses unter sich hat. Hinter dem Werkzeugkellerkomplex, zwar nur ein Raum, es fehlt aber nichts!, steigen wir hoch in einen Dekor- und Detailreichtum, auf den manches Museum stolz sein könnte. Also ein äußerst unterhaltsamer Besuch, der zu erwidern wäre. Bloß, was könnten wir zeigen!

Der Nachmittag spült Dissens hoch, ich packe und fahre. Diese Fünf-Tage-Woche ist ein gefährliches Geschäftsmodell. – PETER FOX ist an der Arbeit,

> hallo Baby, laß uns aufstehn,
> ich zähle bis zehn.
> Das Leben will ein'n ausgeb'n,
> das will ich sehn …

Nach Empfang eines Küßchens, auf die Wange, klar doch, beziehe ich mein Zimmer. Manchmal kennt das Leben keine Ausnahmen.

Die Tagesthemen informieren: „… in atemberaubenden Szenen zeigt er Menschen in gegenseitigem Respekt und im Einklang mit der Natur …“ – das ist doch gestellt.

LOTHAR BISKY verstarb, 71.

13.8.   Wieder Beginn des Mauerbaus. – Ein harter Tag in Bad Zwischenahn von halb neun bis 7 Uhr abends. Noch beim Abendbrot geht die Aufregung weiter. Holger erzählt von seinen Finanzeinsätzen in den 90er Jahren, bei OHB-Chef FUCHS, dessen Rakete in Südamerika startbereit steht, aber ohne Treibstoff. – Was brauchen Sie denn? – Na, 1,2 Millio-

nen, aber direkt, sonst wird nicht betankt! – Überziehung?
… ginge, aber Chef meutert, nicht ohne Abtretung – also
Anruf, Fax! – kommt aber kyrillisch! – der Satellit kommt
aus Rußland, Jelzin hat unterschrieben, daß bezahlt wird –
geht also klar, aber was kriegt die Sparkasse?! – das Logo
auf die Rakete – Stunden später ist es im Weltraum (da is
nur niemand) – alles ohne Versicherung. Ariane ließ damals
viele Federn – Sojus flog wie die MIG 29, also auch noch
ohne Flügel.

Apple's Barschaft bei 147 Milliarden $.

Auch in <u>Bulgarien</u> rekrutiert sich das mafiose Geschäftsmodell
aus der kommunistischen Sklerose. Die Archive bleiben verschlossen, wegen der Unruhe. TODOR SCHIWKOV, dieser
45-jährige Staatschef, hatte Leibwächter, die blieben am Ball unter Ex-Zar SIMEON II, der Halbwelt-Konzern, so Reinhard Veser,
‚TIM' gleicht den russischen Oligarchen-Türmen. – In <u>Rumänien</u>
geht's noch grober zu: in einem ‚Blitzkrieg gegen den Rechtsstaat',
so KARL-PETER SCHWARZ, hat sich eine korrupte Parlaments-
mehrheit gesetzliche Freistellung von Strafverfolgung ausgestellt.
Der Präsident des Landes verweigert die Unterschrift und fordert
die Auflösung des Parlaments.

15.8.   Schuldenschnitt und weiteres Geld für Griechenland ist auch
deshalb dringend, weil dort das Zahlen von Steuern unüblich
wurde. So fehlen für Mai und Juni 600 Millionen dieser Euros.
Der Gläubiger blickt insgesamt auf 60 Milliarden Außenstände,
das Land kann also „mehr Europa" gut gebrauchen, am liebsten
in bar. Dabei sind 236 Milliarden bereits unterwegs, so per Fax
und so. Dafür liegt die Netto-Ersatzquote für Renten bei 110%!
Das muß Weltspitze sein, mehr Rente als auf der Arbeit! Spani-
en immerhin bei 85%, Italien 76, Deutschland erheblich unterm
EU-Schnitt mit 58%, so die OECD-Tabelle (25.4.).

Aber mit den Flüssigtransfers auf die Akropolis läufts jetzt bestimmt noch besser, denn Präsi JOSÉ M. BARROSO hat grade,
also neulich, eine weitere Brüssel-Zweigstelle vor Ort eingerich-

tet, ,im Range eines Direktors der Kommission' (wmu. 3.6.), also cirka 15.000 netto – MARGARITIS SCHINAS ist Vertrauter und Parteifreund und erweitert nun das ,unauffällig agierende akademische Küchenkabinett' von José – warum das Ganze nach Troika und ,Task Force' vor Ort? Ei weil der Grieche griechisch spricht, kommts aus der Kommission. Ja dann auf fröhliches Durchwinken. – Das Troika-Regime soll eh zum Ende kommen, weil der IWF da drin sitzt mit seinen Reglements, das nervt José eh, er möchte mehr Solidarität umsetzen (Mussler 15.6.). Womit er nicht den Stabilitätspakt meint, der nervt ihn auch.

So auch der Spanier, der vom ESM ,unbegrenzte Feuerkraft' fordert, vulgo Aufhebung bestehender Regularien für den Geldsack (Reuters 15.6.).

Auch die Vermögensverteilung im Euroraum könnte für schlechte Stimmung sorgen – so hat der Zyprer ein Netto-Median-Vermögen von 267.000 (Durchschnitt bei 671.000, kurz hinter dem Luxemburger!), wir Deutschen schlappe 51 (Durchschnitt 195), also Platz 16 von 16, wenn Sie verstehen. Sagt die EZB-Umfrage (9.4.).

Nochmal Griechenland: der Finanzminister kommt über sein Trauma „mehr Europa", schon lange nicht mehr hinaus, echte Segment-Info, naja, mehr *verstehdmersowiesoned*. Er fordert und beschwört, gestern 100, heute 200, morgen … höchstens für 300 Milliarden von dem Zeug stehe deutsche Haftung – das IfO-Institut kommt auf 533 – Schuldenschnitt?, nein, naja, klar doch, eventuell morgen. Mein *toupet* kreist.

Die Kanzlerin murmelt was von ,alternativlos' und meidet das Thema vor der Wahl, wie HOLGER STELTZNER notiert. – Und WOLFGANG SCHÄUBLE quält sich: da er weitere Geldsäcke nach Südosteuropa nicht versprachlichen kann, sucht er: und findet Dehnung von Laufzeiten, und weitere Zinssenkung, Schenkung wäre zuviel. Dazu jede exportierte Tonne als Wachstumsbeleg hochjubeln – alles für das Schwindelprojekt Schuldentragfähigkeit – bei 175% Quote! Analysen von ,Bruegel'/

Brüssel hätten alle Projektionen als Euro-Fliwatüt, vulgo Balkongeschwätz der eifernden Elite zerlegt, die Entwicklung hat seit 2010 die Annahmen „komplett widerlegt", so die Zeitung. PHILIP PLICKERT ringt nach Worten – und flüchtet in die griechische Tragödie.

Abends im Hotelzimmer vorm Fernseher mit 40 cm Abstand: über „Das Drama eines Diktators" – bereits 1918, im zweiten Jahr, stand alles auf der Kippe und LENIN antwortete auf die Probleme mit Projekten – da LENIN die Vergewaltigung einer Utopie ist (was eigentlich ist damit anderes möglich?), wird STALIN damit einsteigen und die Gewalt steigern – im hungernden Land wird der hitzige Trieb zur Vergötzung befeuert – man muß die Köpfe mitleidlos einschlagen – Schlaganfälle, Sprachverlust – das einzig würdige Denkmal für den Sozialismus gebührt den Sargträgern – LENIN ging seinem Tod mit schlechten Gewissen entgegen – noch immer liegt er im Mausoleum, letzter Ausdruck einer geschlossenen Gesellschaft.

Vergessen ist die Voraussetzung für Ruhm, wird anhand der Nagelkunst von GÜNTHER UECKER erläutert, in Sonderheit anhand der explodierenden Werkpreise. – Bei mir explodiert nix und vergessen tu ich viel.

„Falling Walls" lädt mich ein zum Symposium nach Berlin. Es geht um Durchbrüche auf allen Gebieten, in allen Themen, überall. Und ich weiß nicht, was ich da soll. Eine Versammlung der „brightest minds of the planet" wird angedroht. Ich schmecke Komplott und fürchte die formierte Akklamation. Wer kann schon nein sagen zu Durchbrüchen. Es ist schon zu vieles koordiniert, unifiziert und gesteuert. Ich könnte nicht anstandslos zuhören, könnte es nicht glauben – oder wenn, würde all dem nicht trauen. – Weil etwas dahintersteckt – nehme ich an, gehe ich von aus, bin ich überzeugt. Vielleicht nicht so abgründig wie bei Bilderberg oder der Baseler BIZ. – Zu vieles ist konzentriert, sucht nach Einverleibung, Integration, protzt mit Zulauf. Geld und Technik stehen ja unbegrenzt zur Verfügung. Wozu sollte Gutes sich in einem solchen Ausmaß verbinden, verbünden? Also fahre ich nicht hin, vielleicht fast schon lieber nach Jackson Hole, der Begegnungsstätte des Finanz- und Bankensystems unter PAUL VOLCKER, dem ,Großen Vorsitzenden', wie sein Vorgänger zärtlich tituliert wurde. Dort wird „ausgetauscht", was anliegt. Mit eineinhalb tausend käme ich da wohl nicht aus für die Gebühr. Die Herren wiederum brauchen mich nicht.

,Lieber Herrn Zelts Betrachtungen', was ist hier los – SANDRA HUELLER spielt den Abgrund des Lebens, eine solche Fallhöhe in der Figur sehe ich selten. Der Mann sei … tot – es tut mir leid – da können Sie ja nichts für – was muß ich denn jetzt machen – sie ruft Paul an und spricht auf den AB – Paul, was machst du denn … – Wenn Sie … ich möchte mit niemandem reden – ich möchte, daß Sie gewissenhaft ihre Arbeit machen – es ergibt überhaupt keinen Sinn, daß er sich das Leben genommen hat. – Wenn sich herausstellt, daß das Leben unecht war, daß nichts so war wie das Gefühl, das Erleben, daß es NICHT war, das raubt die Substanz. Der Tote gilt noch was, er wird gewaschen, untersucht, bis alles bestätigt ist. Dann folgt das *procedere*, also der Gang der Dinge. Sie hört ihre Anrufe auf seinem Handy ab. Das Eintreten in das Ereignis wiederholt sich vom Band. – Kein Wort neben dem Thema, keine Schleife, magische Konzentration. Ich bin wieder zu spät. Man merkt es mir nicht an.

,No Country for Old Men', Meditation über Amerika.

Staatsschulden im Eurogebiet 9,5 Billionen.

Auf 23 km überwachen und fotografieren 14 Radargeräte, ob es dem Kraftfahrer gelingt, das auf diesem Straßenstück 37mal wechselnde Tempolimit einzuhalten. Nachts ist es dort daher taghell, Nordhessen, an so einer Bundesstraße. – Das Eintreibersystem und die sich regelmäßig zur Wahl stellenden Eintreiber werden ausführlich präsentiert.

18.8. ROMAN POLANSKI hat Geburtstag, 80.

19.8. Seltsam trübe in der Sparkasse für zwei Coachingsgespräche. Als sei das Herz schwach.

Ich sammle und folge dem Militärischen. Der Biografie des JOACHIM VON RIBBENTROP folgt die von RAINER GEHLEN. Dazu das Kontinuum der Betrachtungen von RAINER BLASIUS in der Zeitung zum Generalstab und den erstaunlich weitgreifenden Strömungen des Widerstands. Als gelte es, dessen Ehre zu retten. Ich bin mir im Unklaren.

Der Pfarrer beglückwünscht mich zu seiner Vertretung in Saas Fee.

20.8. Es ist die Nähe zur Politik, welche die Erlaubnis zum Kassieren bietet und Korruptes fördert. Es soll ja so bleiben, zuvörderst das marktrisikofreie Einkommen. Der tsunamigleiche Energiewende-Komplex ist da einzigartige Anschauung, die bis zum Gartenzaun herunterbricht, wenn der Nachbar am Nachbarn verdient. Da kann der ersehnte soziale Frieden schon mal in der Erdspalte abgehen. Das ist auf der Abrechnung nicht zu sehen, welch Glück. Dabei geht's vom Solardach übers Biogas zum Biosprit. Nur im GEZ-System herrscht gnadenlose Gleichheit.

Und im Euro-Komplex wiederholt sich dieses ganze Zwischenmenschliche zuerst im Staatlichen, sodann im Zwischenstaatlichen: 41 Milliarden Zinsaufwand spart das Verschuldenskomplott auf seine Schuldtürme in fünf Jahren. Die gleiche Summe und mehr wird dem sparenden Volk mit dem marktfrei gesetzten Zins entzogen. – Jenseits frommer Klimafeierlichkeit und jenseits europäischem Festreigen eine Pyramide des Abzockens als Kern: der Nachbar verdient am Nachbarn – der Finanzminister saniert seine Schuldendesaster über den Niedrig-Null-Minus-Zins – die europäischen Höchstschuldner sanieren sich über Vergemeinschaftung. *Undasollmersich übber mehr Eurohba freue!*

22.8. Die griechische Tragödie, zweieinhalb tausend Jahre alt, eilt der Vollendung entgegen. JÖRG ASMUSSEN führt dort den Finanzminister am Arm vor – die Kamera. Von den 315 Milliarden, die das System dem Land aufgebürdet hat, trägt die europäische Gemeinschaft der Steuerzahler 90 Prozent. Das ist Sr. DRAGHIS Job. – Nur die Diktatoren des letzten Jahrhunderts haben mehr Vermögen, mehr Lebensverhältnisse ruiniert – nun mal langsam, die Loid' leben ja noch, gell! Im Lande verklingen säuselnde Interviews, während China europäisches Gold kauft, preiswerter Wechsel der Sicherheiten.

23.8. <u>Schule</u>: die letzte Nacht gebar ein Wort, das erleichterte: Zerfall. – Moleküle zerfallen, wenn die Bindungsenergie gesprengt wird. Das geschieht auch Gesellschaften und beschwert sie. – Das Fernsehen zeigte den Unterricht in einer Klasse mit 11- und 12-Jährigen – ohne Bindung. In die Klasse mit 22 Kindern kam die Lehrerin mit Sozialpädagogin. Die Bindekraft der Sache besteht also nicht. Es geht um Form. Während erstere versuchte den Unterricht zu eröffnen, war Letztere als mobiles Einsatzkommando unterwegs, um Schläge und Prügelei, Geschrei und allerlei zur Ruhe zu bringen. Nach 15 Minuten begann der Englischunterricht, nach 45 Minuten waren die Frauen erschöpft. Keine 6 im Notenbild, aber neunmal 5, 3 x 3 und 3 x 4. – Es sah aus wie Kampf gegen Zerfall, nichts hält dort zusammen, kein Zustand, kein Ziel, nur die Mauern. – Nachts jagt in Entfernung ein Motorrad über den Horizont. Das wenigstens ist Zusammenhalt von Mensch und Maschine.

Ich finde WOLFGANG HILBIG: Glasasche – und verstehe nicht, Zerfall pur.

24.8. Sommer, Steuern, Fahrtenbuch, abends zu BERND LUCKE nach Hambergen bei knapp hundert Leuten, guter Text.

25.8. Hast du die Salatschleuder halb voll in den Schrank gestellt, fragt Marion. – Nein, in den Kühlschrank – sie stand aber im Schrank – deine Mutter ging deshalb in die Ostsee, wann fing es bei deinem Vater an? – bei meiner Mutter im letzten Jahr, naja, bei dem Befund. Ich bleibe störrisch, muß nicht zum Arzt, nur der Gedanke ist da, und die Salatschleuder.

Auf Vorschlag der Nachbarin steigen wir auf die Räder durch einen traumhaften Sommernachmittag. Der Nachbar ist längst entschlossen, die AfD zu wählen. Ich bin überrascht.

WOLFGANG HILBIGS Worte gewinnen in berstender Konfrontation eines bescheidenen Selbst mit den einfachsten Hilfs- und Lebensmitteln und ihrem Eigenleben. Es fällt schwer, solche Verhältnisse als Zustände nachzuvollziehen, sie zu überleben. Er flüchtet ins Gleichnis.

Ich erwäge die Beschaffung weiterer Malflächen von großem Ausmaß. Darauf wäre nur ein Aspekt unterzubringen, eine Wange etwa, der Teil einer Hüfte, in denen ich etwas entdecken könnte, alte Hast, Verzweiflung. Ich war feige, nicht der, der hinausging und zu erfahren suchte, was das Quälende war. So reduzierte sich mein Leben auf Geistesblitzblankes. – Woher kommt diese Suche nach Ausflucht? Mir fehlt das, was den Anderen sagen läßt, wen interessiert der ganze Scheiß! – Jeden Tag springt irgendwo ein Draht aus der Mütze, reißt eine Hose beim Bücken, fährt das Brotmessser in den Fingernagel. Ich habe ein Gefühl dafür, lästig.

Der Arzt in Achim antwortete, daß er das Neueste, „45 Grad", weiterhin erwerben wolle. Damit mußte ich rechnen und ich freue mich. Dabei, meint Marion, fährt er nur auf dich ab. Zu recht, denke ich, denn das Bild ist ein Teil von mir, der ist käuflich. Dabei helfe ich gern.

Im Großen besteht engste Verbindung zwischen Banken und Staatssekretär, teils sogar Bündnis. Erstere lassen sich im öffentlichen Raum beschimpfen, als Krisenverursacher und sodann Krisengewinner. – Dabei wird im diskreten Staats-Regulierungsraum das Verhältnis zum Kunden zerstört. – Am Tag drauf spielt die gleiche Musik unter dem Thema Rekommunalisierung: die Kommunen, verschuldet bis in 2000 Meter Tiefe, suchen nach Quellen. Der Gesetzgeber biegt dafür ein paar Regulierungen um bei Wasser, Abfall, Strom. Jetzt steht das hier und was soll das? Es befördert mein Unwohlsein. – Seit Erlangung des aufrechten Gangs bin ich nur am Kritisieren. Dabei fehlt mir nichts.

Und es geht so weiter! Achtung: im Verhau des Energiewende-Geflechts. Wer einen Mast im Garten duldet, kriegt Geld, wer Palletten aufs Dach nagelt, kriegts auch, wer in Zeiten des Nullzinses Geld für den Trassenbau gibt, kriegt einen 5%-Kupon. Das ist Kauf von Zustimmung, zahlen tun die Nachbarn.

Abends nach dem Rußlandfeldzug, die Rückkehr nach Berlin, wo die Geschichte des Adlon gegeben wird – 1907 eröffnet – Magnet reicher Eleganz – 1940 treten die Eigner der Partei bei und werden so begleitendes Dauerfestival des Untergangs. JONATHAN LITTELL beschreibt die letzten Tänze zum Swing aus dem verhaßten Amerika, während russische Artillerie die Prachtbauten in Grund und Boden schießt. Ein Schwelbrand vernichtet den Hauptbau nach Ende der Kampfhandlungen. – Jahrzehnte später tranken wir dort eine Tasse Kaffee, das Bargeld reichte.

„Könnte es zukünftig geschmacklos sein, wie ein Mensch auszusehen" fragt PHILLIP TOLEDANO und zeigt Menschen jenseits ihrer bildlichen Herkunft – als hätten die sich verabschiedet, zu Lebzeiten – Dramarturgie für Nr. 98, Giselher muß auf die Sau in der Schubkarre warten.

Dr. WERNER BEST, ein deutscher Repräsentant des 20. Jahrhunderts, zählte zu den dreihundert Männern des Reichssicherheitshauptamtes, überwiegend jungen Leuten, überwiegend mit Studium, also hochrangiger Bildung und Ausbildung und hoher weltanschaulicher Zuverlässigkeit, die für polizeilichen Professionalismus und exekutive Konsequenz in der Organisation des Judenmordens standen. ULRICH HERBERTS Biographie liegt seit 1996 neben dem Bett, stockfleckig. – „Wenn wir nicht gut spielen" spornte die Orchesterleiterin das Ensemble im KZ an, „kommen wir ins Gas!"

„Aktion Reinhardt" hieß die Massenmordaktion, bei der in Belzec 450.000 Juden in neun Monaten in den Gastod gebracht wurden, unter Kommando des CHRISTIAN WIRTH. Der kommandierte eine aus den Mordanstalten von Hadamar rekrutierte Truppe von zwanzig SS-Leuten. Danach wurden vier Monate lang Leichen verbrannt, durch Knochenmühlen geschoben und die Reste in den umliegenden Wäldern verscharrt. Drei Überlebende berichteten, einer wurde vor Fertigstellung des Berichts 1946 ermordet.

Die großen Parteien reden den Zuhörern auf Wahlveranstaltungen mit dem Titel der ‚Toten Hosen' Großartiges ein: „An Tagen wie diesen …" Dabei reichen ihre Parolen nicht entfernt an Ereignisse heran, welche der Titel beschwört. Gefragt haben sie die Hosen auch nicht, die sind sauer.

Nachts trat wieder Schweiß auf die Stirn und ich weiß, woher das kommt: meine konstitutionelle Schwäche rührt aus der Frühzeit zwischen Göttingen und Friedland, vielleicht auch davor – also geboren in Rostock-Gehlsdorf – und dann? Zu Oma nach Bad Doberan? Oder gleich nach Göttingen! – Warum interessiert dich das! Das ist, was auch immer, passiert und du lebst, könnte der sagen. Recht hat er, nur hilft es nicht. Sie, Mutter, soll mich ihm, Vater, übergeben haben. Hielt sie mich fest? Zog er mich weg? Wohin gehörte ich, vielleicht: wem! Also habe ich vierzig Jahre später beim DRK angefragt, ob sie meine Mutter finden können. Konnten sie und 1988 sah ich (43) sie, im Hotel Hamburger Hof, 65-jährig. Ich wollte sie einfach sehen. So beruhigte ich eine große leere Stelle in mir. Das war aufgefüllte Gewißheit und ich schlief wieder ein. – Was zwischen Vater und Mutter vorging zwischen 1944 und 1948, blieb weiterhin im Nebel von Aussage gegen Aussage. Das war von jetzt an weniger wichtig. Ein vierundzwanzigjähriger Soldat auf Fronturlaub hat eine einundzwanzigjährige Frau geheiratet und geriet im Monat drauf in russische Gefangenschaft. Drei Jahre später kehrte er zurück über Friedland mit dem Entlassungsschein.

Der Versuch, ein Antlitz des ALBRECHT DÜRER zu kopieren, mißlang gründlich. Nach zwei Stunden habe ich alles weggekratzt – nichts von der ungemeinen Natürlichkeit, der Weichheit ihrer Züge, also ihrer Schönheit fand sich wieder in meiner Anstrengung, eher die Härte meiner Erzieherin.

29.8. Die Märchengruppe des Berliner Quintetts treibt die aktuelle Deckungslücke von 227%, also die Verpflichtungen gegen das Brutto-Inlandsprodukt, so 5,9 Bio's, auf bis zu 342%, rechnet die „Partei der Gerechtigkeit" vor – was ist das wieder für ein Laden, der führt die Ohnmacht schon im Namen. – Eine Erweiterung des Wahlrechts auf die Ungeborenen könnte helfen, schwierig. – Der Monatsbericht aus dem spanischen Sumpf meldet keine besonderen Vorkommnisse, also durchgreifende Korruption, Ehrenwort und verdiente Genossen auf Spur.

ROBERTO PANNUNZI (67), von Beruf „der wohl wichtigste Kokain-Händler" des Planeten, so die Zeitung, hats nach zweimaliger Flucht und drei Jahren Freigang wieder erwischt - mitten in der Arbeit in Bogota. Er organisiert die West-Ost-Achse Medellin und Umgebung – Kalabrien, keiner könne 3000 Kilo Kokain organisieren wie er, heißt es. Makler sei er, meint ROBERTO SAVIANO, der Geld nicht zähle sondern in der Hand wiege. Einzelheiten in ‚ZeroZeroZero' (2020).

30.8. GÜNTHER LOTTES beschreibt die Potemkinisierung der Universitäten. Das Posieren trainierte bereits ADOLF HITLER im Fotostudio und ARNO GRUEN entwickelte es als Hohlform. Es dramatisiert jetzt in Exzellenz, befeuert vom Evaluationswesen, im Antrags- sowie kulminierend im Netzwerkertum, am Ende schlicht im Angucken, umständlich Visibilität. Die Tante Bildungsrepublik im Schunkelmodus.

1.9. Wir bewegen uns auf die Tagesschau zu – 19.59: MONIKA LIERHAUS, so 400.000 per anno, nimmt zum Mega-Los Stellung – mein Herzflimmern setzt aus. Sodann befragen vier, in Worten 4!, Moderatoren ANGELA MERKEL und PEER STEINBRÜCK. Das ist wesentlich sinnfrei, gefolgt von der anschließenden Debatte, wer besser war, auch das ohne Sinn, aber abendfüllend.

2.9. GOETHE oder WERNER BEST – ich nehme die Biographie des ULRICH HERBERT und erfahre erstmals Näheres über die Prägungen der Söhne des Krieges, des ersten, vom Einzug der Franzosen ins Rheinland, nach Mainz und weiter bis Frankfurt, davon, daß die Besatzung bis 1930 währte, vom „Abwehrkampf" im wachsenden und stabilisierten Haß. Ein Deutscher hatte den Bürgersteig zu verlassen, wenn der französische Korporal daherkam. – Seit 1919 nahm der größte Studentenverband Juden nicht mehr auf. Und im offenen Konflikt mit der dagegen antretenden Staatsmacht sprachen sich 1927 77% der Studenten für die rassenbiologisch motivierte Mitgliedschaftsformel aus. Danach war ein völkischer Antisemitismus Basis für die Zugehörigkeit. Die Nazis waren nur Teil dieser Bewegung, als sie die ‚nationale Formierung' übernahmen.

4.9. – ‚68!'
So eigenartig verlief sich noch kein Jahrestag, so verzagt. Bis halb vier sitze ich beim Arbeitsgericht, das ist unterhaltsam. – Mit Freunden leeren wir abends vier Flaschen.
(Anmerkung 2019: auch am Geburtstag wird gearbeitet, die Lernkurve liegt knapp über dem Gefrierpunkt.)

8.9. SONNTAG
„Heil Kräuter!", titelt die Zeitung zum Ökologismus im KL Dachau. Nachdem die Kragenspiegel von Runen gesäubert waren, ersetzten Autoren wie WERNER KOLLATH in ihren Lehrbüchern den Namen GOEBBELS durch GOETHE und weiter gings, klang ja ähnlich. – Der beliebte Naturschützer BERNHARD GRZIMEK wetterte gegen das „KZ-Hühner"-Dasein. Der Mann wußte, wovon er sprach. So gings mit vielen aus dem Reichsnährstand des WALTHER DARRÉ, den „ersten grünen Nazi", wie er tituliert wurde. In der Grünen-Partei wurden solche Nazibezüge durch das kommunistische Element verdrängt.

„Ich habe keinen erlebt, der irgendwelche Reue gezeigt hätte", sagte der Leitende Oberstaatsanwalt, der seit dreißig Jahren Listen mit KZ-Aufsehern erstellt und solche zur Anklage bringt. – Bereut wird nicht. Denn der autoritäre Charakter sichert nur seine Identität. Und folgt dem Regime, das ist.

Der chilenische Richterbund und andere Beteiligte entschuldigen sich beim Volk für ihr Tun unter PINOCHET. So etwas ist hier Nestbeschmutzung. Ich werde bitter.

Ich packe für eine neue Fünf-Tage-Woche, um halb neun abends nach Kirchseelte ins Drei-Mädel-Haus.

9.9.   … und wirtschafte den ersten Tag im Alleingang. Der Kollege ist verhindert, wegen Überplanung. – Nach einer Nacht im Schweiß träumte ich gegen Morgen, ich stände einem Kirchenmann gut genährten Umfangs gegenüber, der zudem erheblich größer war, bedeckt mit schwarzer Kutte und der Bauchvorstand weiß gegürtet, lächelte und stieß mich mit seinem Bauch an, „… du kommst hier nicht rein". Ich deutete nach hinten mit den Worten: „ich dachte, er kommt und hat etwas zu sagen." – Es ist noch nicht soweit, dachte ich nach dem Aufwachen.

10.9.   Ich stehe mit 180 in der Front, allein! – die Leute sind erschöpft *(Anmerkung: und kein Wort zum Trainer!)* – mittags kommt der VV angereist und setzt sich dazu, das tröstet.

11.9.   Noch ein reißender Vormittag, feedback und ich räume das Hotel. Zu Hause finde ich einen nach Westen in Terrassenform gebauten Garten – und bin begeistert. Die Zwillinge aus Polen überreichen die Rechnungen, zweimal gleichlautende Beträge, denn jeder hat seine Firma. Beim Nachrechnen gegen die erbrachten Leistungen wächst die Akzeptanz. – Nach dem Abendbrot packe ich erneut und fahre Richtung Hamburg, wo ich endlich den Kollegen treffe. – Ich war genau fünf Stunden zu Hause, zwischen zwei Workshops.

12.9.   2.30 – wieder ein Angriff aufs Herz. Wieder in ein forciertes Selbstgespräch zu Gegenwart und Zukunft. Darin ist die Vergangenheit aufgehoben, gebettet, meinetwegen bis zum verletzten Kind, behütet, umarmt. – Ich, (68), habe ein wenig gelernt, mit dem Leben großzügig umzugehen, dieses: nimm dein Leben und wuchere damit, genieße deinen Aufenthalt, wie er dir gegeben ist. Das Vergangene nimm mit, erkenne es, damit es nicht über dich herrscht – meine nächtliche Selbst-Predigt kann dem physischen Angriff die Spitze nehmen – kein Schweiß mehr, ich kehre zurück ins Bett. – Konditionierung des Herzens? Es wäre ungeheuerlich. Dabei ist es das, was ich neulich auf dem Berg predigte, von Montag bis Mittwoch in Kirchseelte erzählte und was ich in sechs Stunden den Teilnehmern hier in Gyhum erzählen werde, Donnerstag und Freitag. – Oder ganz profan: die Erstattung meiner KV-Prämien hat über die Jahre meinen Willen und die Kraft zur Selbstheilung gestützt, vielleicht sollte ich mehr Intrinsisches an die Stelle solch schnöder externer Motivation setzen? Jedenfalls bin ich ernsthaft erschüttert – die ärztlichen Befunde zeigen körperliche Unversehrtheit – eine Stunde später erliege ich erneut – die Zeit verrinnt.

Es wird ein starker Tag, das Team liegt an der Spitze des Hauses, und ein fröhlicher Abend. Die BEST-Biographie gewinnt Lauf.

OTTO SANDER (72) starb, der 1974 als Teiresias in der Probe einschlief – ich blieb angestrengt wach, 1988 als Teiresias, bis mir die Tränen liefen in der Industriehalle auf Kampnagel, bei den Proben zu den ,Bacchien'.

13.9.   Guter Durchgang durch den zweiten Tag. Abends stehe ich vor dem Gartenneubau, erneut begeistert von der Kaskade runter zum Nachbarn, und verstreue Grassamen.

14.9.   ERICH LOEST, (87), starb. Warum ich das aufschreibe, ahne ich mehr als es zu wissen. Er war kein Teil von mir. Er ist es spät geworden, richtig erst durch die Aufmerksamkeit des

Todes, wie WOLFGANG HILBIG. Und andere. Spät merke ich, daß etwas geht, was zu mir gehörte, schon bevor ich es erkannte. – Und eigentlich ist es dieses wachsende Gespür für die verfließende Zeit, die meiner Zukunft ja direkt abgezogen wird. Seit der Pression des Herzens im Mai sitzt dieses Gespür in den maltraitierten Organen. Und ich genieße trotzig Tage, die verbleibenden – Unsinn, die erlebten. Neben denen bisweilen die Ansicht karamelisiert, es könnte ja auch vorbei sein, gleich, heute Nacht. Und dann folgt das Suchen, öfter um drei Uhr, nach den alten Geschehnissen.

Die Aufmerksamkeitsillusion ist im Gewand der Nachrichten ein effektives Instrument der Steuerung: so sollen ein Drittel der Leute in Leiharbeit stehen hierzulande, glauben nach kurzem Wahlkampffeuer die Befragten. Eine entsprechende Erregung der Kanzlerin hat da Wunder bewirkt, wie neulich beim kalbenden Eisberg. Tatsächlich stehen zwei Prozent der Arbeitenden in solchen Verträgen, an die 800.000. Was tuts, abends fordern Regierung und Opposition gemeinsam und zuverlässig schärfere Regulierung.

Denn sie wissen doch, was sie tun. Das gilt auch im Rentenreform-Stakkato, das aktuell übers Volk reinbricht: das Maßnahmenpaket füttert eben diese, welche die Mehrheit beschaffen – zahlen werden die Nächsten, wie immer. Nachhaltig ist erst einmal das Mandat.

Im Beirat des Wirtschaftsministeriums sitzen zwei Teilnehmer mit Sympathie für die AfD. SPD und Grüne fordern im ungetarnten Berufsverbote-Duktus der 70er Jahre, die Herren aus dem Gremium zu entfernen. Sonst könnten sie sich nicht konzentrieren. Obs dann besser wird?

Irgendwo demonstrieren einige Tausend für Umverteilung, Spitzensteuersatz und Millionärs-, ach was, Vermögensabgabe – und zwar alles! – Gegen die sozialen Abgründe des Eurowahns, die asozialen Umverteilungsprofite aus EEG haben sie nichts, kennen sie wahrscheinlich nicht. – Die Banner-Politik erzeugt auf einer drastisch erweiterten Plattform ein Pipi-Langstrumpf-Segment-System, das stabiler ist als die Diktatur-Schwadrone des letzten Jahrhunderts – weils von innen kommt. – Sie können daran studieren, wie es ist, wenn Mehrheiten zu Subventionsempfängern werden und nicht mehr bereit sind, die eigene Subvention abzuschaffen, meinte ANGELA MERKEL neulich beim CDU-Wirtschaftsrat. Das war großes Kino! Aber die Lichter gehen aus, wenn das Korrupte den Volksvertreter erreicht.

PETER WEISS' Abschied von den Eltern.

15.9. Weil er vor fünf, sechs, sieben Jahren, also 2008 auf dem Oktoberfest, einen Vorteil von 700 Euro genommen haben soll, droht dem späteren Bundespräsidenten Jahre nach seinem Rücktritt ein Gerichtsverfahren. Wer treibt sowas? Vielleicht sind es einfach zu viele der kleinen Anlässe im Leben des CHRISTIAN WULFF, welche die Meute anwachsen lassen. Die wittern eine anfällige DNS.

Dagegen ist der verschleppte Pädophilen-Horror der Grünen-Partei schon etwas ekelig, „der grüne Moralist ist nackt – und alle können es sehen", stellt CHRISTIAN FÜLLER fest, denn „die Welt ist nicht heil", heißt es zwei Seiten später. – Kurz drauf der Journalist erneut: DIETER F. ULLMANN war reisender Pädophiler seit den siebziger Jahren, sechsmal verurteilt und im Berliner Knast. Chr. Füller (FAS 29.9.13) zeichnet seine Einflußwege nach von der AL über eine ‚Studien- und Arbeitsgemeinschaft Pädophilie' in die Grünen-Partei, aktuell wohl bis in die FDP, weshalb DAGMAR DÖRING ihre Kandidatur zurückzog. – DANIEL COHN-BENDIT und RENATE KÜNAST gehörten zum Freundeskreis.

Um einem Vorwurf der Unzuverlässigkeit vorzubeugen, folgt die CDU der Aufforderung von SPD und Grünen und schließt ein Zusammengehen mit der AfD aus für den Fall, daß diese ins Hohe Haus einzieht. So zieht die Gemeinsamkeit der Demokraten durch die Manege, das ist eine Kreisbahn. Sie sind wie die Hohepriester im Tempel, die sich unentwegt gegenseitig ihres Anderssein vergewissern. Was ihr Anteil an der Entkernung ei-

ner politischen Mitte ist, in der sie sich sichtbar drängeln, das hat keinen Platz vor solch großer Attitüde.
(Anmerkung 2020: zu dieser Zeit war es eine Partei mit rein wirtschaftspolitischem und Anti-Euro-Kern, nichts Rechtsradikales.)

Herr MICHAEL MEISTER aus dem Bundestag weist einen erneuten Protest von Ökonomen gegen das EZB-Gebräu als „wenig hilfreich" zurück mit dem Hinweis, jene müßten schließlich nicht für die Folgen ihrer Meinungen und Handlungen einstehen. Er ja auch nicht, na dann noch einen schönen Lebensabend! – Nicht auszudenken, er müßte.

16.9.   „Ich habe da ein Stichwort gehört, Beschwerdemodus", bemerkt Ingo im Fahrstuhl, „das ist ja schwer da rauszukommen." – Aber möglich, anfangs anstrengend, dann aber sehr erleichternd und – reine Selbsthilfe. Ein geeigneter und guter Tag.

„Unwahr sei, daß der Pater Spieker im KL sich das Gesicht habe mit Kot beschmieren müssen", formulierte WERNER BEST 1935. Wahr ist, daß ich das 1950, im Erziehungsmodus einer Frau aus Ostpreußen ausgeliefert, kennen lernte. – Umfangreiche Sprachübungen begleiteten den Terror. WERNER BEST war ein Meister darin, Geschehenes als „unwahr" zu beseitigen. – Mir ahnt, woher sie diese Methode der Belehrung in Sachen Reinlichkeit hatte. Wobei diese Verkürzung auf die technische Seite dem Vorgang unangemessen ist. Demütigung und Scham wirken altersunabhängig.

Achtzig Prozent der Medienaktiven seien auf rot oder grün geortet, da ist kein Lenkungsbedarf.

18.9.   Süchtig nach verschärfter Ansage sind die Teilnehmer des Workshops, das entlastet uns. – Zu Hause sitzt der Hund und guckt – also geh ich gassi. Dann leere ich den Wagen.

19.9.   Das Wahlrecht erreicht die Qualität des Steuerrechts, zum Überhangmandat kommt das Ausgleichsmandat. Der Gleichheits-

modus schwemmt die Gesellschaft auf, zuvörderst die Vertre-
terversammlung, die bald auf 700 kommt – bei unveränderter
Volksmenge! *Die wolle näher zu de Loid, gell Herr BECK.* – Vor
hundert Jahren saß die Hälfte im Reichstag. Auch ein Verfas-
sungsorgan kann zum Geschäftsmodell mutieren. Dabei wird
der schönste Prachtbau zum Hohlkörper, was nicht heißt, daß es
jeder nachmacht. Aber die Versammlung weiß sich der Spring-
quellen des Reichtums zu bedienen, gell Herr Fraktionschef. Da
kann sich der ACHIM VON ARNIM die Finger wundschreiben.
Dem geht's wie diesen Ökonomen, die gefällig überhört werden.
– Derweil gehört der Rechenschieber zum Utensil in der Wahl-
kabine.

PAULO PORTAS möchte Portugals Status als ‚Protektorat' überwinden, es soll aber nix kosten. Dabei sind seit 2011 78 Milliarden im Spiel, die Troika hatte grade ihre sechste Visite und
geguckt, was denn so passiert. PP will darum bitten, was Griechenland schon hat. – Massenstreiks in Griechenland zeigen den
gleichen Status an. – Für 85 Milliarden kauft die US-Notenbank
seit Jahren Papier mit Behauptungen, wie sie MARIO DRAGHI
eigen sind. So füllen sich die babylonischen Türme mit Behauptungen, alles Glaubensfragen.

THOMAS PYNCHON (76) hat wieder notiert, „Bleeding
Edge". Ich werde seine letzten Romane bis zur deutschen
Ausgabe nicht schaffen. Er verleiht dem Wahnsinn Flügel,
braucht der auch. Zeit für neue Priorisierung hinterm Bett.
BEST hat Vorrang.

22.9.   SONNTAG
Marion sitzt seit 8 im Rathaus, Bundestagswahl. Mittags
fährt sie ins Nachbardorf zum Jubiläumsgottesdienst des
Singkreises. Ich fahre auch hin und bin der Gemeinsamkeit
kaum gewachsen, kann die Stimme nicht halten. Klare Worte
des Pastors stützen meine Erschütterung. Marion ist stark.
‚Ich bin wieder so pöbelig, ich könnte mich hauen', sagt sie
mehr zu sich beim Verlassen des Gemeindehauses.

Der FDP gehen zehn Prozent der Wähler von 2009 ab und die Partei aus dem Parlament. – Die CDU gewinnt mit 34 Prozent – aber bitte nicht mit Fahne! Als Generalsekretär HERMANN GRÖHE vor Freude mit einem Deutschlandfähnchen wedelt, ‚eilt(e) eine sichtlich verärgerte Kanzlerin herbei, entwand dem Getreuen das Fähnlein und entsorgt(e) es im Publikum‘, erinnert REINHARD MÜLLER (4.9.2019). Fußball ja, aber Politisches bitte nicht in den deutschen Farben. Schlimm genug, daß das noch auf dem Reichstag steckt – oder wie. Welche der linken Parteien mitmacht, ist auszumachen.

In Lagos haben Terroristen hundert Menschen weggeschleppt. Die Stadt ist im Aufruhr. Trauer ist dort immer Aufbruch. – „Sobald gespendet ist, kann man aufstehen und tanzen", jeder bewegt sich, bis er wieder klar ist. Das ist beeindruckendes Ritual gegen den Wahnsinn, obwohl es nicht so aussieht, als sei es zu schaffen, selbst mit „The Positive Force", in Lagos.

23.9. Wieder in den Start L.earn-1, mit kreativer und restriktiver Mischung. Der Abend geht lang, bis in die Bar – und Gauloise. – Infineon läuft.

24.9. Anstrengend bis 19 Uhr, nicht ohne Tränen, aber geführt. – Um 4.30 nach 90 Minuten Wanderns durch die Areale habe ich diesen Traum: ich halte einen kleinen Jungen auf dem Arm, trete auf einem Flur vor einen Spiegel, seine Backen sind vollgemalt, Filzstifte? Dann öffne ich die Tür zu einem Zimmer, da sitzen Jonas und Leon auf dem Sofa – und ich bin verwirrt: wen habe ich im Arm. Dann wird es vor meinem rechten Auge gleißend hell, ich blicke von unten durch einen steilen gemauerten Schacht zum Tageslicht hoch. Darüber wache ich auf. Ich habe jemanden nach Hause gebracht, so mein Gefühl, nur – auf welchem Weg? Ist der Schacht das Leben? – Ich frage ernsthaft, ob das Gehirn, dieser autonome Sequester zwischen Körper, Geist und Umwelt, ob dieses Eigenleben aus Vergangenheit und Tagesgeschäft Zukunft kennt, ahnt, weiß und Signale von dort her sendet. – Das Hotelpersonal ist in Aufregung, weil wir das Ende des Workshop-Laufs für Januar ankündigen. Und dann?

26.9.   Es ging zu Ende mit konfrontativem Feedback. – Heute vier Nachgespräche durch die Stadt, vom zufriedenen Steuerfachmann, Ende 50, über frisch-aggressive Teamführer bis zum *outburner* voller Sarkasmus.

27.9.   FREITAG
Keine nächtlichen Vorkommnisse, der Tag beginnt ohne Last, ich steuere ohne Navigationshilfe die Sparkasse an, Zelle 13. Ein Gespräch, sehr frisch, sehr initiativ und wach. – Danach zum Sport, wohltuend. Aber alles sehr zügig, zurück aufs Land, gassi, Mittagessen, Liege – es ist heiß. Wir fahren zum Materialladen für Kunst – Ich schreibe fünf Rechnungen für den Monat. – Christof empfiehlt Solides, ich nehme auch Riskantes. – Die Welt lacht über „*dumb german money*", das in fremden Taschen versickert. Ich war dabei und komme zu Vorsicht.

28.9.   Gartenbewirtschaftung, Nachtgespräch mit Leon und Maxim, die vorglühen und den Zug um 0.30 nehmen.

29.9.   Im Desaster grünen Stilblüten: die Steuererhöhungsparolen seien falsch gewesen, das Allseitsrundumsorglospaket aber nicht, weil finanzierbar. WINFRIED KRETSCHMANN mahnt, nicht immer nur die anderen zu belehren. Das ist aber Grünen-Stärke. Sodann fährt er fort, die Mitte der Gesellschaft sei dort, wo Menschen praktisch umsetzten, was die Politik wolle. Also doch Anführer und Gefolgschaft. Der Primat der Politik, seit der Einführung des Euro Sinnbild des Scheiterns und für ANGELA MERKEL Bestandteil des Alternativlos-Modus, gilt nicht nur gegenüber Markt und Wirtschaft, sondern auch gegenüber dem Volk. – Wär' ja noch schöner, wenn die *mache täte, wassewolle*. – Also doch kein Dissens im grünen Wesen. JÜRGEN TRITTIN, grade im Rückzug nach der gescheiterten Steuererhöhungsarie im Wahlkampf, kommentiert in gleichem Geist den Stimmenverlust der Partei: das Volk sei eben noch nicht so weit wie die Hüter einer besseren Welt, da klingt die Arroganz der frühen Jahre an, das Wuchern im oppositionsfreien Raum setzt sich fort. – Schließlich die Klage angesichts der Volksfürsorge, vulgo Übergangsgeld, die jenen angedeiht ist, welche das Hohe Haus verlassen müssen. Das trifft die vor vier Jahren sprungfix angewachsene Fraktion der FDP, weniger aus aktuellen als aus weit zurück liegenden Ereignissen heraus, so RAINER HANK (FAS 29.9.13). 440.000 Wähler wechselten zur AfD.

RALPH BOLLMANN rechnet mit ANGELA MERKELS ,großem Wahlbetrug' ab (FAS 29.9.13). Noch Stunden vor der Eröffnung der Wahllokale kam ihr striktes Votum ,keine Steuererhöhungen, meine Damen und Herren!' – Stunden später war es bereits verhandelbar, die SPD tritt frohgemut mit ,49 max' und Reichensteuer an – RB erkennt ein Muster, bereits 2009, bereits 2005 habe sie so taktiert.

Auf der Heimfahrt über die dunkle Autobahn telefoniere ich mit dem Klassenkameraden aus den 50er Jahren. Der schildert Kuba, wo niemand verhungere und das Gesundheitssystem gut sei. Ich staune in mich hinein. Der Schaukelstuhl ist das Leben, wenn sie nicht in der Fabrik dem Granma-Vorleser lauschen müssen. Kaum ein Fahrrad wird dort gebaut in der Zuckerrohr-Monokultur wie vor sechzig Jahren. Die Fluchtroute ist lebhaft besetzt. – Was können wir Wohlstandspensionäre daran verteidigen?

1.10.   Der Tag strengt an, die Gruppe erschöpft. – Mimi erzählt vom neuen Pfarrer, der sich vorstellte. Und pikiert reagierte, als sie die kirchliche Trauung nach 56 Jahren Gemeinsamkeit mit Jochen erwähnte. Das sei keine Ehe, habe er bemerkt und er werde wohl nicht mehr erscheinen, verabschiedete sich belehrend und verschwand. Perplex schlossen sie die Tür, bevor es aus ihr herausbrach. So klang es bereits Anfang der 50er Jahre, als sie Jochen kennen lernte. Verbittert erzählt sie das.

3.10.   Feiertag der Deutschen mit klarem, sogar warmem Licht. – Wir haben ein ausgiebiges Frühstück zu viert, Jonas und Victoria sind nach einem langen Abend bei Anna geblieben. Wie schön ist ausuferndes Palaver. Victoria beklagt das impertinente Selbstbewußtsein, das ihren Freund ziere. Marion schmunzelt, ja, es nervt bisweilen. Grundiert hat sie es, ausstaffiert habe ich es aus meinen späten Einsichten. Schön anzusehen ist es. – Kurz, flottes Familien *screening*.

Abends wird ERICH MIELKE portraitiert. Die Macht exekutiert den Charakter des Trägers. Die Physiognomie zeichnet jeden Menschen aus, davon bleibt EM nicht verschont. – Wäre er nur der Kleingärtner geblieben mit schöner, naja lauter Stimme. Ihm das Instrumentarium schrankenloser Macht in die Hand zu geben, die sich keiner Rechtfertigung mehr zu stellen hatte, führte in den Terror, der in der Bettelei „ich liebe euch doch alle" endete. – Sodann wurde ihm der Prozeß wegen zweier Polizistenmorde 1931 gemacht, vor dem der Stalinverehrer einst nach Moskau floh. Mord verjährt nicht. Infolge Haftunfähigkeit kehrte er in seine Berliner Platte zurück und verstarb, 93-jährig.

ERICH MIELKE und WERNER BEST sind die deutschen Charaktere des Jahrhunderts, mit gleichem Haarschnitt, bürgerlicher oder proletarischer Herkunft, gleiche Brutalität in der Gefolgschaft, garniert mit Rassen- oder Klassenhaß. Also keine Frage einer Klassenzugehörigkeit diese Attitüde, die ihresgleichen das Fürchten lehrte. Im Antipodenweltbild wurde der definierte Antagonist – bei allem Unterschied – zur Vernichtung freigegeben, sei es im völkischen oder Klassennamen. STEFAN WOLLE schreibt: sie waren stolz auf ihre Härte, Toleranz war Schwäche.

Wer rechthaben muss, muss Herrn STEINBRÜCK wählen, wer leben will, kann Frau MERKEL wählen, antwortete MARTIN WALSER. Ihr Gesicht sei ‚schön', erläuterte er. Das zu verstehen, fällt dem ideologisierten Klüngel schwer, PETER SLOTERDIJK allerdings auch, der mit ihm debattierte.

Die gender-mainstream-Kopfgeburt wirft nach Leipzig Anker im Wahlgesetz von Baden-Württemberg, wo es heißt:

> Männer und Frauen sollen gleichermaßen bei der Aufstellung eines Wahlvorschlags berücksichtigt werden. Dies kann insbesondere in der Weise erfolgen, daß bei der Reihenfolge der Bewerberinnen und Bewerber in den Wahlvorschlägen Männer und Frauen abwechselnd berücksichtigt werden. Die Beachtung der Sätze 1 und 2 ist nicht Voraussetzung für die Zulassung eines Wahlvorschlags.

Solch kollossales Sinnieren mit derartigem Ergebnis rechtfertigt jegliche Entgleisung beim Leser. Ich kann mich noch fangen. Strafrechtlich fällt das leider nur unter hinzunehmende Belästigung, mithin erlaubt. Aber die Unverschämtheit, mit der hier der auch nur durchschnittliche Menschenverstand an die Wand gefahren wird, ist schon den Griff zur Flasche wert. Dennoch, ein Lob der Harmlosigkeit gegen das, was zurückliegt.

Nachkriegszeit: bis zur „cliquenhaften Verdichtung" organisierte das Mord- und Totschlag-Personal nach dem ‚unconditional surrender' seine Unterbringung im neuen Staat – wie in der Justiz, wie bei der Polizei und beim BKA, so auch beim Verfassungsschutz, was ohne Problem gelang. SS-Kamerad WALTER ODEWALD etwa durchlief ein halbes Dutzend Anstellungs-, Arbeits- und Abstellverträge bis zur stabilen Integration. „Die Rente ist sicher", rief damals noch niemand, dafür mußte einer schon selbst unterwegs sein! Das Schöne an derlei Fachkräften, daß sie, knapp wie sie waren, sich zu zügeln wußten. – Wer alles so gut dabei wegkam, müssen die Forscher jetzt aus Impflisten und Unterlagen für die Personalratswahlen zusammensuchen. Denn alles Offizielle ist weg, die *Loid* sowieso, *die sinnjadohd, gell.* Das ist Forschen zur Unzeit. Der späte Vogel verhungert dabei.

Im Arisierungsheft zur Ausstellung im Berliner Stadtmuseum „Geraubte Mitte" werden die „gewöhnlichen Verwaltungsvorgänge" von Enteignung, Entmietung und Deportation beschrieben, wie auch der umstandslose Anschluß an das „Bonner System", bin ich fast geneigt, es im DDR-Jargon herabsetzend zu bezeichnen. Einer der Haupttäter frönte alsdann über zehn Jahre und mehr sein Gnadenbrot als Staatssekretär der Bundesregierung und sah seine Aufgabe im Widerstand gegen jegliche Wiedergutmachung. Was seinerzeit Recht war, bedürfe wohl keiner solchen. Es war gespenstisch, aber wohl nur für Hellseher.

Das kleine Heft zur Herstellung der „judenfreien Zone" Berlin-Mitte zeigt die Stabilität dieses Ergebnisses über drei Staatsformen hinweg. Der Prozeß von Entrechtung, Fluchtsteuer,

Enteignung und Beschlagnahme, vulgo Wegnahme, setzte mit Überschreiten der Reichsgrenze, für die übrigen auf dem Weg ins Vernichtungslager automatisch ein. Schließlich handelte es sich um Leerstände. Bei der Erfassung halfen die Reichsbahn-Transportlisten. Sie gaben das Signal für freie Fahrt, d. h. den Zugriff auf zurückgelassenes Eigentum, *derelictio* unter Außerachtlassung des subjektiven Tatbestandsmerkmals – wenn Sie ahnen, was ich meine. Solche ,völkische Bereinigung' blieb auch unter der Floskel ,Überführung in das Eigentum des Volkes' stabil, in Teilen noch nach der Vereinigung West-Ost in der Abfolge von Vermögensgesetz, Entschädigungsgesetz und einer Reihe von Bescheiden überwiegend dauerstabil. Formeln lauteten etwa „kein verfolgungsbedingter Vermögensverlust" oder „keine Anzeichen für rassistische Verfolgung". Im Einzelfall gabs Entschädigung, bisweilen sehr kleine. – Es ist geschehen. Dafür gibt es keine Wiedergutmachung.

LOUIS BEGLEY wird 80.

5.10. SONNTAG
Marion kauft einen Keilerkopf und hängt ihn in die Küche. Dort ist er ein Hingucker, er heißt Werner, Harald sitzt im Schlafzimmer hinterm Bett, auch Keiler. Wir räumen eine Bücherwand durch, ich stelle meinen hinhaltenden Widerstand zurück. Nutzt ja nix.
Es kann gut sein, Dinge liegen zu lassen – zum Beispiel wegen einer Ahnung. Die Dinge verändern sich in der Zeit. Weil nichts für sich ist sondern immer im Zusammenhang. Das Liegenbleiben kann den Zusammenhang abtrennen. Äußerlich bleibt es, aber es kann fremd werden. Heute ,finde' ich einen Klappendeckel, zwei Zentimeter stark, mit Mengen von Fotos, darunter einen Packen DIN-A-3-Formate, deren Herkunft, sprich Zusammenhang, mir verloren ist. Ein Rahmen trägt auf kleinem gelbem Fleck, einem Ortseingangsschild ähnlich, die Schrift: ,Secrets of the Judenrampe'.

Um 22 Uhr an Bad Zwischenahn, der Küchenchef kommt mit dem neuen Roten und 0,1-Gläsern, der Restaurantchef

157

mit seiner Freundin, nimmt Platz, alle übrigen auch, und der Abend geht ab. – Das alles hat zu tun mit der Modernität der *aborigines*, von denen die Literaturbeilage der Zeitung voll ist. Die intellektuelle Obstruktion der Natur gebiert den Wahnsinn, der kein Zuhause findet. Die Entwicklung des Wilden endet in der Botox-Maske, danach in der Zwangsjacke. Das ist der Stoff für das nächste Format, großflächig.

DIENSTAG
Wir rocken den zweiten Tag, provozieren Einsicht, Dank – Abschied. Was machst du denn hier, fragt Marion. Denn ich bin früher zurück.

Lese ich WERNER BEST oder von den flotten Verwaltungsvorgängen zur Enteignung der Juden, weiß ich, worauf ich mich einlasse. Wenn im Fernsehen gezeigt wird, daß Asylanten jahrelang auf vierzehn Quadratmetern und von Gutscheinen leben, vegetieren, von Bundesland zu Bundesland verschieden und höre das offizielle Kommentieren von Verfolgung und Kümmern, dann möchte ich füsilieren. Da ist die gerne beanspruchte Menschenverachtung, Frau ROTH. Da möchte ich keine Balkonrede zum letzten Schiffbruch vor Lampedusa mehr hören. So!

9.10.   Die Eckdaten von Bildung und Ausbildung bleiben stabil: jeder 6. kann kaum lesen. In keinem Land des OECD-Kreises hängt Bildung so am Geld der Eltern wie hierzulande. Daher können sich Kinder von Reichen gegen den *numerus clausus* in Medizin reinklagen, was ca. 10.000 fordert. – Andere mit besserer Abiturnote sehen sich aufs Taxifahren oder den Notarztwagen verwiesen, sofern sie im Land bleiben. Eine besondere Facette des Märchens Bildungsrepublik.

10.10.   Nach Gesprächen in der SPK hektisches Packen, Marion spielt mit meiner Gier, auf den Zug – Eckhard staunt, so früh! – Später mit Nic zum Italiener, wie immer, danach mit LOU REED beim Roten. Er begleitet mich zur U-Bahn, wir haben uns etwas gestritten und verstanden.

Heute war Straßenverkehrskontrolltag, der hessische FDP-Chef ALEXANDER HAHN spricht vom Verkehrserziehungstag – wie bei den Grünen. Warum wird die Partei erst gut, wenn sie verloren hat. – Während LOU REED seinen Text in die Eintönigkeit schickt, notiere ich: alle Temposünder (sic!) auf dem Scheiterhaufen verbrannt, vor Ort. Das Winterhilfswerk räumt auf. – Ein S-Bahnzug ist falsch abgebogen, das Bahnfahren wird abenteuerlich, auch in der U 3 von, sagen wir, Rödingsmarkt bis Eppendorfer Baum. Auf dem Weg tauscht sich das Publikum viermal durch, beginend mit dreimal blond, scharf, crazy toupet, dreimal Japan, China, Viererblock afrique, laut, dazwischen gefühlig tuschelnd, langer Durchlauf. Ist das aufregend, wenn man nicht wegguckt.

11.10.   Bist du schon in Italien, fragt Marion – nee. Meine Carés, dreizehn Jahre her, hängen im Wohnzimmer bei Eckhard. Ich bin erfreut. Ich bin immer erfreut, wenn ich verkaufte oder verschenkte Bilder wiedersehe. – Wir streifen bei ausgiebigem Frühstück alles, was an der Oberschicht der Republik in Bewegung ist, Nic geht arbeiten, er will nicht mehr, ich mache Stadtgang. Der geht vom Hafen her bis zum Unilevergebäude, dort weiter zum Gebrüder Heinemann-Haus und dem Hauptzollamt. Die Stadt baut sich gegen das Wasser aus. Zehn neue Fluchten mit beeindruckender Architektur ohne dominanten Standard sind dazu gekommen. Der U-Bahnhof Hafenquartier ragt als Solitär aus der Sandwüste. Stadteinwärts werden wüste Flächen mit Maß verbaut.

ERICH PRIEBKE (100), Protokollant und Teilnehmer beim Massaker des SD in den Adriatinischen Höhlen 1944, starb im offenen Hausarrest. Freunde suchen einen Ort für die Bestattung des überzeugten Nazi.

Atemberaubend der Auszug aus GERD HABERMANNS Wohlfahrtsstaat. Diesem Langzeitszenario des Neigungswinkels der Gesellschaft, worin großzügiger Optimismus geparkt ist, folgt der informative Schock des CLAUS VOGT, die Verdopplung des Zinssatzes für 10-jährige T-Bonds innerhalb von fünf Monaten.

Das riecht nach Ur-Knall, wenn sich der Realzins auf Schulden verdoppelt. Es darf nicht passieren, *whatever it takes*, sagt ja Herr DRAGHI. – Wenn LLOYD BLANKFEIN, Chef von Goldman Sachs, den Hut nimmt, wird er den Lärm solchen Naturereignisses nicht mehr hören müssen. – Ein anderer fordert mehr Nostalgie, was war schön? Schön zu erinnern? Das strengt an, besser ist es, das Gesicht in den Wind zu stellen.

Es gibt die Agonie des Eros, er verschwindet, noch letztes Jahr strahlte, nein, hatte sie viel davon, jetzt diskutiert sie mehr, schwer es zu entdecken – steter Übergang in das Fürsorgen, das Suchen, der wachsende Aufwand zur Sicherstellung der erforderlichen Ausstattung. – Morgen fliegen wir zu siebt nach Neapel, wo die Frauen, uns voraus, bereits in der Oper sind. – ÖZIL kommt ins Spiel und lupft den Ball über den Torwart am Boden zum 3:0 gegen Irland, 92. Minute, Abschluß vom Feinsten.

12.10.   5.40 – Neulich war der Mainzer Hauptbahnhof vorübergehend geschlossen! Das geht hier, mitten im fließenden Verkehr. Fahrdienstleiter hatten Urlaub genommen, wohlgemerkt verdienten. Es gibt schließlich das Bundesurlaubsgesetz. Die Bahn sollte eine Urlaubs-App anbieten, jedenfalls für die Hauptbahnhöfe. Kundige Reisende könnten diese Risikozonen durch pfiffige Fahrwegsgestaltung ohne Aufregung umfahren, etwa Frankfurt – Köln via Hunsrück, ein anständiges Proviantpaket versteht sich. Hauptsache, der Lokführer nimmt unterwegs keinen Urlaub. Bis zum nächsten Halt würde aber wohl durchgefahren.

Google hat auf den Bermudas acht Milliarden gestapelt, so eine Art finanzielles Leuchtfeuer. Seine Auslandssteuern des zurückliegenden Geschäftsjahr über 713 Millionen entsprechen einem Satz von 1,9% auf den international erzielten Gewinn, das führt zu Unmut (Roland Lindner 11.3.).

Törn 2013: 13.30 an <u>Neapel</u>. Das Sammeltaxi nimmt uns auf und fegt ab, vorbei an Verkehrsregeln. Auf der Mafia-Autobahn schaffen wir den Abstieg nach Salerno. ,Mira' heißt der Neubau, den Eckhard und Werner übernehmen von der hübschen Hostesse. Wir fahren zum Einkauf, der Fahrer bekommt hektische Flecken beim Zuladen, macht aber mit. Brechendvoll kommt der Wagen im Hafen an, ich beziehe das Reste-Schap, das Los wollte es so.

Der Abend wird höllisch schön. Frauen in aller Schönheit, die Stadt ist übervoll davon. Wir sitzen irgendwo im zweiten Stock zum Essen, dann geht's los – Campari ist aus, also Martini – zweimal Grappa, Negroni, keiner will weg, noch einen – der stiere Blick geht auf die Straße, den Corso, zweireihig umgeben von Tausenden schöner Menschen vor fünfstöckigen Stadthäusern. Ein Genuß zu sehen. An Bord Grappa, was sonst, was ist zwischen uns. Es ist uns wichtig.

13.10. SONNTAG
Mimi wird 92, glaubt es nicht und freut sich. – Wind 4, reiner Fahrtwind, mit 1800 Umdrehungen bröseln wir durch die Bucht. Bevor die Hirnschwäche wegen des gestrigen konzentrierten Antrinkens sich verflüchtigt, holt der Skipper einen Crew-Vertrag hervor und läßt ihn signieren. Jeder verläßt das Schiff auf eigene Gefahr! Das hatten wir noch nicht, was hat er vor? Bleibt er an Bord, gilt das Gleiche. – Je nun, nach 25 Meilen erreichen wir nachmittags Agropoli. Vom Berg tönt Glockengeläut, mehr –gebell, seltsam metallisch, keine Kirche zu sehen – es sind Lautsprecher! Ein Fall kirchlich-grober Ironie. – Nach zehn Minuten wiederholt sich das, ohne Kirche, ohne Glocke – Lautsprecher mit Münzeinwurf! Das hat sich Franziskus so nicht vorgestellt – du läufst dem Geläut nach und endest vor dem Münzautomaten.

Eckhard erzählt aus der Kindheit, wie sie im 4. Stock nachts in den Ofen gekackt haben. Vom Vater zur Rede gestellt, erklärten sie ihm: Angst vor dem Teufel. Den gibt es nicht, erleichterte sie der Vater. Das half im Kindergarten, als die Nonnen tatsächlich einen Mann in Teufelskostümierung schickten, nachdem die Drohung mit dem Kerl nichts bewirkt hatte. – Wir erkunden die Bucht.

Die Handelskammer sponsert 500 Euro, wenn wir vier Häfen anlaufen. Das löste eine Stunden während Debatte aus, wie das in einer sinnvollen Strecke durch den Golf zu schaffen ist. Der Hafenmeister stempelt die Anwesenheit schließlich ab! Da werden berühmte Besucher von Orten, Kathedralen und Altertümern aufgerufen wie ERNEST HEMINGWAY, nutzt aber nix, der isja tot. Alle Kriterien nutzen nichts, es muß irgendwo noch eine Übernachtung dazu kommen, eine heroische Aufgabe also, wogegen „Wetten daß ..." ein Kinderspiel ist. Geld zurückgeben ist schwerer als einen Zuschuß ausschlagen. Erhaltenes Geld ist nämlich weg, wie immer. Daher sieht das Ganze so aus:

Salerno 12.10.
Agropoli 13.10.
Amalfi 14.10.
Capri 15.10.
Ischia 16.10.
Positano 17.10.
Salerno 18.10.

Wir machen uns auf in die Stadt, es wird teuer und gut. Vor einem Eisladen bleiben wir stehen, es werden zwei Kugeln Stradivari in Aussicht genommen. Drinnen herrscht starker Auftritt, drei Grazien hinterm Tresen, wir behalten die Fassung und wandern zurück. – In all dem Schönen ist Einsamkeit, ist dieser intimste aller Wünsche, ist die ewig gebeutelte Sehnsucht, die im siebten Jahrzehnt nach Ausdruck sucht. Daraus wird die dunkle Ecke, das Unverstandene wird wieder nicht hell, das Aushalten zur Ruhe bringen. Meine Kopf-Bauch-Spreizung bleibt strapaziös. – Manchmal springt die Einsicht zwischen alles, daß jeder von seinem Inseldasein geprägt, von Motiven getrieben, auch treibend seine Chiffren in den Ring wirft, die zum Spielball werden. Wer ein Spieler ist, lebt.

MURRAY ROTHBARDS psychisches Einkommen schlägt die Brücke zu dem, was in der Motivations- und Gehirnforschung als ausgemacht gilt: wir folgen in allem tiefen Wünschen, Sehnsüchten und treffen danach – in der Stärke wie im Scheitern – unsere Entscheidungen. Das kann in höchstem Glück kulminieren oder in der Selbstauslöschung enden. Die Bandbreite machts, Entdeckungen im Innenraum und Erlebnisse im Außen. Deshalb bildet Reisen, Basis für Transferspiele Außen-Innen.

Und noch ein Zusammenhang gewinnt Kontur: die grüne Pädophilie, ihr Zeitalter, besetzt ein Element der „Enteignung", die Enteignung der Scham, Zerstörung der Intimität, Kern des Einzelnen, der Privatheit, des Personalen, das ins Posieren flüchtet. Das wird im Gender-Theorem verallgemeinert, fixiert. Ein Leserbrief verweist auf HELMUT SCHÖCKS Schülermanipulation (1976), mir fällt der ‚Ursprung der Familie' von FRIEDRICH ENGELS ein. Dort muß der Gedanke seine Basis haben. In den Lagern Nordkoreas wird der Gedanke exekutiert. Ein oder zwei Dutzend sind entkommen und der Film ‚Camp 14' bietet szenarische Verdichtung solchen Existierens. Nach den Totengebirgen kommunistischer Diktaturen sind dies ihre Fratzen in extremster Form. Was darin Mensch ist, sehnt sich nach dem Tod.

Fragen eines LESERS:

LESER:
was geht in Ihnen vor?

SCHREIBER:
Ich habe das Gefühl, den Eindruck, die Strecke abzulaufen, die aus dem Nichtverstehen kommt. Dann finde ich plötzlich lauter Versatzstücke, die in diese Strecke passen – bei aller Ungleichzeitigkeit. Ich suche Zusammenhang.

LESER:
Ich suche Ihr Motiv, den Grund für Ihre Haltung.

SCHREIBER:
Das kenne ich nicht, ich habe allein die Applikationen dessen, was Menschsein ausmacht, über meinen Lebensweg gelernt, formuliert und versuche sie zu schärfen. Da bin ich möglicherweise radikal, wieder radikal, mit überempfind-

licher Reaktion, wo diese Elemente um die Not und Aufgabe, sich eigenverantwortlich durchzuschlagen, beseitigt oder auch nur fürsorglich ‚abgenommen‘ werden.

14.10. Frühstücken, räumen, säubern, einteilen, ablegen. Keine Winde, 1800 Umdrehungen. Wir nähern uns Amalfi, einem in der Felswand aufsteigenden Ort, schön wie ein Bild, planen

Hier isses!

das Anlegen – da passiert es: ein Motorboot jagt herbei, ein Kerl mit blendend weißem Gebiß vom Typ SAMMY DAVIS jr. und einer Sonnenbrille mit Farben wie ein Vesuvausbruch winkt heftig, *follow me*, heißt es, er dreht zurück auf den Hafen und düst voraus. Gib Gas, ruft Eckard. Ein zweites Boot kommt heran, das erste dreht bei, Sammy Davis springt rüber, sein Boot treibt ab, im Nu sind sie bei uns – *I'm jumpin' on board!*, winkt Hilfe ab – springt, zack!, über die Reling – steht sofort hinterm Steuer, Werner kommt kaum frei – *my name is Giulio!* (ich glaub ihm kein Wort) bemerkt er und setzt ein Lachen ab, das mich erschauern läßt, vor Bewunderung. – Danach dreht Giulio das Schiff beiläufig und bugsiert es auf Kante zwischen zwei monströse Yachten, rechts so 35 Meter Länge mit riesigem Schriftzug „Roberto Geissinini. com", dazu Kirchenkreuz hinter Totenkopf. In Minuten, was sag ich, Sekunden ist alles verzurrt. Wir sind sprachlos und überschlagen uns.

Und die Szene wechselt sofort, denn die Darsteller der Sei-fen-Proll-Oper bei RTL 2 betreten den Steg – sie keift, „wir sind das Letzte, schlimmer geht's nicht", er erscheint mit hektischem Gesicht, streicht beständig sein blondes Haar nach hinten und schreit herum, gibt Anweisung, scheißt die Crew zusammen. Die beiden Kinder laufen ohne Orientierung von links nach rechts. Die Lady folgt auf 13 cm High Heels, Lippen gepierct, mächtige Brüste im Transport und bringt Eckhard das Autogramm.

Das war das doppelte Lottchen, Käpptn Alfredo wird gerade von Bord gejagt, ich steuere selbst, keift Chefe. Darauf sie: dann gehe ich auch. – So geht es bei ROBERT und CARMEN GEISS. ALFREDO ist operative Chef, verstehst du? Hat die Crew und die Drehteams unter sich, er ist ruhig, sieht und lebt das Desaster. Bis zehn Uhr morgens kann er mit ihm reden, danach nicht mehr. Wir wollen ablegen, nein, hat er gesagt, egal, das IRS ist ausgeschaltet, er kann uns nicht verfolgen! Er steht aber oben und beobachtet – ok, dann müssen wir wohl. Chefe hat in sieben Monaten sechs Crews gewechselt. – Das Schiff legt ab. – Gellender Schrei: ihr müßt warten, wollt ihr den Tender hierlassen, ihr Schwachmaten. – Das ist eine ganze Staffel im Schnelldurchlauf, wir als Komparsen mitten drin, auf Eckhards Karte steht „Für Eckhard, glamouröse Grüße – it's fun, have fun, Robert Geiss, Carmen Geiss".

Wir sind geschafft, Giulio kommt im Beiboot, wir wandern ins Städtchen mit seinen vielen Plätzen, den Häuserschluchten und der Freitreppe hoch zur Basilika, essen im Freien und reden bis Mitternacht um den Tisch achtern. Wie eine riesige Galerie, wie die Empore eines Opernauditoriums steht die beleuchtete Steilwand hinter dem Hafen, bestückt mit Hotels und Wohnterrassen im 90-Grad-Anstieg.

15.10. Mittags passieren wir die *punta campanelle*, äußerster Punkt des Amalfigebietes, dahinter beginnt der Golf von Neapel, Backbord voraus die drei Felsnadeln vor der *Isola di Capri* – Zeit für RUDI SCHURIKE. Gerd droht aber mit M.u.B.

(Anm.: ?), das ist mir die Sache nicht wert. Bestaunenswert die Villa des TIBERIUS, wo seine Lustknaben zu Tode stürzten, wenn schamlose Kaiser ihrer überdrüssig waren. Edle Villen kleben am Berg, Erinnerung an den großen Architekten der ,Neue Heimat International', wo 1985 auf Mallorca verwegene Pläne geheckt wurden *(guxdu Band 1, Seite 39 f.)*. – Reell hingegen war meine Arbeit als Berater im Kaffeewerk Elmshorn zur gleichen Zeit. Dort war Eckhard Assistent der Produktionsleitung, die Metallsuchgeräte einführte – und, Herr Kirschner, geben Sie mir doch mal Ihre Kontonummer! – wieso? – Na, Sie haben doch eine Nachweisprämie verdient – das lehnte Eckhard unter Hinweis auf seinen Anstellungsvertrag ab. Später die Restfeuchte von 1,8 auf 3,8 raufgesetzt und so.

Wir legen an bei dichtem Fährenauftrieb, *perfetto!* Flasche Anleger marsch! Info aus Nordeuropa: auf dem Reiterhof in Holland wird grade geheizt. Danach mit der Zahnradbahn hoch in die Stadt. Das Gebiet erneut voller schöner Frauen, und dann die Liebe zum Leben, nicht zu kontrollieren – Capuccino vom senioren Kellner und wir verteilen uns. Zurück an Bord stellt Eckhard Essen her, Gerd hilft, köstlich! Wir durchstreifen die Reviere, wohin in 2014!? Nach der dritten Flasche brechen wir ab.

16.10.   Nachts ferner Donner, kaum Regen, morgens Ruhe. Das Barometer sei gefallen, teilt der Skipper mit, der *windfinder* zeigt 1–2, mittags 3, also nix. Wir packen und legen ab, vor der Mole brist es, stärker werdend. Ischia voraus bei direktem Gegenwind, wir brechen ab und wenden, es beginnt ein Ritt mit Vorsegel – für Bruchteile steht das Schiff auf der Seite, das Wetter schiebt und steht am Berg fest, 30 Grad steuerbord, backbord im Wechsel. Nachmittags kommt unter dem Vesuv Torre Annunziata in Sicht. Wir laufen ein, hinter der sieben Meter hohen Mauer macht Dietmar einen perfekten Anleger, was sofort den Weißwein auf den Tisch bringt. Schnell erscheint der Vertreter des Hafendienstes – Skipper? – Papiere!, zieht sich lässig eine Zigarrette, zwei fallen dabei

ins Wasser und nimmt Platz, Typ original Panzerknacker –
Name? – Eckhard – Eckardo? – Si, holt sein Schreibheft raus
und notiert – Fehler – Ääh – neu, große Zahl in die Mitte
– 60! – Gerd zieht die Scheine, Thomas (Gangster) nimmt sie
– 50! – 10, Handbewegung, in meine Tasche – capito? – kla-
ro! – Wasser?, deutet auf die Gläser – Weißwein! – er winkt
ab, die Leber ist am Ende – trinkt, steht auf und geht – alles
klar. Wir räumen ab, ich Küchendienst, Werner wäscht ab.

Abends ziehen wir durch die Stadt, es ist lebhaft, bei Celes-
tine soll es gut sein, zwei Kilometer abwärts – und es wird
gut, Mozzarello Buffalo mit proscuito, umwerfend, das weitere auch – am Nachbartisch eher Zweifelhaftes, ich erinnere
mich an die Begegnungen 2003 auf Sizilien, an das schwarze
T-Shirt mit den Patenworten und das Benehmen von Leuten,
die sich unterworfen haben und die kleinen Vorteile genießen, dabei an der Attitüde des Mafiosi arbeitend. Der Taxito,
Freund des Hauses, kommt auf einem ‚Corsa‘ angesegelt, wir
liegen drunter und drüber und mit so 25 km/h geht es.

19.10. Frühstück Standard, köstlich, ablegen bei leichter Brise, die
aber nicht hält, Segel runter, Vorsegel wieder raus, in der
Straße von Capri schiebt die Dünung mächtig, dann strahlt
der Wind, also Motor – es ist heiß. Hinter den kleinen Inseln
Il Galli mit Mausoleum und Kapelle gehen wir auf Positano
zu und legen das Schiff an eine Boje. Der Kapellmeister fegt
heran, 50 ohne, 80 mit! – Der Wind fegt vom Berg. Soviel
Meer!
Ich freue mich auf die Handarbeit mit den Schattenrahmen,
auf das neue Format 120 x 100, um darauf meiner Verarbei-
tung des Außenraumes nachzugehen, auf meine Kunden in
der Sparkasse, bei der Bahn und BSN, woher die zweite An-
frage kam, auf die Textumbrüche, auf Marion.

Die Abgeordneten des Bundestages bejahten mehrheitlich die
Frage, ob für ihre Kantine ein verbindlicher vegetarischer Tag
eingeführt werden sollte. Was die Albert-Schweitzer-Stiftung zu
so vorauseilender Regulierung motivierte, bliebe zu klären.

Oder Geschichte mit HENRYK BRODER, der nur eine Fahrkarte kaufen wollte, auch aus der Sonderpostenzone Berlin. Und nur knapp den Handschellen entging. Und zu Hause blieb bei RTL 2. Die Stadt ist noch voller DDR, das Denken hat sich im Formwandel nur neu verpuppt.

Ich steige an Deck, habe beim Knobeln wieder verloren. Rings um die Bucht erstrahlt der Berg von Positano in zahlreichen Lichterketten bis dreihundert Meter hoch. Da ist Berlin weit weg.

18.10.   Nachts trommelt die Boje an der Schiffswand. – Dabei träumt mir: ich treffe Marion in unserem Haus mit seltsamen Rahmen und Flächen, erschrecke: wie siehst du denn aus – sie hat ein blaues Gesicht und Glatze – wo ist denn dein Haar – sie faßt sich an den Hinterkopf, na hier – was ist passiert – ich habe mit dem Duplo gespielt, da war Strom drauf – wie lange warst du am Strom – zu lange … dabei bleibt es.

Raus zum Küchendienst, der Tag wird heiß, wir dösen an Deck, zwei klettern zur Stadt Positano hoch, dann motoren wir nach Amalfi. – Giulio wird angerufen, der fischt gerade, sagt aber Hilfe zu, kommt entgegen, alles paletti. – Der Tankwart tankt reichlich, ein paar Liter gehen daneben. Weiter in Richtung Salerno, da steht ein Mann im Boot, Hände hoch und er ruft *porto!* Was will er? Uns den Backbordhafen empfehlen, uns auf eine Gefahr hinweisen, oder ist er in Not. Auf Frage fuchtelt er – wir fahren weiter – er paddelt – Gerd dreht um – er ist erleichtert, fängt den Tampen und wir ziehen ihn, eine Flasche Wasser geht rüber.

Nach dem Festmachen gibt es einen Anleger vom Feinsten: Weißwein, feiner Schinken, pikanter Käse und Hartwurst. Debatte über das organisierte Verbrechen, Russen und Araber seien die schlimmsten, im Straßenverkehr. Wenn die Verletzten in Arabien eingeliefert werden, geht es nach Geschlecht: der Mann zuerst, sein Schwanz hat oberste Beachtung. Die Frau zwischen Leben und Tod wartet. Nach solchen

Erlebnissen brechen Leute ihre Kontrakte ab. – Abends raus in die Stadt. Wo die Post abgeht, suchen wir Unterschlupf. Alles sitzt topeng unter Bildern aus den 50er Jahren, *four Americans* direkt voraus. Sie wölbt ihre Oberlippe ohne Unterlaß, er postuliert *legalize it*. Das Essen startet mit Buffalo Bill & Consorten, zwei Flaschen Wein, die Kellner sind Teil des Systems, abgefahren, ich versuche zu folgen, kein Platz vor Leuten. Wir setzen uns ab und finden den Platz von letzter Woche in der Grande Allee. Der Kellner bringt eine verbogene Brille, Eckard ist glücklich, denn es ist seine. Martini bitter und nur *geile Weiber* – ich sags, wie es ist. Ein Kellner steht als Pirat stramm: *il cinto per favore*. Treidelnd zurück zum Schiff. Die Kasse steht bei 0,76 Euro, also Nachschuß.

19.10. Gemeinsinn ist die Fähigkeit + Bereitschaft + der Wille + und das Können + und der tatsächliche Einsatz, wahrzunehmen und zu reagieren. Der Morgen bis zum Verlassen des Schiffs offenbart hier einen Abgrund. Der wird nicht weiter thematisiert sondern zügig überbrückt. An dieser geologischen, nein personalen Formation wird sich, Konstanz der Teilnehmer unterstellt, nichts ändern, an der Kunst des Brückenbauens auch nicht.

Um 11 Uhr ist das Gepäck aufgegeben, zwei Stunden Zeit zum Sinnieren im Warteraum. Ich beneide diese schönen jungen Männer, die ihr reichliches Essen aufrechten Gangs zum Platz transportieren. Mir reicht die Pasta vom Vorabend. – Die Werbeflächen des Flughafens sind von unverfrorener Erotik, jene für Louis Vuitton steht dem nicht nach, eine Spur dezenter, was die Wirkung verstärkt. – Flug – Gepäck – S-Bahn – Bahn, brechend voll – Marion, wie schön, dich wiederzusehen.

20.10. Ergötze mich im Garten an Laubarbeit und gehe gegen den Schreibtisch an.

21.10. Alle Gespräche fallen aus, ich hole den Schattenrahmen ab und montiere das Bild hinein.

WARLAM SCHALAMOW hat das Gulag-System durchlebt – warum ich das (wieder) bestellt habe, ich weiß es nicht. Es ist Stoff aus „dem Regime des Bösen als anthropologischen Exercitien", aus dem Wahn der Erziehungsdiktaturen, den Strecken des Untergehens, der personalen Enteignung und Vernichtung. Die Breite dieser Agenda, die unzähligen Abstufungen in diesem Prozeß werden mir immer noch klarer. Ob FRIEDRICH ENGELS dazu etwas sagt, bezweifle ich, dennoch, Bd. 21 liegt auf dem Schreibtisch.

Nullzins – nichts ist effektiver beim Umverteilen vom Sparer zum Schuldner, beim Ruin des volkswirtschaftlichen Kapitalstocks, fürs Leben auf Pump, fürs Produzieren von Blasen, basierend auf der Fehlallokation von Resourcen. Hat Geld keinen Wert, keinen Preis mehr, wird es zum Spielgeld und befeuert die Spekulation. Das politische Kabinett ist nicht Teil sondern Initiator solchen Ruins, sein Programm, sein Reden reine Phrase, dieweil es sich am Gabentisch des Staates wohl sein läßt. – Is ja gut, heißes Wasser, Handtuch!

22.10. Ich „kenne", ich sah GUSTAF GRÜNDGENS als HENDRIK HÖFGEN, in vollendeter Verführung durch KLAUS MARIA BRANDAUER, filmische Bearbeitung des Mephisto von KLAUS MANN, der ihn aus dem Exil konturierte. Damals war der Mann für mich „erledigt", wie es so abschließend heißt: neben dem brachialen Opportunisten als Günstling HERMANN GÖRINGS blieb kein Raum. – Jetzt las ich ein Gedicht des GUSTAF GRÜNDGENS von 1932 ‚Wie sind wir beide vornehm', dazu die Kommentierung von MARCEL REICH-RANICKI, des Nazi-Verfolgten und KZ-Internierten, in gänzlich anderer Sprache und Würdigung. – Urteile Nie! Welch hoffnungslose Aufforderung, die sich tausendfach im Nachhinein bestätigt. Ein Blick in die Biografien der Beteiligten, eingeschlossen die Schwester ERIKA MANN, für drei Jahre GRÜNDGENS' Ehefrau, hätte meiner polarisierten, weil verführten Wahrnehmung gut getan.

DIMITER GOTSCHEFF starb, 70. Ich kannte den Theatermann nicht, ich notiere es aber.

BOB DYLAN (72) in Hannover – es ist nicht zu ändern. Warum sage ich das.

PETER WEISS' ,Abschied von den Eltern' zum Hören, am Ende blutet das Ohr, titelt der Rezensent. Es ist zuviel Schmerz. Mir ist, als sollte ich achtsam mit der verbleibenden Zeit sein, für was soll sie gut sein. Mein Widerstand schwächelt. – Soll ich Band 1 der „Ästhetik des Wiederstands" (1976) aufgreifen, wo die biografischen Wunden entwickelt sind.

Eigenstromerzeugung ist zwei Drittel günstiger, die Zahl der Unternehmen wächst. Das wird am planwirtschaftlichen Stromgesamtkunstwerk nichts ändern.

Der neue Koalitionspartner möchte die Stellvertretung des Bundestagspräsidiums auf sechs Mandate erhöhen. CLAUDIA ROTH möchte gern eins davon. Zukünftig gibt's Betroffenheit von Amts wegen. Die Frau provoziert einfach.

23.10.   Vom Fotografen kommt die CD, fantastische Aufnahmen, eine Brillanz, gegen die meine Aufnahmen von den Bildern reine Schattenrisse zeigen. Qualität macht Spaß! Habe Nr. 96 („45 Grad") zum Arzt transportiert. Der ist begeistert – schade.

EU-Kommissar OETTINGER konstatiert eine Zunahme der Fliehkräfte. Die physikalische Ursache liegt auf der Hand. Ihr verweigert er sich. Das verlangt der Gruppen-Kodex.

Vom Literaturarchiv Marbach kommen drei Hefte, gepackt mit Tagebucheinträgen 1914-1918.

EDWARD SNOWDEN informiert aus Moskau, daß unter den überwachten Telefonnummern die der Kanzlerin aufgetaucht ist.

Aus den Operationen des 20. Jahrhunderts: „Unternehmen ALBERICH", Rückzug und verbrannte Erde, 1917 und 1943, Range-Hand unter Einsatz von Agent-Orange, ein mit Dioxin verunreinigtes Herbizid. Seitdem werden in Vietnam Büffel und

Menschen mit zwei Köpfen geboren. Wer hat das Sagen. Im Irak 1991 Uranmunition, abgereichertes Uran als radioaktives Schwermetall, permeabel. Der menschliche Zirkus wird durchlässig, aufgelöst.

25.10. Das lineare Denken bildet Sträuße von Blüten: der durch die EEG-Mechanik steigende Strompreis treibt den Gütertransport auf die Straße zurück. Nur letztendliche Verantwortungslosigkeit hält diesen Weg von der Inkompetenz (reparabel) über die Ignoranz (vorsätzlich) zur Dummheit (irreparabel) durch. Diese drapiert sich auf dem Balkon in missionarischer Weltverbesserungs-, was sag ich, Rettungspose. Dahinter offenbart sie sich im Staat-als-Beute-Milieu – und sagt zur asozialen Plünderei der privat erwirtschafteten Einkommen „Ja&Amen". Die können ja Stütze beantragen – dann ist es perfekt, der Staat finanziert die Gewinner und die Verlierer. Sorry, es war wieder soweit.

Berechnungen aus dem IPCC-Umfeld rechnen die aktuelle 2020-Strategie von jährlichen 185 Milliarden auf 15 Billionen Klimageld fürs Jahrhundert hoch. Dem stellen sie eine Temperaturbremse von 0,05 Grad gegenüber – anders: um 37 Stunden werde sich die Erderwärmung durch diesen galaktischen Resourcenaufwand verzögern. Das interessiert den Missionar nicht, der in der Staatsfütterung suhlt. – Seine frommen Worte von der Nachhaltigkeit leiden unter dem gleichen Gesichtspunkt, den er geflissentlich ignoriert: es kann nicht nachhaltig sein, was jeder ökonomischen Effizienz hohnspricht. Aber die Predigt wird bezahlt.

PATRICE CHÉREAU starb, 69. Auch ihn kannte ich nicht, warum ich das notiere? Reine Projektion, Sehnsucht, wieder einer, dem ich hinterhergucke, der soweit vorne ging. „Leiblichkeit als Fetisch, wie als Trauma", „der Eros … Bestandteil im Räderwerk" „sein Wozzeck … ließ den Verlorenen durch die Welt hetzen und diese hinter ihm her", „wer mich liebt, nimmt den Zug", später „eher von dringlicher Genauigkeit als von kühn erhellender Vision", so die Zeitung, weiter über PIERRE BOULEZ (78), „wie er sich in sein Regiearbeiten hinein begab in eine professionelle Resignation" – Kopf hoch, alter Junge, raune ich mir zu.

Auch HANS-DIETRICH GENSCHER (76) möchte seine Partei mit dem tonlosen Satz „die FDP steht für Europa und den Euro" von Kritikern säubern – wofür er, der Gute, heftigen Widerspruch erntet. Es ist diese Weigerung des Alt-Europäertums, zu sehen, daß das Nachkriegsmotiv in ein Politbüromonster mutiert ist, welches wachsenden Kollossalschaden auftürmt.

LOU REED ist tot, gestorben, weg, ohne Worte – ein schneidendes Gefühl kriecht in mir hoch. So geht das also. Er gehört zu den Teilen, aus denen ich war, bin – seit er 1967 ,*The Velvet Underground*' mit Banane auf dem Cover servierte. Es war so selbstverständlich wie alles in Marburg. Zu seinem und aller Glück überwand er die magische 27, die für JIMI HENDRIX, JANIS JOPLIN und echt einen Haufen weiterer Frontleute bis zu AMY WINEHOUSE das Ende wurde. Sein Biograf PETER DOGETT schilderte schon 1992 das Drama zwischen Hölle und Melancholie. Ich stand nicht für dieses Risiko. Nic (Hamburg) macht Kopien der Songs dieser Zeit. DIETMAR DATHS kundige Zerlegung hinterläßt ein Schlachtfeld, das LR durchquerte, alles zeichnete ihn auf der Flucht in die Höhe. Zum siebzigsten glichen seine Gesichtszüge dem des gleichaltrigen KEITH RICHARDS.

28.10. Meine Haustürgeschäfte schlagen Wellen, gestern war „High Noon":
Grade hatte mir die EWE TEL, also unsere Telefongesellschaft für Netz und *Guxdu* eine neue Fritz-Box angelacht, mit Zwei-Jahres-Gutschrift als Leckerli. Ich denke, gut so und sage ok. – Da kommen am nächsten Morgen zwei Herren angesegelt, von der Telekom. Auch gut, sage ich, komme rein … und dann geht das los, der erzählt mir einen von der wilden Wurzel, dass die EWE TEL und so, sowieso … lange Rede, ich sage, na gut, dann eben bei der Telekom, schimpfe noch über mein Handy-Erlebnis, Motto: alles Verbrecher in Ihrer Filiale – am Ende unterschreibe ich einen Portierungs-

auftrag. Das bedeutet, alles zurück, Kündigung bei der EWE TEL und neu aufsatteln. Am 28. wird umgestellt.

Ich haue die Kündigung an die EWE TEL raus ... und am 28. ist Sense! Kein Internet. Leon fragt, was ist das? Marion fragt, was ist hier los ... ich, schon etwas kleinlaut, ja ich habe uns gewechselt. – Warum geht's dann nicht? – weiss ich auch nicht. – Leon nimmt nun beherzt alles in die Hand, telefoniert mit Telekom, einmal, zweimal, dreimal – dann: die sagen, wir können mit Internet ab 1.12. – Allgemeiner Schreikrampf ... Marion hat schon hinter unserm Haus-Elektriker Vladi hertelefoniert, einmal, zweimal, dreimal ... der hatte sich grade mal hingelegt – was Marion ihm dringend geraten hatte drei Tage vorher – also hoch, in die Schuhe und kommt – fängt an zu montieren, die neue Fritz-Box ... willst Du mitessen? Ja – und dann das Abendbrot in der Familie – nur in sediertem Zustand auszuhalten – Marion und Leon abwechselnd: unser Seegi, wenn der mal allein zu Hause ist, das können wir nicht mehr zulassen – was passiert erst, wenn Du gar nicht mehr wegfährst? Dann haben wir jeden Abend neue Zeitschriften, Geräte, Installationen ... Leon: wie war das mit dem Italiener aus dem fahrenden Auto in Bremen – der merkt sich auch alles, denke ich – wo Du angehalten, an den Automaten gegangen und ihm 300 Euro gegeben hast, er hat Dir dafür Pelze, Jacken und Anzüge mitgegeben, von einer Messe, sagte er – das haben wir hier direkt in die Tonne getreten! – Marion: und dann die Topf-Set-Nummer auf einem Autobahnparkplatz in Süddeutschland, auf dem Weg nach Salzburg zur Ausstellung. Kein Bild verkauft, aber für 300 Euro Töpfe und ein Messer-Set gekauft. – Im Internet konnten wir nachlesen, wie die Brüder, diesmal Holländer, ihren Schrott an die Leute bringen. – Also, wenns klingelt, nicht aufmachen. Sag einfach durchs Seitenfenster, Deine Frau ist nicht da, sie sollen nochmal wiederkommen ... das Letzte habe ich ergänzt, weils so gut passt.

Kurz, nach einem harten Abend – schreibe ich Kündigung an die Telekom und Wiederruf meiner Kündigung an EWE

TEL. Mein *Toupé* kreist konstant, sieht von weitem aus wie Heiligenschein!

Heute Abend fahre ich wieder nach Bad Zwischenahn – und ich erzähle den Leuten was vom klaren Auftritt, erst nachdenken, dann handeln und solchen Dingen, kaum zu glauben! – Die Trennung von Geschäft und Privat macht Sinn. Ich weiß, wovon ich schwärme.

29.10. Leoni folgt BMW, nach China, den Absatzzahlen, den Chancen. Andere folgen den Energiepreisen. Viele bleiben, die Subventionsprofiteure sowieso. Der Subvention folgt gern die Korruption. Beim niedersächsischen ‚Landvolk‘ grassieren verdeckte Gewinnausschüttung, Geldwäsche, politische Preisbildung, Vetternwirtschaft mit viel Beraterhonoraren – also fröhliches Bereichern auf ganzer Linie. Sogar der Steuerberater wurde schwach: bei soviel Geld wurde seine Frau glatt zur ‚Windexpertin‘ – gegen 5000 monatlich, dazu 180.000 fürs Basteln eines Verkaufsprospektes. Die löchrige Buchführung erschwert allerdings die Aufklärung. Das mafiose Ausmaß – ganz ohne Waffeneinsatz! – überfordert die StA. Niedersachsen ist eines von sechzehn Bundesländern – wenn Sie verstehen, was ich meine. Füllhorn & Korruption sind ein Paar.

Geldvermögen der Deutschen erreicht 5 Billionen, genug Stoff zum Wegsteuern, zum Inflationieren, zum Haften fürs Eurospiel, gell Wolfgang. Isso! Man kanns auch einfach wegnehmen, wenns zu bunt wird. Mal wieder Vermögenssteuer? Da das Nationale keine Rolle mehr spielen soll, am besten gleich durchs Politbüro, Kommissare hats ja genug. Da ist die parteiübergreifende ‚Staat-als-Beute‘ - Rotte fein raus. Die guckt dann zum Himmel und flötet, wie einst Donald Duck, wenn er erwischt wurde. – Sorry, aber das wars wieder – ich sags, wie mir is!

Schweinehälften, endlich! Das vierteilige Ensemble von 1990 ist verschwunden – fürs nächste Format sind sie wieder dabei!

Ich packe für Bad Zwischenahn, kann meinen Blick kaum von der Beiläufigkeit des Eros auf dem Sofa wenden und reise ab. – Im Hotel gibt's fröhliches Wiedersehen mit dem Personal und meinem Kollegen.

30.10.   Die ‚Welt' ehrt NEO RAUCH, der die Zeitung bebildert.

Die 206. Stadtregierung wird unter römische Zwangsverwaltung gestellt. Das führt TOBIAS BAYER (Die Welt 30.10.2013) nach Sedriano bei Mailand, wo sich die ‚Ndrangheta', aus dem Süden kommend, für weiteres Verbrechen umsieht – und beim ambitionierten Bürgermeister mit ihren Schlag-ins-Kontor-Experten EUGENIO COSTANTINO (Christdemokrat) und DOMENICO ZAMBETTI *(guxdu Bd. 7.1, 2012, Seite 154 f.)* sozusagen offene Türen einrennen. Jedenfalls zieht kurz drauf Töchterchen Terese C. ins Gemeindeparlament ein – nach ‚mysteriösen Schußwechseln, brennenden Autos' und weiteren Ungereimtheiten wie Brief mit Patronenhülse und Zettel fliegt Chefe Bürgermeister in den Hausarrest.

Die Schilderungen der Teilnehmer vermitteln das Bild von Schwerarbeitern, die in siebenhundert Metern Tiefe mit bloßen Händen arbeiten, ohne Licht. Es geht um schwer- bis schwerstgängige Kollegen, die fest-sitzen. Am zweiten Tag bis halb acht.

1.11.   Der Abend wird lang und wüst. Jonas kommt mit Viki, nach dem Essen holen wir Patrick ab, der „sonen Hals" hat und sich auf den neuen Job in Bremen freut. Darüber gehen vier Flaschen Sekt weg und ich werde immer kleiner zwischen den Jungs. Meine Zukunft ist schließlich das Verschwinden.

2.11.   Mittags schlägt Markus mit Family auf – bei Omi+Opi, das wird wieder ereignisreich. Peet bittet um die Ausleihe von Grabofski, dem schwarzen Maulwurf mit dem zarten Fell und Eingriff. Ich stimme schweren Herzens zu – durch bin ich mit dem Thema keineswegs, aber nur bis zum nächsten Mal. – Nachts wieder von den biografischen Kollateralschäden im siebenstelligen Bereich umtrieben. Schön, wenn Geld nicht mehr alles ist.

3.11. SONNTAG
Um fünf Uhr winken wir im Kreisel, sichtlich erschöpft. – Entspannung, packen und ab ins Zwischenahner Hotel.

4.11. Elf Leute, keine Frau, der Tag hat Schwere, der Abend wird leichter, Aga, die Schöne vom Haus, schenkt mir ordentlich ein. Contenance. Dienstag. Dialog mit Konfrontation, Widerstand wird im Keim und freundlich erstickt. Abschied um sieben Uhr und in die Nacht zurück. Ich bin erschöpft.

Ein Spanier zählt die Masseninvestitionen des Brüsseler Systems in die Infrastruktur seines Landes: wir haben Autobahnen, auf denen kaum jemand fährt, das dichteste Hochgeschwindigkeitsnetz mit wenigen Passagieren, Flughäfen, die niemals in Betrieb gehen werden. Das ist Planwirtschaft, die Reichtum versenkt. Das Ergebnis ist das gleiche wie in der sozialistischen Armut.

6.11. Verhört? – In Schweden verpflichten sich Kinos, nur noch Filme zu zeigen, in denen mindestens zwei Frauen vorkommen, die sich wenigstens zwanzig Minuten unterhalten, wobei kein Mann vorkommen darf. Die Demokratisierung der Zensur macht Riesenschritte. Das war früher staatliches Privileg.

Deutschland dreht am Glücksrad. Die hohe Lebenszufriedenheit, ausgerechnet im eher sparsamen Schleswig-Holstein, sei unerklärlich, erklären die Glücksritter, die das Glück vermessen wollen.

Der Staatsfunk steht vor Gericht. Schon der ZDF-Fernsehrat ist randvoll mit Staat: 61 von 77, ebenso der Verwaltungsrat. KURT BECK, ex-Landes-Chef, jetzt Pharmaberater, bleibt Vorsitzer, is ja privat! Dazu kommen die *informels*, die ZDF-Freundeskreise, wo das Programmatische aufgeteilt ist, in ‚konservativ‘, öko und schlimmer. In diesem setting wird dann „die Programmarbeit begleitet“, also die Arbeit an der Meinungsbildung des Volks.

Auf Fragen des Gerichts kommt öfter: „das war schon immer so". Das kann von jedem solcher Posten-Wälder gesagt werden.

Nachdem die Klimaspiele den Strom unbezahlbar machen, kümmert sich der Initiator, die EU, jetzt um Beihilfen für die Aluminiumindustrie. Das ist die zwingende Mechanik staatswaltenden Weltbaus.

7.11. Um 8.30 ins Steigenberger am Wasser, feiner Neubau in einem wachsenden Ensemble. Workshop mit vierzehn Betriebsräten, professionelle Führung, zwischendurch etwas Herzstillstand, Minuten des freien Falls.

EZB halbiert den Zins auf 0,25%, Staatsfinanzierung und Staatsentschuldung nehmen ihren Lauf, spiegelbildlich Enteignung des Volkes, ersten Sparkassen droht Insolvenz, die Koalitionäre stricken an neuen Berlin-Märchen. – Der Rektor der Uni Freiburg hißt die Regenbogenflagge als Zeichen des ‚gendermainstream-groove', Deutschland Märchenland. – Elvis sitzt auf dem Sofa und guckt Fußball.

8.11. Fünfter Tag in der Sparkasse, Management-Treffen – und es wird! Der Übergang vom ‚push' zu ‚pull' ist spürbar. Ein souveräner VV führt durch die Themen. Ich schreibe ihm abends, freue mich schekkich.

Kelvin schreibt aus Asien, Kanada oder sonstwo *‚I need some of your work of art to do the beautification of my new building, where I will be moving at beginning of next year'* – *I am displaced*, oder wie das heißt und schicke ihm die Preisliste.

9.11. ‚… ab wann gilt das?' – GÜNTER SCHABOWSKI guckt auf das vorgelegte Papier, zögert, dann, ja … das gilt ab sofort – vor 24 Jahren! – Mein sechster Tag in der Sparkasse. Ich gehöre dazu. – Abends mit Freunden ein Essen im Wintergarten, Abschluß mit Olélé, danach in die Betten.

10.11. Das neue Rad knackt! – Ich beende das Schauspielen, es ist schließlich genug Gelegenheit. – Dafür multipliziere ich

@Mao für das neue Format, das ist ja auch Doppelleben, dieser seriell polierte Schädel seit ANDY WARHOL. Siebdruck mal zwanzig und ab ging es, wie mit ELVIS und den Daimler-Rennwagen. Was sollte er machen, die Leute liefen ihm nach. So ist Mao verewigt, paßt in jedes Wohnzimmer, vierzig Millionen ohne Gewissen, unfaßbar. Der einzige Totem aus der Galerie des 20. Jahrhunderts, den du hängen kannst, ein bißchen Ché vielleicht, aber Stalin?, Berija? (prust), Pol Pot? Alle vom gleichen Kaliber (die Zahlen differieren), Hitler ist ja einfach verboten – nur um sicher zu gehen! – Geweißt ist das Format, das nächste wird Werbung für den Euro, so etwa ,*merbrauchemehreuro!*' Der Drucker ist noch nicht mit Geldkopie-Sperre ausgestattet.

11.11. Natürlich haben Frauen die Phantasie sich zu prostituieren, das bestätigt schon der Sturm der Entrüstung, der Regisseur FRANÇOIS OZON zur Korrektur seiner Worte trieb. So hatte er es gemeint und vom Diktat schamloser Öffentlichkeit in den Stall zurückgetrieben, dessen Gitterstäbe bis zum Himmel reichen. – In der Liebe höre ich es auch. Zum Glück hört mich keiner. Und ich halte die Türen zu. – „Die Kamera weicht der Hauptdarstellerin kaum von der Seite, was bei OZON bedeutet, daß er MARINE VACTH während der Dreharbeiten nicht aus den Augen gelassen hat. Bei der Unzahl offenen Geheimnisses, welches sie im Gesicht hat, kann ich dem folgen. Das ist mit Christiane Paul anders, die antwortet auf jede Frage ,stinknormal', ich werde richtig wütend, wie sie die Fragende abweist. Dabei ist die auch schön, wissende Augen – völliger Quatsch, die von Marine sind genau so, sie weiß es nur noch nicht. Braucht sie auch nicht. Dieses kontextfreie Sein, dieser Unterschied treibt in den Abgrund. Lächerlich, im Wintergarten. – Ein einziger deutscher Film von einem deutschen Regisseur in Stil, Haltung, Professionalität, und der Ruf des deutschen Kinos wäre für ein ganzes Jahr gerettet, schließt ANDREAS KILB. – Ich bin dem nicht gewachsen, ordentlicher Buchhaltung allerdings auch nicht. Die Rückfragen der Steuerberaterin erfordern zartfühlende Formulierungen, ihren Unwillen zu besänftigen, nein ihre Bereitschaft zu fördern, belegfreie Zahlen einzusetzen. Gleichwohl, der Tag entläßt mich zufrieden in die Nacht.

12.11. Um 3 Uhr wach, alles wiederholt, Strich drunter, glücklich, induselt. Morgens Rückenschmerzen. – Formatideen: Mao, 500-Euroscheine: Goldfingers Europe, mittig zum Berg auflaufend. Ein Tourist mit Rucksack und Plastiktüte steht staunend vor dem Bild mit der Kommissariatsversammlung. Black Rocks democracy. – „Einmischen, eindringen, diktieren, korrigieren, vorschreiben, aufzwingen, bestrafen", das verbinden die Leute mit Europa. Nicht schlecht, Señor R. *(Anm.: ??).*

Das Volumen fauler Kredite, die Italiens Banken halten, hat sich in drei Jahren verdoppelt. WOLFGANG SCHÄUBLE schwärmt vom ‚bail in', Goldfinger steht kurz vor der Null mit der Zinsschabe – alles geschenkt! So türmen sich Gewißheiten, die keiner hören will.

13.11. Eine chinesische Firma soll die deutschen Breitbandnetze ausbauen – Spiegel eines zurückfallenden Landes, das im Beschwerdemodus, im Predigerstatus verkümmert. Wenige hören zu, kaum einen interessiert es. Wir sind zutiefst beleidigt, predigen aber tapfer weiter. Wir haben uns ja vorgenommen, nur noch Gutes zu tun – bis es gut ist. Das paßt zum Verliererstatus. Der Beschwerdemodus hat noch einen Überzieher, wegen seiner Unansehnlichkeit: das ist der Opfermodus. Dem folgt der Abgang mit moralischer Gewißheit. Sublimierte Todessehnsucht.

CHRISTINE LAGARDE schlägt für Deutschland einen Max-Steuersatz von 70% vor, für alle eine Vermögensabgabe, die Deckelung des Exports empfehlen die USA. Sie nehmen kein Blatt vor den Mund, was macht sie so unverhohlen, so forsch? Sind wir schon der eingetragene Trottel der EU?
Der EU-Korruptionsindex geht steil nach oben. An der Spitze rangieren Bildungsprojekte, an dritter Stelle Eisenbahn- (Spanien?, Griechenland?) und Autobahnbau (Spanien! Italien!). Nor-

mal. Was trägt unser Staatskonsortium bei, daß andere so unverblümt, vulgär, ja frech werden können. So geht die 50/50-Regel aus meinen Workshops. Ein Fall von Fremdschämen.

Edeltraud putzt, ich mache Kaffee. Später auf Gassi-Tour durchs helle Unterholz am Bahndamm, halb taub ob des schrillen Lärms kreuzender Güterzüge, die im Blockabstand passieren. – Zur Sparkasse, ich brauche einen glatten 500er. Das dauert zwei Minuten, dann kommt er frisch aus dem Fach. – Ich denke ans Laub, seine Gerüche und mache zwei Säcke voll, setze mich in die milde Sonne vor dem Wintergarten, die nasse Schnauze von Elvis auf dem Knie. – Während die Nachbarin ihre Mutter beerdigt. Während der größte Wirbelsturm nach der Verwüstung der Philippinen Vietnam erreicht haben muß und Teile des Landes verwüsten wird. Die schreienden Menschen halten ihre Toten vor den weggeblasenen Hütten, wird die Tagesschau zeigen. Völlige Stille unter der milden Sonne. Wir gehen rein. – Ich nehme einen Teil der gekochten Bandnudeln und brate sie in Öl, etwas zuviel. In der ,Beipfanne' brate ich drei Scheiben Schinkenspeck und vier Steinpilze in Scheiben, würze die Nudeln mit etwas Oregano und Curry, gebe Pilze und Speck dazu, alles auf den Teller und sitze vor dem Wintergarten damit. Ein Glas Rotwein wäre noch gut. Ein Stück Schokolade ,Papua-Neuguinea', 70%, rundet auch ab.

Deutschland verstößt mit seinem Außenhandelsüberschuß seit Jahren gegen EU-Regeln, weiß der Tagesschau-Sprecher zu berichten. Ich staune: ist das auch schon geregelt oder was, geradezu toll! Der Staatsfunk steht jedenfalls zum Politbüro. Der geneigte Zuschauer stöhnt unter der Last der Bären, die ihm aufgebunden werden.

FRANCIS BACONS Tryptichon ,Three studies of Lucian Freud' (1969) ging für 142 Millionen Dollar über den Tresen. Ich tapeziere die 500er, Titel: Europa-Tapete, Sozzjalisdsche Einheids-Dapehde, oder vielleicht Goldfingers Tapetenladen? – Nicht schon wieder heulen, sagt Marion abends vorm Fernseher, ,Das Beste kommt zuletzt'.

14.11. Quer durch die Filialen Bremens für drei Gespräche. – Chinas Genossen plädieren für mehr Markt – die oppositionellen Genossen in Berlin bejubeln den amtierenden Regelungswahn.

15.11. „Unser Leon" wird 21, er holt sich die Glückwünsche mit Elvis im Bett ab.

Des Königs Frage, ob eine Revolte drohe, verneinte Herzog de la Rochefoucault mit den Worten: Sire, eine Revolution. Die ging über Robespierre und Marat und hörte nicht mehr auf. Der Intellektuelle schält sich darob so richtig heraus. Es ist eine Folge der Spezialisierung und Partikulierung, also ein echtes Produkt von Entfremdung! So fühlt er sich seither in der Welt. Häufig erhält er sein Refugium einschließlich Handsalbe für Betrachtungen und das Sinnieren. Bisweilen bricht er aus, sucht und nimmt Kontakt auf, ist eher ungern gesehen, Störer, Provokateur mit der Welt Fremdem (sic!), das auf fruchtbaren Boden fällt, weil Unzufriedene sich angesprochen fühlen, auch wenn sie nicht alles gleich verstehen.

Der Intellektuelle denkt systemisch, seine Avantgarde bis zur Guillotine. Mitläufer applaudieren mit Schrecken. Ich Mitläufer applaudierte aus der zweiten Reihe, hatte Schiß (Geburtsfehler). Die Avantgarde erreicht immer den gleichen Punkt: das Ende, welches sie denkt. WERNER BEST gehört als radikalisierte Ausgeburt dazu, als Theoretiker von Rasse und Reinheit und Organisator des Genozids. Kritiker sehen darin Todessehnsucht, die wohl schon im kühnen Entwurf schlummern muß. Das Gegenteil war MACCHIAVELLI.

Zwei Protokolle, einkaufen, Holz kaufen, kochen. – Marion erzählt von den Elterngesprächen. Im Vordergrund steht Valan, der von der Treppe gespuckt hat … *habsnisch* gemacht! … na gut, weiß nich … dann: schreib auf: wie geht es dem Schüler, dem auf den Kopf gespuckt wurde! – Das ist ihm zuviel und er sagt: gut, ich schreib die Wahrheit. – … meine kleinen Verbrecher, sie liebt ihre Kinder.

16.11.   Zurück aus Gyhum vom Teamtraining, lauter Eigenarten, gut verpackt – abends zu siebt zu Anna, danach zurück und wieder bis Mitternacht lärmend und lachend und pöbelnd (diese spezielle Familientradition) unterwegs, ich hole regelmäßig neue Flaschen aus dem Keller, die Gäste sind phasenweise konsterniert. Tut nichts, das ändert sich nicht.

17.11.   SONNTAG
Die Familie macht Laub. – Um 20 Uhr raus ins Hotel, Jonas kommt mit. Große Gruppe, mittags siebzehn Plätze! Abends unter den jungen Frauen, bis eine Nachbarin raunt, na, nochmal zwanzig sein. Ertappt trinke ich aus und gehe. Im Zimmer schlägt der Kopf auf, meine Ohnmacht, sehnsüchtig, ausgeliefert, wie schaffe ich Form, die Geltung beanspruchen kann … wieder das Szenenbild mit MARINE VACTH, diese Schamlosigkeit – ist ja unser Problem. – Sie hat mich zur Rede gestellt – und mich ohne Antwort gehen lassen. Weil alles gesagt ist, was ich zu verschweigen trachte.

DORIS LESSING starb, 94.

19.11.   Bad Zwischenahn, Fortsetzung: diese beeindruckende Versorgung durch das Hotelpersonal! Ich habe längst Sonderstatus, jede Schwäche wird genutzt – im großen Trainingsraum mit Blick aufs Meer Lernen durch Konfrontation. Beides unendliche Freude.

Wieder so eine Reportage zum Anteil Chinas am 20. Jahrhundert. Seine Apo-Kalypse hatte diese Eckdaten: 1955 gabs die ‚Spatzen-Kampagne‘, die wurden liquidiert, später aus der Sowjet-Union importiert. Das ging noch an den Menschen vorbei. – 1957 wurden dann 90 Millionen Chinesen auf einen Schlag Stahlarbeiter, aber ohne Fabrik, auf der Strecke blieben mindestens 30 Millionen, übrig blieb Stahlschrott – auf drei Jahre harte Arbeit wurden 10.000 Jahre Glück ausgebracht, die Stahlkampagne zog eine Hungersnot biblischen Ausmaßes nach sich, die vielfach in Kannibalismus eskalierte. Erklärend hieß es, die Feinde der Revolution würden das Getreide nur verstecken, wie neulich in der Ukraine. – 1964 hatte das Land die Atombombe, immerhin – 1966 durchschwamm der Vorsitzende den Jang tse kiang und rief die nächste Kampagne aus, proletarische Kultur-revolution, also die Revolte der Jugend gegen die Autoritäten, gegen die vier Alten. Die Kommandos standen im Roten Büch-lein des Vorsitzenden, der war also nicht gemeint, als Millionen nach Peking stürmten, Rote Garden über Land zogen und alles terrorisierten und liquidierten, was nicht auf die Bäume kam, plündernd und zerstörend Platz für Neues schufen. Auch das hinterließ Millionen Tote, die Kampagnenpolitik kommt auf 70. Hoher Besuch aus dem Westen blieb aber möglich.

Welch revolutionären Umbruch die KP gegen solch STALIN' SCHES Politikformat seit 1976 durchgesetzt hat, faßt SEBASTIAN HEILMANN. Der akut-imperiale Status des Landes mit radika-ler Armutsrückführung und gigantischen Finanzvolumen und Unternehmens-Konglomeraten ist einer selten gelungenen Mi-schung von Steuerung und Freiräumen zu verdanken. ‚Höchst flexibel' habe die Partei auf jede Krise reagiert, ‚dezentralen Ent-deckungsverfahren … bei zentral festgelegten Prioritäten' gro-ßen Raum gegeben, sodaß die größten Unternehmen der Welt wie ZTE, Alibaba und Tencent dort residieren. Von dem weiteren Dutzend abgesehen, die Christian Geinitz neulich listete. – Sol-che ‚Agilität' sei westlichen Eliten eher fremd, ihre ‚von politisch korrektem Wunschdenken geleiteten Vorhersagen' seit 37 Jahren widerlegt worden. Natürlich sei die Zukunft offen – das ist bei uns nicht anders, im Land der politischen Gewißheiten. Ob der ‚Übergang vom roten … zu einem grünen und sozialen Autori-tarismus' gelingt, unter KP Chefe Xi Yinping, wird sich zeigen. – Angesagt ist derzeit der Kampf gegen die Korruption, diesem unvermeidlichen Begleiter der Billionenspiele. Wanns gegen den Polizeikönig BO XILAI losgeht, ist noch offen, den Eisenbahn-minister hat das Urteil bereits erwischt, schilderte Petra Kolonko schon im Sommer. Er bleibt am Leben, immerhin.

Was dagegen ist die HSH-Bank, die in Richtung Abwicklung treidelt (*guxdu Bd. 7.1, 2012, Seite 171 f.*), die kostspielige. Im ka-labrischen Isola di Capo Rizzuto finanzierte sie einen Windpark zu 225.000.000. Das ist Mafia-Hoheitsgebiet und so kommts. Der Staat legt jetzt dort die Hand auf den schönen Windpark, der die Viertelmilliarde bedient. Diese Einnahmen gehen fürderhin auf Sperrkonto und nicht mehr nach Hamburg.

LOTHAR GRÄBS ist gestorben. er war ‚Madame Lothár‘, in Bremen, Travestie in der Kolpingstraße, ich lernte ihn 1991 kennen, er kam ins Packhaus zu ‚Bent Rosa Winkel‘ *(Bd. 2, 1990–94, Seite 186 ff.)*.

20.11. „Ich habe oft versucht, mich mit der Gestalt meiner Mutter und der Gestalt meines Vaters auseinanderzusetzen, peilend zwischen Aufruhr und Unterwerfung. Nie habe ich das Wesen dieser beiden Portalfiguren meines Lebens fassen und deuten können."

Mit welcher Wucht bindet PETER WEISS Existenz in den Rahmen. Sein ‚Abschied von den Eltern‘ bringt mich bereits mit diesen ersten zwei Sätzen zum Anhalten. So geht es weiter in kleinen Meilensteinen, die mein Erleben in Worte fassen. Das war ein Leben in der Unmöglichkeit des Verstehens, der – nach den toten Jahren des Schweigens – Mühen des Annäherns, des Versicherns guten Willens und der Erleichterung über wiedergewonnenes Sprechen. Aber die Suche nach dem Verstehen hielt an, verfing sich in den Erzählungen über die Heimkehr aus dem Krieg in die Trümmer ohne Heim. Da war dann ich. Er hat um mich gekämpft, sagt er. – Ich merke, wie der Text von PW ein immer noch nicht erschöpftes Bedürfnis in mir weckt, mein Kindschaftsverhältnis zu dieser Portalfigur zu betrachten – so als glaubte ich, immer noch, nicht. – Oder ist es nicht so, daß wir immer biografisch lesen? Ein bißchen Distanz sollte aber möglich sein, sonst ist die Wahrnehmung allzusehr getrübt, gell.

Welche Erleichterung, die Beschwer scheint bis zur Spurlosigkeit integriert, verschafft ihm, PETER WEISS, die Schilderung der Heimkehr mit der Asche des Vaters in die Familie. Denn deren anstehende Auflösung in Form der Auseinandersetzung um die wertvollen Möbel holt die Beziehungen des Kindes zu ihnen hervor. So wars in Bad Doberan, wo das Ticken der mächtigen eichenen Standuhr von den dunklen, finsteren Stundenschlägen unterbrochen wurde. Wo der große Chippendale-Spiegel mir auf der heimlichen Suche nach der Toilette jede Orientierung nahm. Wo die dreiflügelige Kredenz, dieser riesige Korpus aus der Berliner Wohnung am Bayrischen Platz, wie ein Haus im Zimmer harrte. Und dieser eigentümliche Gummibaum die Farbe grün präsentierte. Leben als Echo.

21.11. L.earn-Workshop in Bad Zwischenahn: mit einer Direktion, eine Frau, neun Männer – immerhin. Mit dem Finger zeigen ist sinnlos, da drei zurückweisen. – Der konstant freundliche Kellner versprach den Trainern ein Vier-Gänge-Menu. Wir sind begeistert und genießen es.

DIETER HILDEBRANDT starb, 86.

22.11. *sms* von Marion: heute Abend „Torfrock" – Herr hilf! – Erschöpft ins Auto und zurück, nach vollen Tagen hat ja die abendliche Probebühne auch zur Erholung geführt, hier jedoch bleiben Zweifel. – Zu sechst machen wir uns auf nach Worpswede. Die ‚Music Hall' ist krachend voll. Vor der Bühne konzentriert sich der bereits sternhagelvolle Prozente-Block. – Wir bleiben wachsam, Marion hält die leere Bierflasche bereit. Es provoziert einfach. Schon die Vorgruppe ist auffällig, wie es der *street worker* nennen würde, „Wohnzimmerhelden" aus HAN-Kirchlinteln. Danach wird es infernalisch bei der 24. ‚Bagaluten-Wiehnacht'. Der Sprecher von „Werner" (das muß kesseln und so …) ist der Sänger. Die Texte sind den 20- bis 80-Jährigen geläufig. Das ist hilfreich, weil die metallisch glänzende und ausladende Schießbude sowie Guitarre und Baß kein Wort zulassen. – In kurzen Abständen schlagen Volltrunkene hin, weil die Nachbarn Stütze verweigern, einige wollen Prügelei aufnehmen, aber gut verteilte Schränke fassen sie mit dem Unterarm unterm Hals, das unterbricht die Atmung sofort, und ziehen sie vors Haus.

Das klappt, sodaß die Zustimmung konstant bleibt. Ich bin tief beeindruckt von der Finesse der Texte, die ich in Wort-fetzen nachhaltig unterstütze. So isses wirklich. Der Bassist ist der abgefahrenste. Gen Mitternacht geht's nach Hause. Das Hotel in Bad Zwischenahn steht zum Verkauf. Ich kopiere grade 500er, das könnte passen.

family entertainment in Hamburg

Am nächsten Abend auf den ‚Hexenberg' in Worpswede mit der ex-HR-family von Kraft Foods. Weinprobe ist angesetzt im Hexenhaus. Vorher besichtigen wir den gewaltigen Kubus mit flotter Raumhöhe von fünf Metern, den sich Corinna und Ehemann in den Wald haben setzen lassen. Das hätte auch Weiskamp von der Neue Heimat International nicht besser gemacht. Aber was spielt sich darin ab, wird gefragt – anders ist anders, sage ich, wie auf jedem Workshop. – Von Weinberg zu Weinberg wandern, also von Weinfest zu Weinfest im Süden der Republik, ist eine gute Urlaubsidee um 23 Uhr.

24.11. SONNTAG

Horror real – die Zeitung zitiert die „Freie Erde" von 1986:

… der Generalsekretär des ZK der Arbeiterpartei Äthiopiens, Vorsitzender des Provisorischen (als hätten sie es geahnt) Militä-rischen Verwaltungsrates und Oberkommandierender der Revo-lutionären Streitkräfte des Sozialistischen Äthiopiens, MENGISTU HAILE MARIAM, käme auf Besuch ins Panzerproduktionswerk Neubrandenburg.

Wie aus einer anderen Welt klingt die Titellage, dagegen war die Ansprache im ‚Krieg der Sterne‘ durchaus knapp. Schlächter von Addis war kurze Zeit drauf sein kurzer Titel. Der Mann war schlicht auf Einkaufstour, um mit „schwerer Technik", wie es dorten liebevoll hieß, der Aufstände gegen sein kopiertes System der Auslöschung des Menschen Herr zu werden. Bezahlt hat er wahrscheinlich auch nicht, der Völkerfreundschafter, der nach dem allgemeinen Kollaps mit seiner Entourage nach Simbabwe floh, wo das Systemdesaster seine Fortsetzung findet.

Um 9 Uhr abends reise ich ins Drei-Mädel-Haus.

25.11. Nach getaner Arbeit MARTINA GEDECK. Ein Abgrund von stimmiger Erotik. – Lothar möchte, daß ich so lange arbeite, bis er so alt ist wie ich.

26.11. Das Fernsehen ist anstrengender als der Tag – Tagesschau, Nachricht Nr. 2: die Armut wächst in Deutschland, erklärt die Frau mit Stentorstimme – Zweifel sind sinnlos. – Ich sage, vier Wochen sind rum, das Thema liegt doch auf Wiedervorlage. Nachricht Nr. 3: die Soldaten seien voller psychischer Störungen – ich gleich auch! Dann noch was zur Planwirtschaft, schlechte Unterhaltung.

27.11. Mit ihrer Parole vom Primat der Politik hat die Kanzlerin die Sehnsucht nach Staat, nach viel Staat gut gespiegelt, möglicherweise herkunftsgenetisch gegründet. Alle Parteien liefern Facetten zum Umbau ins Weichbild DDR. – Der Start in GERD HABERMANNS Wohlfahrtsstaat ist da drastische Unterfütterung im Zug auf der Langsamfahrstrecke nach Hannover. Dort vereinbare ich ein Bahn-Coaching. – Zu Hause finde ich einen Rotwein ‚Eisenkorn‘, Unterstützung beim Adventskranzbinden mit der Nachbarin, Marion ist mächtig vorweihnachtlich. Ich koste ein Glas.

28.11. Die andere Nachbarin steigt allmorgendlich durch unser Gelände die Treppe zum Nachbarn hinab auf dem Weg zum Kindergarten mit dem Kind. Gedankenverloren wende ich mich ab und packe für die Stadt Handbücher Lifo, Geld, Handy und Laufzettel, gegen das Verlaufen. – Ein Song kommt so direkt, daß mir die Tränen laufen. Verstehe mich, wer will. – Die Gespräche gehen den Teilnehmern nahe. – Der VV möchte als Award für die Direktoren einen L.earn-Workshop.

Auch im Land prima Klima, erst werden Gas- und Kohlekraftwerke ökologisch in die Unrentabilität subventioniert – jetzt sollen die Betreiber Subventionen gegen die Stillegung bekommen. Mit den armen Stromkunden werden so am Ende alle Teilnehmer dieses Zirkus subventioniert – Primat Klimat, gell Frau Merkel.

29.11. Abends geht Marion zu ihren Lehrern zum Schrottwichteln. Da wechselt Übles den Besitz. Um Mitternacht erreicht mich ein schriller Ruf, ich solle kommen. Ich nehme das Taxi zum ‚Eimer' in Osterholz. Nach Jahrzehnten sitze ich wieder in so einer Nachtkneipe und es wird lustig, bis 3 Uhr, dann hänge ich an dir.

Umfangreiche Bestände an Raubkunst lagern in den Museen Bayerns. Der Freistaat gehört zu den erfolgreichsten Restitutionsgegnern. Ein Gesetz legte fest, daß Verkaufserlöse aus Rückgaben an Erben auf ein Staatskonto gingen. Das ist mittleres Befremden, kurz vor Obszönität. Einer machte das publik und flugs wurde geändert.

Daß MICHAEL JACKSON in seinen letzten Wochen inkontinent war, hat sein Leibarzt nun auch noch bekannt gemacht. Alles soll eben auf den Tisch. Wo die Gier nach Abwegigem das Heft führt, kann sich Abstand als Respekt grade gehackt legen.

Während noch WERNER BEST mich bindet, sein kurzes Dänemark-Gouvernement, das mit der Unbesiegbarkeit endete, wird WARLAM SCHALAMOVS ‚Viertes Wologda' annonciert, dieses ‚Auschwitz ohne Öfen'. – Die ganze Erde ist gezeichnet von den Ereignissen, die auf ihr stattfinden. Diese

Ereignisse werden, segmentiert, Teil von mir und prägen meinen Blick. Vielleicht werde ich Teil von ihnen und behaupte Souveränität. Was will ich sehen, wird zur Herausforderung. Die Frage stellt sich nicht, es sei denn, in den Weg. Dann beginnt das Erkennen, das weltgeschichtlich Biografische. Das ist kein Ansehen, sondern das Graben. Weil nichts einfach war, es wird beständig kontaminiert.

CHRIS HOWLAND starb, 85, nach PAUL KUHN, nach HEINZ EHRHARDT, HEINZ RÜHMANN, ach ja, die alle, die ich schwarz-weiß kannte.

2.12.   HANS-WERNER SINN sagt, volle Rente ab dem dritten Kind, schon seit zehn Jahren, will aber keiner hören, war auch noch nie in den Nachrichten – klar, wenns keiner hören will. Das ist abgestimmt, einvernehmliche Vermeidung. Niemand wird mit solcher Sparkost gewählt. Der neue BDA-Chef, INGO KRAMER, ein Ausbund sympathischen Auftritts, geht auch einige Themen der grade gebärenden Großen Koalition an. FRANK APPEL, Postchef, fährt ein Feuerwerk nachhaltiger Unternehmenspolitik ab. Sehr unterhaltsames Unternehmerforum. Auch der Kuchen ist lecker.

Suzette J. wurde von fünf Männern vergewaltigt und angezündet. – „Man legt die (neugeborenen) Mädchen in eine Kiste und bedeckt sie mit Erde. Dann läßt man sie die ganze Nacht über so. So ersticken sie langsam", in Indien. Der Film im Arte-Kanal ist unerträglich.

3.12.   Aus dem Bundesrat ergeht ein neuer Antrag auf Verbot der NPD. Der politische Dreck hinterm Nationalen und Demokratischen ist dokumentiert, der Akt gleichwohl klassische Symbolpolitik. ‚Haltet den Dieb‘, könnte die Parole sein. Wer ‚Staat als Beute‘ im Programm hat, mag aus solcher Komfortzone heraus demokratisch gründeln, wers Nationale längst verloren hat, mit spitzen Fingern auf solches zeigen, wer jedes politischen Markenkerns entbehrt wie die zum Hohlkörper ohne Form(at) mutierte CDU, mag Empörung spielen.

Das sind jene, die den verfassungsrechtlichen Kern des Parlaments längst an exterritoriale Behörden verschoben, die das Volksvermögen längst in die Haftungsmasse der großen Pippi-Langstrumpf-Spiele eingestellt haben, die sich allenfalls in semantischem Schwurbeln darüber ergehen, ob denn der Ankauf von Staats-Schuldscheinen durch Sr. Goldfinger in Ordnung sei, ob die Subventionierung des Schuldenmachens denn nun Geldpolitik, Staatsstütze oder wer weiß was ist. – Welche komplottige Gemengelage, die von Unfähigkeit über Ignoranz bis zu Verschwörung für jeden Titel gut ist. – Hier erwartet die Welt den Aufschrei der Empörung. Doch ruht das Wohlleben der manifesten politischen Klasse auf einem ebenso manifesten dumpfen Bedürfnis nach Versorgung, nach Stallfütterung. Daß Sozialpolitik vom gleichen Impuls getrieben ist, kann da einleuchten, vielleicht noch ein bißchen schlechtes Gewissen. Zwischen allem fristet der aufrechte Gang. – Jetzt geht's wieder.

Bildungsrepublik: Nach Abschaffung der Schreibschrift in Hamburgs Grundschulen und Anträgen gegen das Wiederholen einer Klasse fordert die Grünenpartei die Abschaffung der Hausaufgaben. – Im Funk wurde dem geneigten Zuhörer die Frage gestellt, ob er angesichts des neuen Pisa-Rankings denn „glücklich" sei. Ich stelle ab.

5.12.   Das Amt Gehlen ähnelte in den 50er Jahren mit seinen dreihundert ‚Sonderverbindungen' deutlich dem IM-System und stand direkt im Zugriff des Kanzlers. ‚J-1880' etwa bekam dafür 780 Mark (West). Nach diesem dritten oder vierten Bericht zum ‚Stunde-Null-Kontinuum', als die Fachleute die Nazihülle abstreiften, erwarte ich keine Überraschung im Fall des WERNER BEST, im Skript des ULRICH HERBERT. – Wird Gehorsam zum eigentlichen Sinn des Lebens, fern eigenen Maßstabs, ist es scheißegal, wer der Herr ist. Dazu ARNO GRUEN, dessen zügiger Gang durch den ‚Wahnsinn als Normalität' mich begeistert. Er spiegelt den flotten Kostümwechsel von Treue, Loyalität, Pflicht und Gehorsam zu Realitätssinn und Anpassungsfähigkeit am Mangel innerer

Beziehung. Das ist dieses Selbst-Bewußtsein, welches sich seines Maßes bewußt ist. Solche nur im Außen festmachende Haltung erlaubte den fliegenden Wechsel sowohl von der Nazi- zur Kommunismus-Gefolgschaft wie eben auch zum Parlaments-Regime.

6.12. Mehr Europa: Doppelverdiener DR. SCHÄUBLE wird's nicht anders gehen als mir mit dem Geld: er handelt aus anderen Motiven. Da bleiben Alternativen. Ob er den Wünschen der Finanz-Konglomerate Black Rock, State Street, Vanguard und Fidelity als ESM-Gouverneur genügen wird, zeigt der nächste Sommer. Das verfassungsrechtliche Verbot anderweitiger beruflicher und wirtschaftlicher Betätigung gehört zu den vernachlässigenswerten Einwänden. So geht's der Verfassung ja insgesamt, diesem nationalen Flickwerk, gell Frau Grün. Zu attraktiv ist die Mitgliedschaft in einem Gremium, welches Immunität genießt (seine Mitglieder über die Amtszeit hinaus!), außer Kontrolle steht und die Dotierung seiner Mitglieder ermessens- und einwandfrei festlegt, brutto für netto. Ein hundertprozentiges Steuerparadies mitten im Europa der steuerfahndenden Kavallerie!

Das Illusionskino ESM hatte kürzlich bereits JÜRGEN VON HAGEN zerlegt (8.4.): als ‚fiskalisches Allmendeproblem' produziere es nur Verschuldensambition – Kommission und EZB ohne Eigeninteresse an Regeldurchsetzung – so sei Italien im jüngsten ‚Sustainability-Report' als fiskalisch kerngesund ausgewiesen – der Ruf nach ‚mehr Eurohba' entbehre jeder Logik.

Im ESM, so scheint mir, vollendet sich das andauernde amerikanische Jahrhundert. Dreimal hat dieses Land in die Desaster auf dem europäischen Kontinent eingegriffen: 1917, um dem Selbtzerstörungswahn ein Ende zugunsten der Entente zu setzen; 1941, um den Weltfeinden des Kapitalismus entgegenzutreten und schließlich 1989. Jetzt bestand die Chance, aus dem Zusammenbruch des kommunistischen Wahnsystems direkt eine Ordnung zu schmieden unter der Daueraufsicht Amerikas. Nie wieder würde die Akzeptanz für ein solches Arrangement seitens der fünf beteiligten Mächte größer sein. Die Abpressung der Euro-Zusage des HELMUT KOHL seitens FRANÇOIS MIT-TERAND markiert dabei eine Facette von Gewicht. – Heute geht es um die Kontrolle des Schwarzen Lochs Brüssel über die Zahlungsströme.

Die Ausdehnung der Großen Union auf den Balkan, Südosteuropa (Ungarn, Rumänien, Bulgarien) und – aktuell – die Ukraine gewinnt unter diesem Blickwinkel Sinn. Europa ist für die USA Bollwerk gegenüber Rußland, Brückenkopf im zukünftigen Kampf mit neuen Giganten, die wirtschaftlich und auch militärisch auftreten, zuerst China mit seinen 3,8 Billionen Devisenreserven.

Das ist das Drama Europas: es macht Sinn aus US-Perspektive, wobei das übergewichtige Zentrum Deutschland in seiner mentalen Instabilität permanent im Zentrum der Aufmerksamkeit steht. – So ist das EU-Projekt die Fortsetzung des Kalten Krieges mit anderen Mitteln: jedes Land, welches da Mitglied wird, ist ein Erfolg für die USA, auch wenn das Ganze zunehmend zur Zerreißprobe wird. Und die Kontrolle des Herzschlags in seiner Mitte, meint die Einbindung Deutschlands, ist der Kern: so richtig politisch erwachsen ist es nicht geworden nach KONRAD ADENAUERS selbstbewußtem Beginn. Der Umschlag aus der Studentenrebellion in den Terrorismus der RAF, die Friedensbewegung und die neue Sammlung unter dem Ökologismus, alles in seiner Radikalität ziemlich einsam.

Schließlich die Energiewende als neue Staatsraison: da staunt die Welt über ein Projekt, ruinöser als der Euro. Konkret: daß ANGELA MERKELS Mobiltelefon abgehört wurde, macht unter diesem Blickwinkel ebenfalls Sinn. Wer weiß denn, was der Initiatorin der Energiewende als Nächstes in den Kopf kommt. Dagegen verblaßt die immer etwas bemüht wirkende Menschenrechtspropaganda. Deutschland ist das autoritäre Kind geblieben, rebellisch oder angepaßt. Die fehlende Integration von wirtschaftlicher Potenz und politischer Kompetenz macht es wenigstens unzuverlässig, schwankend zwischen Larmoyanz und übereifriger Entschiedenheit, beides Auswüchse von Unterwerfung. Letztere zu bändigen ist das Kernthema. Da die Mechanik weiterbesteht, schlägt sie um in Selbstzerstörung. Schon immer kam Haß aus Selbsthaß. – Isja gut, Meister!

8.12. EU: vor dem EU-Bankenstresstest werden die Bilanzen frisiert, den Kandidaten wird geholfen: die Regierungen Spaniens und Italiens lassen zu, daß ungewisse Steueransprüche in Guthaben verwandelt und die Bankanteile an der Zentralbank hochbewertet werden. So gewinnen die Banken Spaniens Neusubstanz von 30, die Italiens immerhin 7 Milliarden Aktiva. Das System schallenden Gelächters mutiert zum korrupten Zentralstaat, in dem Regel-, Vertrags- und Verfassungsbruch zum guten Ton gehören.

Ich sage meiner lieben Frau neunzig Minuten Aufräumen zu und wir durchpflügen einen weiteren Kellerraum. Drei große Kartons Elektroschrott transportiert Marion weg. – Ich packe für den letzten Workshop in Bad Zwischenahn. Dort ist die Suite im dritten Stock die meine.

9.12. Der Tag beginnt hart, wird aber flüssiger. – Abends fesselt mich der Gaskrieg des ersten <u>Weltkrieg</u>s im ZDF-INFO. Mit Flammenwerfern rücken deutsche Truppen vor auf *Fort Faurebeaux*, fern der Haager Landkriegsordnung. Schützengräben im Berliner Grunewald sollen die Bevölkerung mit dem Ringen vertraut machen. – Mehrtägiger Artilleriebeschuß aus tausendfünfhundert Geschützen bereitet den britischen Angriff vom 24.6.1916 vor. Das ist die Geburt des „Kriegszitterers“, der später festgebunden, mit Elektroschocks behandelt, als raffinierter Drückeberger behandelt wird.

Dann liefen die britischen Soldaten in die deutschen Maschinengewehrsalven, Schlacht an der Somme, wo 19.000 Tote und 36.000 Verwundete zum Abend des ersten Tages gezählt wurden. Ganze Dörfer verschwanden auf dem Schlachtfeld. – Über dreizehn Millionen Männer im Kriegsdienst. – Schließlich werden die amerikanischen Streitkräfte binnen Jahresfrist von 100.000 auf 4 Millionen hochrekrutiert. Patton trainiert die kleinen Panzer, der erste Maschinenkrieg kommt. Sein Gegenüber, WALTER MODEL, stellt eine Million Soldaten auf, dazu 160.000 Granaten. Am 21.3.1918 feuern sechstausend-sechshundert Geschütze. Abends liegen 17.500 Tote auf dem Feld, deutsch und britisch.

Achilles ging als Jüngling hinaus und kehrte als Wrack zurück. Nie wieder wurde er Mensch. Der Kaiser verleiht ERICH LUDENDORFF den höchsten Kriegsorden und gewährt den Untertanen einen Tag schulfrei. – Paris droht Frontgebiet zu werden. Am 8. August ist das Feld gedreht, während vom Generalstab immer neue Aufmarschpläne gekabelt werden. Der Giftgaseinsatz erreicht seine größte Ausdehnung. – Fast neun Millionen Tote im verwüsteten Land Frankreich. Es beginnt der marode Weg vom „Nie wieder Krieg" hin zum „Im Felde unbesiegt". – Die Söhne erreichen in sechs Wochen 1940, was den Vätern in vier Jahren nicht gelang. Erst mit dem Scheitern des Ardennenzuges im Herbst 1944 mit 10.000 Toten und 22.000 Verwundeten steht MODEL vor seinem Sieger GEORGE PATTON. MODEL tötet sich. Das ist ein Bogen der ersten Jahrhunderthälfte.

Kaimans Keller – 2011 – Acryl, Montage auf Holz, 40 x 40 cm

11.12. Letzte Abreise aus Bad Zwischenahn, kurze und intensive Verabschiedung vom ägyptischen Restaurant-Chef und seiner Truppe. Große Zuneigung und Freude sind wechselseitig. An der Weinflasche für mich hängt eine Karte mit sechs knapp bekleideten Girls. Mmmh.

12.12. Eineinhalb Kilogramm Steuererklärung mit gleichgewichtigem Rechnungsanhang passieren durch zum Finanzamt.

Der Widerstand gegen das „sinnliche Barbarentum der Energieökologen" hat OSKAR LAFONTAINE erreicht, seit sein Saarland unter dem Wind der Räder liegt. BOTHO STRAUSS umschreibt diese Menschenfeindlichkeit weiter als „Auslöschung aller Dichterblicke der deutschen Literatur von Hölderlin bis Brobowski". Sehr anschaulich, was ich im Begriff der Enteignung zusammenfasse.

Treiber all dessen ist hingegen nicht nicht einfach das „System der Geldvermehrung", wie der Linke OSKAR LAFONTAINE raisonniert. Es ist vielmehr und gradezu sein erklärtes Gegenteil, welches ihm nur zu vertraut ist: es ist dieser gleiche Anspruch, ein Volk, ein Land, einen Kontinent, ja den Globus aus einem Gesichtspunkt heraus steuern, kontrollieren und beherrschen zu können – mittels einer frohen Botschaft.

Die Prediger selbst sind es, die das System des Geldvermehrens, welches der antikapitalistische Schwärmer verdammt, als echt krasse Klientelpolitik unter Mißbrauch des Staatsamtes eingesetzt haben: das EEG, dieses abgrundirre System der ‚Einspeisevergütung', mit dem die meinungskontrollierende Mittelschicht mit ewigen ‚windfall profits' ihr schmackhaftes Süppchen kocht, ist der Formwandel des unveränderten Anspruchs, der Welt das Gute beizubringen. Und der ist deutsch – sorry, isso. Wir könnens nicht lassen. Und das sehen Andere! – Dieses System haben die lautesten Kritiker des Bankensystems, der Heuschrecken und der allgemeinen kapitalistischen Geldgier eingeführt.

13.12. In die Stadt, die Glocken des Doms erinnern mich und ich eile, der Küster schließt bereits zum Freitagsgebet. Die Kirche ist lebhaft besetzt. – Nach zehn Minuten *sms* wo bist du denn – im Dom – ach du meine Güte … heulst du wieder?

Nachmittags beim Tee, Gespräch zwischen Gesellschaftern: unterschreibst du bitte das Protokoll der Gesellschafterversammlung! – Mmmh, unsere Gesellschaft, soll ich dein Betriebsrat sein? – Nein, du sollst den Wisch unterschreiben – wann machen wir die Versammlung, heute Abend? – Nein, die war schon! – Soviel Geld, wo ist das? Teilen wir das? – Ich unterschreib nicht.

London simuliert Austrittsverhandlungen, die Flügelparteien erdrücken den Sumpf in Griechenland.

16.12. Alle Gleichheits- und Gerechtigkeitsministerien sind sozialdemokratisch besetzt. Mir grauts vor den Ergebnissen der Fachleute. Schon jetzt trohnt darüber die alternativlose Kanzlerkandidatin, mit der Gelassenheit der ‚Schwarzen Witwe‘ und ihrem bevorzugten Mann des Geldes mit seiner noch schwärzeren Anbindung an den ESM – ein finsteres Kabinett mit Spendierfassaden. Die neue Verteidigungsministerin kann alles, sie kommt aus dem Hannoveraner Hochmoor. – Wie regional dagegen das Ortsblatt mit seinem Jubel: ‚der Landkreis wird Blitzermillionär‘, von mir kriegt der nix! Die Kehrseite des Programms Vollversorgung ist das Beschaffungswesen.

17.12. PETER O'TOOLE starb, 81.
JOAN FONTAINE starb, 96.

Mein Stromeinkauf kommt als spannungsgeladenes Kontinuum ins Haus. Die Abrechnung ähnelt einem Kreuzworträtsel mit erhöhtem Schwierigkeitsgrad und zerfällt in diese Elemente: der Strom selbst nimmt schlappe 30% des Preises in Anspruch, gute 17% das Netz und die Messung, danach beginnt der Ritt ins politische Abenteuerland: 6,24% verspeist die EEG-Umlage – wohl bekomms, 2,39% sind Kon-

197

zessionsabgabe, 0,092% die §19-Umlage – capito!, 0,17% die KWK-Umlage, 0,25% die Offshore-Haftungsumlage, jetzt wird's filigran: 0,009% die – Achtung, Stufe! – AbLaV-Umlage, am Ende der Rülpser des Finanzministers, 4,78% die Mehrwertsteuer. – Das ist ein Stück aus dem Tollhaus, bühnenfähig.

Da sollen sich zwei schwarze Löcher im Abstand von „nur wenigen Lichtjahren" umkreisen und irgendwann … der Satz ist eine Unverschämtheit. Und – bei uns geht das schneller. Da gibt DIETMAR DATHS Ode an KEITH RICHARDS mehr Halt: bewußte Sterblichkeit wolle immer aufs Unendliche hinaus – und wieder zurück, oder! Habe sofort bei Amazon bestellt.

19.12.   Letzter Tag in der Stadt, komisch so ein Abschluß. – Abends liegt „das Jahrhundert" auf dem Tisch, in Ausschnitten – das begrünte Schlachtfeld von Verdun, das Lagersystem LENINS, die Geschichte vom Jäger des RUDOLF HÖß, den HANNS ALEXANDER auf einem Hof im schleswig-holstein'schen Gottrupel findet und vor Gericht bringt, die chinesischen Umerziehungslager, in denen Mißliebige zwölf Stunden täglich für neun Monate still sitzen müssen (die KZ-SS-Schergen bevorzugten das ‚Stehkommando') und das nordkoreanische Lager- und Mordsystem, Kopie der Lenin-Hitler-Stalin-Mao-Liquidationsapparate, die clanmäßige Organisation eines Landes als Familienwillkürstaat, den die Sprößlinge des Terrors kommandieren, Abweichung = Fraktionsbildung = Liquidation. Über die ersten Begriffe der Gleichung konnten wir uns in Marburg stundenlang unterhalten, über Nr. 3 nie, wie schon KARL MARX. Was falsch war und wie man drüber wegkam, wußte er, was dann kommen sollte, ahnte er hier und da.

20.12. Die politische Melange von SPD und Grünen gebiert fortwährend neue Kontrollsysteme. In Nordrhein-Westfalen werden die Universitäten unter Kontrolle genommen. Der Berichterstatter spricht von „zerstörerischer Ignoranz", vom Weg in die Diktatur der Planwirtschaft. Alle verfassungsgewährten Räume universitärer Selbstverwaltung, was zuerst Staatsferne bedeutet, werden nicht gestürmt sondern parlamentarisch besetzt, durch regulierenden Eingriff oder finanzielle Austrocknung. Wie mit Freiheit von Wissenschaft, Lehre und Forschung, so geht's mit Familie, Meinungsfreiheit (GEZ-System), selbst Traifautonomie, vom Eigentum nicht zu reden, aber wieder von kommunaler Selbstverwaltung. Das ist nun aber keine Besonderheit in NRW, es geht wieder durch mit mir.

In Italien blockieren die ‚forconi' Autobahnen und prügeln sich dabei mit der Polizei unter den Texten ‚Italien zu verkaufen' und ‚Scheiß-Europa'. – Abends in Annas schönem Restaurant, Sekt bei Birgit, Sekt bei uns, dann sehe ich nur noch deine schönen Beine.

21.12. Jonas kommt und beklagt körperliche Erschöpfung anläßlich seiner Prüfungen. Fürwahr, endlich körperliches Er-Leben!

SABINE LEUTHEUSSER-SCHNARRENBERGER tritt aus, RITA SCHWARZELÜHR-SUTTER und GABRIELE LÖSEKRUG-MÖLLER treten als Staatssekretärinnen an. Status – Biografie – Struktur, Stoff für zwei Vorlesungen. Alle tragen ihre Geschichte mit sich, manche rufen sie beständig auf.

Für die Banken ist Fremdkapital billiger als Eigenkapital, daraus folgen wirtschaftliche Entscheidungen. Dafür werden die Institute gerne gehaßt. Die Große Kommission, welche so vorzüglich über das Vermögen angeschlossener Völker verfügt, warf 5,1 Billionen auf den Markt, die Eigenkapitalquote der Banken verharrte angesichts günstigen Angebots bei 2,1%. Es ist also alles einsichtig einfach.

24.12. ABENDS
Alles geschafft, nein, der Anfang ist gemacht, der Anlauf für die Bescherung – wir sitzen nach dem Gottesdienst im Nachbardorf zu fünft und es wird um jedes Päckchen hart um die „6" gewürfelt. Elvis packt sein Geschenk aus, ein Großkotelett, er hat die Pfote von Anfang an auf den Paketen. – Sodann geht der Puter zügig über den Tisch – später gibt's

noch „Phase 10". Totlangweilig, stellt Jonas fest und läuft mit Leon zu großer Form auf, Vaddi schreibt mit.

25.12. HERMANN LÜBBE, den ich mangels ideologischen Ausschlags ignorierte, formuliert die Perspektiven Europas, im einzelnen, daß DE GAULLE die Rheingrenze, die Ruhrkontrolle und die Aufteilung Restdeutschlands wollte. Der Kalte Krieg war ein Segen, schlußfolgert der fragende Reporter. Und das Gewicht der Vereinigten Staaten bestätigt sich. – Vermutlich seien viele Staaten durch Schutzgelderpressung entstanden. Das Raubritter-Syndrom sei also von Staats wegen stabil, es wurde nur anders benannt. Und die Theorie der optimalen Besteuerung laute, jene Steuerarten zu wählen, denen die Leute nicht ausweichen können. Da liegt die Mehrwertsteuer doch auf der Hand, gell Herr SCHÄUBLE, und ein Studium braucht man für solche Erkenntnis auch nicht.

Unser Mann im EZB-Schuppen, JÖRG ASMUSSEN, geht als Staatssekretär, GEORG MECK feixt.

26.12. Auf dem Schiff nach Amrum brennt sich mir ARNO GRUEN ein mit drastischen Beispielen aus der Vergangenheit, immer zurückführend auf die Triade: Unterwerfung (gg) Versprechen (gg) Freisprechung. So finster klar fand ich die Mechanik selten formuliert. – Ich habe das sichere Gefühl, das Theaterspielen (sic!) zu beenden, weiß nur die Erklärung nicht. – RONALD REAGAN habe sich nur erkannt, wenn er Rollen in Filmen spielte, formuliert einer seiner Biografen. Das könnte hilfreich sein. – Wir sitzen bei fröhlichem Austausch von Sinn und Unsinn auf der Insel, dazu Wodka und Rotwein.

28.12. Zurück an Bord kann ich ARNO GRUENS Durchgang durch die Innenräume menschlichen Leidens abschließen und nehme mir HABERMANNS ‚Wohlfahrtsstaat' vor. Begeistert von seinen ideengeschichtlichen Herleitungen erinnere ich mich an die Zeiten meines dogmatisch geprägten Spartenbewußtseins, weshalb all das ohne Interesse blieb, schamlose Ignoranz des historischen Reichtums.

Seltsam und eindringlich sind ARNO GRUENS Beispiele für die menschliche Pathologie bei SCHILLER und GOETHE. Und, als fehlte ein Beleg für die Gegenwart, legt KERSTIN HOLM in der Zeitung einen Bericht „aus der Mamagesellschaft" Rußland vor. Das Bild kippt bei ihrer Rückkehr nach Deutschland, wo das „Dienstlächeln", „deutsche Designeremotionen" wie der „Pseudononkonformismus", also das Posieren eher Feigheit und Larmoyanz verbergen. Vom „Lächeln ohne Innereien" ist die Rede, am Ende von der Unmöglichkeit, noch ein vertrautes Verhältnis mit einem deutschen Mann eingehen zu können.

‚Der EZB-Zins ist der planwirtschaftliche Preis für Geld. Das Fehlen von Marktwirtschaft im Geldsystem ist die eigentliche Ursache aller blasenbedingten Krisen.' Das ist feine Formulierung eines Lesers.

30.12. Zum Start in die Riesenkoalition säubert die CDU den Apparat von EU-kritischen Elementen. Man möchte sauber antreten.

31.12. Mittags zum Verwalter. Philip wird grade 44 und sitzt mit seiner 78-jährigen Mutter am Schreibtisch. Wir zerlegen die Verhältnisse mit einigen Statements und reden über fristlose Kündigungen, Räumungsklagen und die Desinfektion der Räume. – Um 14.30 die Beach Boys (70), 15.15 ERIC CLAPTON, dito, sehr frisch, Crossroads Black & White, *evryday, I have this blues – ifyanou what I mean ...* – den härtesten Einsatz liefern wieder ACDC in Argentinien, ich bin gebannt vom dionysischen Wahnsinn der Massen.

ROBERT GRÖZINGER setzt dem päpstlichen Verdikt das ‚christliche Herz' der Marktwirtschaft entgegen. Wieder wird die Aufklärung als Motor für das Auseinandertreten dieses Zusammenhangs benannt. Paradoxa erklären sich häufig durch ihren Subtext. Der ist verborgen, wie der Begriff erläutert.

Ende 2013

201

100 Tage in Bad Zwischenahn

Namensverzeichnis

ADENAUER, KONRAD | 11 f., 20, 59, 193

ADORNO, THEODOR W. | 96

ALEXANDER, HANNS | 198

ALLERT, TILMAN | 124

ALTMAIER, PETER | 126

ANDOR, LÁSZLÓ | 43

ARNIM, HANS HERBERT VON | 88, 151

ASMUSSEN, JÖRG | 25, 87, 110, 139, 201

ASSELBORN, JEAN | 68

AUST, STEFAN | 29

BAGUS, PHILIPP | 26, 93

BÁRCENAS, LUIS | 30, 32

BARNIER, MICHEL | 52, 68

BARROSO, JOSÉ M. | 71, 135

BASELITZ, GEORG | 22, 94

BEITZ, BERTHOLD | 99, 130

BERLUSCONI, SILVIO | 8, 44

BEST, WERNER | 142, 145, 147, 150 f., 155, 182, 189, 191

BIENEK, HORST | 100

BITTAR, CHRISTIAN | 34

BLASIUS, RAINER | 29, 139

BLESA, MIGUEL | 31 f., 92

BLÜM, NORBERT | 45, 74

BÖLL, HEINRICH | 24

BORMANN, MARTIN | 28

BRANDAUER, KLAUS MARIA | 104, 170

CAMERON, DAVID | 26

CAPUS, ALEX | 117

CASTRO, FIDEL | 29

CHÉREAU, PATRICE | 172

COPPER, HILMAR | 14

DAHRENDORF, RALF | 83

DARRÉ, WALTER | 145

DATH, DIETMAR | 173, 198

DE LILLO, DON | 7

DE MONTHERLANT, HENRY | 15

DE ROME, PETER | 11

DIJSSELBLOEM, JEROEM | 68, 71

DOS SANTOS, EDUARDO | 25 f.

DRAGHI, GIACOMO | 109

DRAGHI, MARIO, (GOLDFINGER) | 3, 8, 14, 20, 25, 30, 34, 58, 65, 68 f., 71, 92, 96, 108 f., 112 f., 123, 160, 180

DYLAN, BOB | 116, 171

EASTWOOD, CLINT | 27

EDERER, GÜNTER | 113, 120

ENZENSBERGER, H. M. | 5, 58, 93, 101

ERLER, GERNOT | 37

FINK, LARRY | 35

FÜLLER, CHRISTIAN | 149

GABRIEL, SIGMAR | 15, 88

GALL, REINOLD | 43

GAUWEILER, PETER | 9

GEDECK, MARTINA | 104, 188

GEISS, ROBERT UND CARMEN | 165

GEITHNER, TIMOTHY | 20, 71, 108 f.

GENAZINO, ROBERT | 37

GENSCHER, H.-D. | 173

GOEBBELS, JOSEPH | 28, 145

GRÄBS, LOTHAR | 185

GRÖHE, HERMANN | 152

GRÖZINGER, ROBERT | 202

GRUEN, ARNO | 144, 191, 194, 201

GRÜNDGENS, GUSTAF | 170

GRZIMEK, BERNHARD | 145

HABERMANN, GERD | 123, 159, 188, 201

HANK, RAINER | 154

HARLAN, THOMAS | 24, 128

HAUCAP, JUSTUS | 126

HAVENS, RICHIE | 83

HEILMANN, SEBASTIAN | 184

HELLBECK, JOCHEN | 29

HELLWIG, MARTIN | 69

HENKEL, OLAF | 131

HENNECKE, HANS-JÖRG | 12

HERBERT, ULRICH | 145, 191

HETZER, WOLFGANG | 65

HILBIG, WOLFGANG | 140 f., 147

HIMMLER, HEINRICH | 79

HITLER, ADOLF | 25, 66, 95, 144, 199

HÖFLE, HERMANN | 24

Hofmann, Werner | 90
Höhler, Gertrud | 36
Hollande, François | 65, 92
Holm, Kerstin | 201
Horn, Karen | 46
Höß, Rudolf | 198
Hueller, Sandra | 138
Hüther, Gerald | 18
Ingendaay, Paul | 92
Jackson, Michael | 189
Juncker, Jean Claude, (JCJ) | 33
Kaube, Jürgen | 25, 102
Kemeny, Julije | 67
Kielmansegg, Peter Graf | 5, 12, 101
Kim, Jong-un | 22, 80, 93
Kinski, Pola | 23
Kipping, Katja | 28
Kleist, E. Heinrich v. | 59
Kohl, Helmut | 124, 193
Kollath, Werner | 145
Köppen, Edlef | 120 ff.
Kraft, Hannelore | 105
Kraushaar, Wolfgang | 41
Kretzschmann, Winfried | 153
Lafontaine, Oskar | 197
Lagarde, Christine | 180
Lenin, W.I. | 137, 199
Lindenberg, Udo | 13
Loest, Erich | 147
Lottes, Günther | 144
Lübbe, Hermann | 200
Lucke, Bernd | 83, 140
Lüpertz, Markus | 96
Mappus, Stefan | 31, 41, 92
Marx, Karl | 8, 199
Mato, Ana | 30
Mayall, John | 16
Meister, Michael | 150
Merkel, Angela | 14 f., 23, 36, 42, 59, 66, 81 f., 84, 123, 144, 149, 153 ff., 193
Mertens, Markus | 59

Mielke, Erich | 155
Milošević, Slobodan | 67
Minkmar, Nils | 42, 65
Model, Walter | 195
Modigliani, Jeanne | 28
Mundell, Robert | 84
Murswiek, Dietrich | 9
Myers, Gustavus | 35
Notheis, Dirk | 41 f.
Odewald, Walter | 156
Oettinger, Günther | 171
Oppen, George | 23
Oppenheimer, Robert | 23
Özdemir, Cem | 26
Ozon, François | 179
Pannunzi, Roberto | 52, 144
Patton, George | 195 f.
Paulus, Friedrich | 29
Pfarr, Christian | 90 f.
Platzeck, Matthias | 15, 130
Plickert, Philip | 126, 137
Priebke, Erich | 159
Pynchon, Thomas | 151
Rajoy, Mariano | 30 ff.
Rato, Rodrigo | 33
Reagan, Ronald | 201
Reed, Lou | 158 f., 173
Regling, Klaus | 25, 71
Rehn, Olli | 14, 25, 71, 90
Reich-Ranicki, Marcel | 23 f., 170
Reynolds, Simon | 11
Richards, Keith | 173, 198
Rompuy, Herman van | 70 f.
Roselius, Ludwig | 79
Roth, Claudia | 80, 103, 133, 158, 171
Rothbard, Murray | 162
Rothschild, Amschel Mayer v. | 112
Röttgen, Norbert | 74
Sarkozy, Nicolas | 42
Sartre, Jean-Paul | 14
Saviano, Roberto | 144

205

SCHABOWSKI, GÜNTER | 178

SCHALAMOV, WARLAM | 170

SCHÄUBLE, WOLFGANG | 10, 20, 25, 68, 71, 123, 132, 136, 180, 192

SCHAVAN, ANNETTE | 25, 92

SCHELLNHUBER, HANS JOACHIM | 113

SCHERF, DIRK | 53

SCHICK, GERHARD | 23

SCHIRRMACHER, FRANK | 41

SCHLEYER, HANNS MARTIN | 116

SCHMIDT, HELMUT | 22, 44, 95

SCHNEIDER, MARIO | 91

SCHÖCK, HELMUT | 163

SCHRÖDER, CHRISTIAN | 9

SCHULZ, MARTIN | 26, 36, 43

SCHWARZ, HANS-PETER | 9

SCHWARZ, KARL-PETER | 135

SCHWARZENEGGER, ARNOLD | 27

SEMMELROGGE, MARTIN | 76

SINN, HANS-WERNER | 91, 126, 190

SITTE, WILLI | 99

SLOTERDIJK, PETER | 155

SNOWDEN, EDWARD | 124, 171

SOROS, GEORGE | 84

SPETHMANN, DIETER | 80

STAATS, YVONNE | 42

STALIN, JOSEF | 76, 100, 120, 137, 179, 184

STARBATTY, JOACHIM | 84

STEINBRÜCK, PEER, (PS) | 15, 36, 44, 104, 106, 144

STEINGART, GABOR | 101

STELTZNER, HOLGER | 66, 94, 136

STRAUSS, BOTHO | 197

TALBACH, KATHARINA | 25

TARRENTINO, QUENTIN | 49

TIZIAN, GIOVANNI | 52

TOCQUEVILLE, ALEXIS DE | 39

TOLEDANO, PHILLIP | 142

TÖPFER, KLAUS | 45

TRITTIN, JÜRGEN | 14, 153

VACTH, MARINE | 179, 183

VAUBEL, ROLAND | 10

VEIEL, ANDRES | 14

VIK, ALEXANDER | 35

VOGEL, RUDOLF | 36 f.

VOGT, CLAUS | 159

VOLCKER, PAUL | 138

VON ALT, RUDOLF | 28

VON DER LEYEN, URSULA | 48, 84, 97

VOSS, JULIA | 94

WAGENKNECHT, SAHRA | 8

WALSER, MARTIN | 155

WALTZ, CHRISTOPH | 49

WANG, LIJUN | 12

WARE, BRONNIE | 77

WEBER, RENÉ | 71

WEIDMANN, JENS | 68

WEIGEL, HELENE | 100

WEISS, PETER | 149, 171, 185

WESTERMANN, FRANK | 12

WIELAND, LEO | 31, 92

WIRTH, CHRISTIAN | 143

WOLFE, TOM | 25, 28, 37

WOLLE, STEFAN | 155

WOWEREIT, KLAUS, (AUCH WOWI) | 15, 27

WULFF, CHRISTIAN | 22, 149

XILAI, BO | 184

Themenverzeichnis

Bildungsrepublik | 62, 89, 101 f., 140, 144, 158, 191, 199 f.
China | 12 f., 95, 183 f.
EZB-EU | 9 ff., 19 f., 25 f., 30, 33 f., 36, 51, 58, 66 ff., 73 f., 80, 82, 84, 94 f., 108 ff., 132, 180, 192 ff.
Griechenland | 59, 71, 135 ff., 139 f.
Italien Vatikan | 51–56, 176, 194
KlimaRep | 39 f., 57 f., 106, 126, 172, 175, 196 ff.
Nazi | 28 f., 74 ff., 79, 126 f., 142 f., 145 f., 150, 156 f.
Öffentlicher Raum, GEZ | 7–10, 20 f., 27, 41 f., 48, 86, 88 f., 105, 148 f., 150 f., 177 f., 192
Spanien | 30–33, 92, 194
Stalin & Co. | 49, 100 f., 137
Zypern | 25 f., 61 f., 66–72, 84

Abkürzungen

BDEW	Bundesverband der Energie- und Wasserwirtschaft
(Autor Datum)	FAZ, Erscheinungstag
FAZ	Frankfurter Allgemeine Zeitung
StA	Staatsanwaltschaft
EWG	Europäische Wirtschaftsgemeinschaft
KMK	Kultusministerkonferenz

Ausfahrten

60–64	Ski in Saas Fee, März
110–124	Frankreich, Juli
124–129	Galizien, Juli
160–169	Segeln vor Amalfi, Oktober

... erkundschaft hat.
bei... Sant-Discount ?"
"verstend". Mann ist
liebe dich.
Ausdruck:
= Bankrott, Behandlung mit <mark>SPA</mark>   ← –78–
größte spanische Sport (die!)
Theorie oder die andere übersende. Strafsache
fie übersende.   Er leben voller Gemeinsamheit
wird es   Miguel B. + Gerardo Diaz F √!
...Wi Refirus, → von der   26 Mio ↑   weg!
ich bezahle. Denk   Caja Madrid   Kun-de Caja
...Coordi-   Zu   Finanz   Partei   Wirtschaft
...des gibt Ankaufsbank   Neulag →
...für alles.   ← 6 Monate!
...als Wander-   → hiemmt   Soto del Real
...fer vermittel verwendlich   2,5 Mio Kaution
...imspevend+   22, Urteil aus   ! Blesa!   Paß weg
                Nordeuropa   Verwaltungsrat
                Präsidente seit 2000   Caja
         kriege Entschädigung Caja.   AG-Verband
...fen   bei Arjos   % belgische Bankroll
...Seoul Mr. Goldfinger sitzt der Krise   enger Freund
...um der   erweitert jahrzehnt! Kerr   Kommilitone
...Das Flucht plan... Mutter Abteil. Betr.!
...erhangten spürte ich   Schwere Steuer-usp. exam
...in Lust auf sie das   Partei   → Caja
...erf hatte zu fliehn.   via Kartell: Gewerkschaft
...en gegen den   Vereinigte Linke
...Terrasse Pullover + Sozialistische Partei + Kath. Kirche
...stehen war 3,5   Entscheidungen einstim...
...von Zweier, einer   Dokumentenfälschung
...vor... einspür -   Betrug
...ze.   rechtswidrige Selbstbereicherung
                          Schaltenwicklung x20
...nach zu kath Kreise überdenkt Enverb eines mandos
...cht Der Pfarrer... - US-Instituts, Mappin, ich hör'd
...prache, die lodung   trapsen... der Richter ver...m das
...h ist er fenofes   Auge... maß, er sollte noch die Gra...
...reche +d 2 Weiber-   fragen!
...t.   Der Kampf um seine Absetzung wä
...nok 5 € geld...   2 Jahre dann kommt Esperanza Aguirre,
                           ...schaft Min präsidentin Madrid + Fi...